Die Rechenmaschinen
von Konrad Zuse

Springer
Berlin
Heidelberg
New York
Barcelona
Budapest
Hongkong
London
Mailand
Paris
Santa Clara
Singapur
Tokio

Raúl Rojas (Hrsg.)

Die Rechenmaschinen von Konrad Zuse

Mit Beiträgen von
F.L. Bauer, H. Dorsch, H. Petzold, R. Rojas,
G.-A. Thurm und G. Widiger sowie
zwei Patentschriften von Konrad Zuse

 Springer

Herausgeber

Prof. Dr. Raúl Rojas

Institut für Informatik
Fachbereich Informatik
Freie Universität Berlin
Takustr. 9, D-14195 Berlin

Mit 75 Abbildungen und 3 Tabellen

Die Abbildungen der Z1 wurden vom Deutschen
Technikmuseum Berlin zur Verfügung gestellt.

ISBN-13:978-3-642-71945-5

Die Deutsche Bibliothek – Einheitsaufnahme

Die Rechenmaschinen von Konrad Zuse/Hrsg.: Raul Rojas. Mit Beitr. von F.L. Bauer... Berlin;
Heidelberg; New York; Barcelona; Budapest; Hongkong; London; Mailand; Paris; Santa Clara;
Singapur; Tokio: Springer, 1998
    ISBN-13:978-3-642-71945-5   e-ISBN-13:978-3-642-71944-8
    DOI: 10.1007/978-3-642-71944-8

Umschlaggestaltung: Künkel + Lopka, Werbeagentur, Heidelberg
Satz: Reproduktionsfertige Vorlagen des Herausgebers
SPIN 10640488   45/3142– 5 4 3 2 1 0 – Gedruckt auf säurefreiem Papier

Inhaltsverzeichnis

Die Mühlen des Patentamts

Hartmut Petzold

Die Patentanmeldung Z391 von Konrad Zuse

Raúl Rojas und Georg-Alexander Thurm

Patentanmeldung Z391 (1941)

Konrad Zuse

Eine Simulation der Z3 für das Internet

Mechanisches Schaltglied

Die Autoren

Friedrich L. Bauer
Fakultät für Informatik
Technische Universität München
D-80290 München

Hadwig Dorsch
Deutsches Technikmuseum Berlin
Trebbiner Str. 9
D-10936 Berlin

Hartmut Petzold
Deutsches Museum
Museumsinsel 1
D-80538 München

Raúl Rojas
FB Mathematik und Informatik
Freie Universität Berlin
Takustr. 9
D-14195 Berlin

Georg-Alexander Thurm
FB Mathematik und Informatik
Martin-Luther-Universität
Halle-Wittenberg
D-06120 Halle

Götz Widiger
FB Mathematik und Informatik
Freie Universität Berlin
Takustr. 9
D-14195 Berlin

Vorwort

Mit diesem Buch können interessierte Leser im deutschsprachigen Raum zum ersten Mal einen detaillierten Einblick in die innere Struktur der Rechenmaschinen Z1 und Z3 gewinnen. Beide wurden von Konrad Zuse zwischen 1936 und 1941 gebaut; über sie ist viel geschrieben und diskutiert worden. Die Maschinen wurden sogar unter der Leitung des deutschen Erfinders wieder rekonstruiert – die Z1 für das Deutsche Technikmuseum in Berlin und die Z3 für das Deutsche Museum in München. Um so mehr überrascht es, daß es bis vor kurzem kaum Arbeiten gab, die die Architektur dieser Maschinen ausführlich erläutern. Es war gerade diese Lücke in der Literatur, die mich zur intensiveren Beschäftigung mit dem Thema veranlaßte. Bereits vor mehreren Jahren hatte ich aus dem Studium der Quellen den Schluß gezogen, daß die Frage nach den „wahren" Erfinder des Computers keine einfache Antwort zuläßt. Die Rechenmaschinen in den USA, Deutschland und England sind beinahe gleichzeitig entwickelt worden, und jede davon hat auf ihre Weise zur Entstehung des Computerzeitalters beigetragen. Es schien mir deshalb wichtig, die genauere Struktur der Z1 und Z3 zu verstehen und zu dokumentieren.

Die vergilbten Fotokopien, die ich aus der Hand von Konrad Zuse 1994 erhielt, werden im fünften Kapitel dieses Buches abgedruckt. Die Patentanmeldung Z26476 von 1941 (die später unter der Bezeichnung Z391 lief) liegt jetzt vor und kann studiert werden. Ich schreibe bewußt „studieren" statt „lesen", weil es sich um keine leichte Lektüre handelt. Man braucht eine gewisse Neugier und Beständigkeit, um die Schaltungen der Z1 und Z3 durchzuarbeiten. Wer es aber tut, wird reichlich belohnt: beide Maschinen sind Musterbeispiele an Eleganz und schlankem, gleichwohl mächtigem Design. Ich finde es faszinierend, wie Zuse bereits 1936 zu Entwurfsprinzipien kam, die erst viel später durch die Computerarchitekten zum Lehrbuchwissen erhoben wurden. Ein prinzipieller Unterschied zu den amerikanischen Entwicklungen wie ENIAC oder Mark I besteht jedoch darin, daß bei diesen nicht an Hardware gespart wurde. Die Folge davon war, daß es einen John von Neumann herausforderte, aus den Vorschlägen von Eckert und Mauchly die Prinzipien herauszudestillieren, die unter dem Namen „von-Neumann-Architektur" Berühmtheit erlangen sollten. Die Z1 und Z3 hatten allerdings, Jahre bevor der berühmte ungarische Mathematiker sich für Rechenmaschinen interessierte, Teile dieser Konzepte bereits verwirklicht. Die Verwandtschaft der Architektur des Gleitkommaprozessors der Z1 und Z3 mit modernen Entwürfen ist verblüffend. Würde man Informatikern das Diagramm des Prozessors vorlegen und sie nach dem Baujahr fragen, würde wahrscheinlich keiner ahnen, daß die Z1 mittlerweile vor mehr als sechs Jahrzehnten konzipiert wurde.

Das Buch bietet einen graduellen Einstieg in die Thematik und erleichtert die Lektüre der Patentanmeldung Z391. Die Reihenfolge der Texte ist nicht zufällig. Friedrich L. Bauer, selbst einer der Pioniere der Informatik in Deutschland, analysiert in seinem Beitrag zunächst die persönliche Leistung von Konrad Zuse; die Fakten, aber auch einige der Legenden, die unvermeidbar im Laufe der Jahre entstanden sind. Bauers Beitrag ist zugleich ein Ausflug in die Computergeschichte, eine Bewertung des technischen Umfelds, in dem Zuse seine Rechenmaschinen schuf. Dieses Kapitel eröffnet das Buch, verweist auf die folgenden Beiträge und soll neugierig machen.

Der Beitrag von Hadwig Dorsch, die als Kustodin des Deutschen Technikmuseums in Berlin den Nachbau der im Krieg verlorengegangenen Z1 miterlebt hat, ist ein kurzer, jedoch lebendiger Bericht über die Anstrengungen Konrad Zuses, trotz seines hohen Alters der Nachwelt eine Rekonstruktion der Z1 zu hinterlassen.

Bevor der Leser dann die Patentanmeldung der Z3 in Angriff zu nehmen wagt, sollte der Beitrag von Raúl Rojas durchgearbeitet werden. Rojas übersetzt die Architektur der Z1 und Z3 in die heutige Terminologie und erläutert sie anhand moderner Diagramme. Die Implementierung der arithmetischen Algorithmen bildet das Herz der Maschine. Die entsprechenden Synchronisationsdiagramme konnten erst nach langer Beschäftigung mit der Patentanmeldung erstellt werden. Der aufmerksame Leser kann später bei der Lektüre der Patentanmeldung diesen Beitrag als Referenz nehmen und beide Texte vergleichen.

Der Bericht von Hartmut Petzold wirft ein Licht auf die sich drei Jahrzehnte hinziehenden Bemühungen Konrad Zuses um ein umfassendes Patent, die letzlich vergeblich waren. Der Beitrag stammt aus Dr. Petzolds akribischen Untersuchungen der von der GMD geordneten Zuse-Papiere, die immer noch Überraschungen enthalten. Der Leser erfährt hier etwas von den vielfachen Widerständen, mit denen Zuse im Verlauf des Verfahrens zu tun hatte, vom Kampf der Computerfirmen gegen seine Prioritätsansprüche, von den modifizierten Varianten der Patentanmeldung und von der endgültigen Ablehnung durch das Bundespatentgericht. Es ist ein informativer und zugleich spannender Beitrag, der viele Hinweise auf weitere noch unberührte Quellen der Geschichte des Computers enthält.

Es folgt als fünftes und wichtigstes Kapitel der vollständige Text der bereits erwähnten Patentanmeldung Z26476 (Z391) von 1941. Wir haben uns bemüht, durch Anmerkungen die Lektüre des Dokuments zu erleichtern.

Alexander Thurm erzählt von unseren Bemühungen, eine Simulation der Z3 für das Internet fertigzustellen. Einige Studenten der Universität

Halle und der Freien Universität Berlin haben bereits 1995 eine Simulation des Prozessors auf Gatterebene durchgeführt. Sie lief aber nur in einer speziellen Simulationsumgebung für elektronische Schaltungen und war daher nicht allgemein zugänglich. Dies hat sich mit der Java-Simulation von Herrn Thurm geändert. Das Programm wurde noch während der Vorbereitung dieses Buches laufend verbessert und kann unter der Adresse http://www.informatik.uni-halle.de/~thurm/z3 / gestartet werden.

Schließlich hat im letzten Kapitel Götz Widiger für dieses Buch die Patentschrift 907 948 editiert und ihre Abbildungen nachgezeichnet. Dieses Dokument zeigt einige der mechanischen Schaltungen, die in der Z1 verwendet wurden. Es ist interessant, diese mechanischen Elemente mit den in der Z3 verwendeten Relais zu vergleichen.

Ich hoffe, daß dieses Buch das Bewußtsein der Informatiker in Deutschland für die eigene Geschichte stärkt. Anders als in den USA, wo z. B. die Universität von Pennsylvania keine Kosten und Mühen scheute, um 1996 das fünfzigjährige Jubiläum des ENIAC mit einer Flut von Aktivitäten zu feiern (darunter mehrere Tagungen, eine Ansprache des Vizepräsidenten Al Gore und die Erstellung einer Java-Simulation der Maschine), ist es in Deutschland leider so, daß die Beschäftigung mit dieser Materie häufig nicht als relevant angesehen wird. Immerhin stieß 1991 ein Kolloquium im Deutschen Museum in München zum 50. Jahrestag der Vorführung von Zuses Z3 auch bei vielen Informatikern auf großes Interesse.[1] Es ist meine Überzeugung, daß eine wichtige kulturelle Aufgabe darin besteht, nach unseren Wurzeln zu suchen und ihre Projektion in der Gegenwart zu verfolgen: Die Erforschung *unserer* Geschichte *ist* relevant und kann zugleich lehrreich und spannend sein. Das Buch läßt genug Fragen offen für weitere Untersuchungen und ist deswegen auch ein Forschungsprogramm für die Zukunft – es mögen sich viele an diesem Unternehmen beteiligen.

Danksagung

Viele Freunde, Kollegen und Mitarbeiter haben zur Entstehung des Buches beigetragen. An erster Stelle steht Konrad Zuse, der alle Forschungsaktivitäten zur Computergeschichte immer unterstützt und über seine Maschinen gerne und ausführlich Auskunft gegeben hat. Er hat die Rekonstruktion der Z1 und Z3 selber geleitet, aber wenig darüber geschrieben – jetzt verfügen wir durch seine Hilfe über die entsprechende Dokumentation. Das Deutsche Museum in München hat eine Untersuchung der Schaltungen der Z3 bewilligt und durch ein Stipendium für Alexander Thurm finanziert. An dieser Stelle möchte ich mich bei Herrn Dr. Hartmut Petzold und Herrn PD Dr. Helmut Trischler für die freundliche Aufnahme meines Diplomanden in München bedanken. Frau Hadwig Dorsch vom Deutschen Technikmuseum in Berlin hat

---

[1] Kolloquium „50 Jahre programmgesteuerte Rechenmaschine", Deutsches Museum, *Wissenschaftliches Jahrbuch 1992/93*, München 1993, S. 169–209.

uns erlaubt, näher an die Z1 heranzukommen, als manchem Besucher erlaubt ist. Herr Prof. Friedrich L. Bauer hat über seinen Beitrag hinaus wesentliche Impulse für dieses Projekt gegeben; ich hoffe, daß dieser Band seine stets strenge Prüfung übersteht. Herr Dr. Hans Wössner vom Springer-Verlag hat an einem schönen Vormittag in Heidelberg grünes Licht für dieses Projekt gegeben – es ist manchmal nicht einfach, die Balance zwischen Wissenschaft und ökonomischem Kalkül zu halten. Ich bin sicher, daß die Risikobereitschaft des Springer-Verlags von den Lesern im deutschsprachigen Raum honoriert wird. Inge Hellmich, Rosi Weinert-Knapp, Dr. Günter Feuer, Bernd Frötschl, Christian Kanele, Thomas Weber und viele andere haben meine Texte sprachlich korrigiert. Erika Brandt hat die kaum lesbaren Fotokopien von Zuses Patentanmeldung in LaTeX getippt, kein triviales Unterfangen. Nicht zuletzt möchte ich meiner Frau und meiner Tochter danken, die ein weiteres Mal die ungewöhnlichen Arbeitszeiten toleriert und mich sogar zu weiteren Anstrengungen ermuntert haben.

Ich widme dieses Buch den Computerpionieren, jenen Männern und Frauen, die die Ära des Computers eingeläutet haben. Wir alle wissen, wer sie sind.

Halle, September 1997   Raúl Rojas

Originalzeichnung aus der Patentanmeldung Z391

Konrad Zuse – Fakten und Legenden

Friedrich L. Bauer

Zusammenfassung Es wird ein Überblick gegeben über Zuses vielfältige Leistungen auf dem Weg zum modernen Computer; daneben wird auf einige Legenden hingewiesen, die sich, von wohlmeinender Seite gefördert, um Zuses Errungenschaften ranken.

Konrad Zuse, der große Pionier der Informatik, starb am 18. Dezember 1995 im Alter von 85 Jahren. 1984 habe ich im Geleitwort zur zweiten Auflage seiner Autobiographie *Der Computer – mein Lebenswerk*[1] geschrieben:

> „Schöpfer der ersten vollautomatischen, programmgesteuerten und frei programmierbaren, in binärer Gleitpunktrechnung arbeitenden Rechenanlage. Sie war 1941 betriebsfähig."
> So oder ähnlich wird man einmal schreiben müssen, wenn Konrad Zuses Büste in der Walhalla neben denen Gregor Mendels und Wilhelm Conrad Röntgens – um nur zwei zu nennen, denen zuletzt diese Ehre zuteil wurde – aufgestellt wird.

In der Tat wäre es eine hohe Ehre, neben Albert Einstein zu stehen, dessen Büste im Jahre 1990 als derzeit letzte aufgestellt wurde. Nur wird es so schnell nicht gehen. Die Regularien für die Walhalla schreiben vor, daß dreißig Jahre vergangen sein müssen, bis einem Toten diese Auszeichnung zuteil werden kann, und selbst Werner Heisenberg, 1976 gestorben, muß noch warten. Carl Friedrich Gauß (noch mit scharfem ß zu schreiben!) wartet immerhin auch noch. Daß er auf dem 10-Mark-Schein täglich in unser aller Hände ist, ist nicht Ehre genug. Damit will ich aber nicht gesagt haben, daß ich Konrad Zuse wünsche, eines Tages auch auf frei konvertierbarer Währung zu glänzen. Dazu müßte schon unser ganzes Münz-, Maß- und Zahlensystem auf das Binärsystem umgestellt worden sein, und das mag noch länger dauern, als in die Walhalla zu kommen.

1. Konrad Zuse zu würdigen, ist nicht einfach

Um die Leistungen von Konrad Zuse würdigen zu können, ist es unumgänglich, sie im technikhistorischen Zusammenhang mit denen seiner Vorgänger

---

[1] Zuse, K., *Der Computer – mein Lebenswerk*, Springer-Verlag, Berlin 1984, 3. Auflage 1993, im folgenden zitiert als *„Lebenswerk 1984"* (überarbeitete Neuauflage des unter dem gleichen Titel 1970 im Verlag Moderne Industrie erschienenen Buches, im folgenden zitiert als *„Lebenswerk 1970"*)

und Zeitgenossen zu sehen, aber auch, sie in Einzelheiten untersuchen zu können. In dieser Hinsicht enthalten Zuses Publikationen, insbesondere auch seine Autobiographie, Lücken. Es ist deshalb sehr verdienstlich, daß Raúl Rojas auf der Grundlage von Zuses hinterlassenen Aufzeichnungen, insbesondere der Patentanmeldung von 1941, eine präzise, detaillierte Beschreibung der Maschinen Z1 und Z3, die einander funktionell nahestehen, erarbeitet hat. Alexander Thurm hat eine Simulation der Z3 geschrieben, die eine Plausibilitätskontrolle erlaubt. Interessanterweise ergeben sich Abweichungen des Nachbaus der Z3, der im Deutschen Museum steht, von der Patentanmeldung, die Zuse anhand der fertiggestellten Maschine erstellte. Diese ist im Wortlaut abgedruckt. Die langen, schwierigen und für Zuse unerfreulichen Verhandlungen mit dem Deutschen Patentamt untersucht in aller Ausführlichkeit Hartmut Petzold. Der vorliegende Beitrag will einen Überblick geben über Zuses vielfältige Leistungen, aber gleichzeitig auf einige Legenden hinweisen, die sich, von wohlmeinender Seite gefördert, um Zuses Errungenschaften ranken.

2. Die Errungenschaften

Dem Schalten und Rechnen im Binärsystem zum Durchbruch verholfen zu haben, ist nicht Zuses alleiniges Verdienst, ebensowenig wie die frei programmierbare Steuerung von ihm allein propagiert wurde. Aber bei Zuse findet sich die Verbindung einiger der Ideen, die zum modernen Computer gehören, und diese Verbindung findet sich früher als anderswo. Überdies: Zuse realisiert sie auch. Darin liegt seine überragende Bedeutung. Die diesbezüglichen faktischen Errungenschaften sind:[2]

(1) das Binärprinzip der Schaltungen und des Rechnens – die Schaltlogik und das Rechnen im binären Zahlensystem,
(2) die freie Programmierbarkeit des vollautomatischen Ablaufs von Programmen (Zuse nannte sie noch „Rechenpläne"),
(3) das Minimalprinzip des Entwurfs – die Beschränkung auf wenige, wesentliche Befehle, wie sie heute in RISC-Architekturen verwirklicht sind,
(4) die Abstrakte Schaltgliedtechnik – Schaltpläne, die unmittelbar eine Implementierung durch mechanische Schaltglieder, durch elektromechanische Relais oder durch Röhrenschaltungen erlauben,
(5) die Gleitpunktrechnung,
(6) der Einschrittige Übertrag,
(7) der Plankalkül.

---

[2] Siehe dazu: Weinhart, K. (Hrsg.), *Informatik und Automatik – Führer durch die Ausstellung im Deutschen Museum*, München, 1990 (Kapitel 5.3.2, 6.6.3 bis 6.6.9, 7.1.5).

Zu diesen Stichworten ist für Fachleute kaum etwas hinzuzufügen – höchstens, daß das Minimalprinzip sich später in Theodor Frommes Freiburger Code wiederfindet und daß Zuses Schaltungslösung in der Z3 für den Einschrittigen Übertrag, die pro Stelle eine feste Anzahl Relais erfordert, bis heute eine immense Bedeutung für die Technik gehabt hätte, wären nicht die gepolten elektronischen Schaltungen gekommen – die Relaislösung verwendete nämlich Kontaktschaltungen.

Der Plankalkül, den ich von allen Errungenschaften Zuses am höchsten schätze,[3] würde auch heute noch ein halbes Semester erfordern, wollte man ihn gründlich behandeln. Besonders bemerkenswert ist, daß im Plankalkül bereits strukturierte zusammengesetzte Objekte Platz fanden.

Es schmälert also Zuses Verdienste nicht, wenn man vermerkt, daß das binäre Rechnen schon von John Napier (1617) und Thomas Hariot (vor 1621), von Johann Caramuel y Lobkowitz (1670) und Gottfried Wilhelm Leibniz (1679) angepriesen wurde;[4] für die moderne Verwendung in Maschinen, insbesondere für die Hin- und Rück-Konvertierung, hat bereits R. L. A. Valtat mit Priorität 12.9.1931 ein Patent bekommen;[5] E. W. Phillips[6] hat 1936 eine Realisierung der Napierschen binären Multiplikation durch Photozellen vorgeschlagen. Ebenso zu erwähnen ist, daß Louis Couffignal 1936 den Gebrauch der binären Arithmetik anpries.[7]

Ferner tut es Zuses Ansehen keinen Abbruch, wenn man auf die Ansätze von Babbage, in der Mitte des 19. Jahrhunderts, zur freien Programmsteuerung[8] verweist, die 1909 von Ludgate[9] und 1914 von Torres y Quevedo[10] aufgegriffen wurden; die sehr inflexiblen Steuerungen, die sich in Tabelliermat-

---

[3] Zuse, K., „Über den Allgemeinen Plankalkül als Mittel zur Formulierung schematisch-kombinativer Aufgaben", *Archiv der Mathematik*, Bd. 1, 1948/1949, S. 441–449. Zuse, K., „Der Plankalkül", Bericht GMD–63, 1972, Hinfort zitiert als *„Plankalkül"*. Bauer, F. L. und Wössner, H., „Zuses 'Plankalkül', ein Vorläufer der Programmiersprachen – gesehen vom Jahre 1972", *Elektronische Rechenanlagen*, Bd. 14, 1972, S. 111–118.

[4] Siehe Shirley, J. W., „Binary Numeration before Leibniz", *Am. J. Phys.*, Bd. 19, 1951, S. 452–454.

[5] DRP 664012 erteilt 1938, brit. Patent 410129 erteilt 1934, mit Priorität 1931 (Frankreich). Siehe auch: Valtat, R. L. A., „Calcul méchanique. Sur l'emploi de la numération binaire", *Comptes Rendus Académie des Sciences Paris*, Bd. 202, 1936, S. 1745–1748.

[6] Phillips, E. W., „Binary Calculation", *J. Inst. of Actuaries*, Bd. 67, 1936, S. 187–221.

[7] Couffignal, L., „Calcul Méchanique: Sur l'emploi de la numération binaire dans les machines à calculer et les instruments nomoméchaniques", *Comptes Rendus Académie des Sciences Paris*, Bd. 202, 1936, S. 1970–1972.

[8] Babbage, Ch., *Passages from the Life of a Philosopher*, London 1864, S. 117f.

[9] Ludgate, P. E., „On a proposed Analytical Machine", *Sci. Proc. Royal Dublin Soc.*, Bd. 12, 1909, 77–91.

[10] Torres y Quevedo, L., „Essais sur l'Automatique. Sa définition. Étendu théorique de ses applications", *Revue de l'Académie des Sciences de Madrid*, 1914. Auch: *Revue de l'Académie des Sciences Pures et Appliquées*, 1915, S. 601–611.

schinen für Lochkarten[11] und in Buchungsmaschinen[12] sowie in den „Vier-Spezies-Automaten" der mechanischen Rechenmaschinentechnik finden, wird man Zuse vernünftigerweise ohnehin nicht entgegenhalten. Ernsthaft in Betracht zu ziehen sind jedoch die Ansätze von Louis Couffignal, der 1936 eine, wie Brian Randell schreibt, „detailed description of an electro-mechanical program-controlled binary calculator" gibt.[13] Hier wird es eng mit der Priorität für Zuse, der 1938 noch kein funktionierendes Gerät aufweisen kann – die rein mechanische Z1 hatte sich ja nicht bewährt. Zwar war die Z2 im Bau und im Herbst 1939, als Zuse einberufen wurde, auch fast vollendet, aber erst nach einem halben Jahr wird er „UK-gestellt" und kann die Z2 fertigstellen, die er am 19. September 1940 Professor Teichmann von der Deutschen Versuchsanstalt für Luftfahrt in Berlin-Adlershorst vorführt.[14] Es verbleibt beim Vergleich mit Couffignal, daß dieser erst Jahre später an den zusammen mit der Logabax Co. beabsichtigten Bau einer Maschine gehen kann, denn der Krieg verhinderte das wohl zunächst. Couffignal wurde bisher, wie mir scheint, außerhalb Frankreichs zu wenig gewürdigt. Zu nennen wäre da auch noch eine Patentschrift von 1923 „Elektrische Rechen- und Schreibmaschine" von Bernhard Weiner in Prag-Dejvice, in der wohl erstmals eine durchgehende Relaislösung beschrieben wird. Von Programmsteuerung ist dort allerdings nichts zu finden.[15]

Das Minimalprinzip des Entwurfs ist Zuses eigentümlicher Beitrag, hervorgerufen vielleicht durch die extrem beschränkten Mittel, mit denen er auskommen mußte (Güntsch: „nutzt er [...] alle Möglichkeiten zur Reduzierung des Aufwands"). Bei van der Poel und bei Fromme findet es sich erst Jahre später wieder, nunmehr für elektronische Rechenanlagen, deren für die damalige Zeit als überaus schnell angesehene elektronische Schaltungen einen Zeitverlust zu erlauben schienen.

Ferner darf man die Erfindung einer abstrakten Schaltgliedtechnik (nach Güntsch: „eine Schaltungsmathematik, vor Shannons berühmter Veröffent-

---

Torres y Quevedo, L., „Arithmomètre electroméchanique", *Bulletin de la societé d'encouragement pour l'industrie nationale*, Bd. 119, 1920, S. 588–599.

[11] etwa die D11 (1936) der Deutschen Hollerith Maschinen GmbH (Dehomag), einschlägige Patente DRP 688393 mit Priorität 1932 (U.S.A.) und DRP 695055 mit Priorität 1928 (U.S.A).

[12] etwa Bryce, J.W., „Cross-Adding Accounting Machine and Programming Means Therefor", U.S. Patent vom 1.10.1937 für I.B.M. Das Patent betrifft Übertragungsbefehle zwischen Akkumulatoren.

[13] Couffignal, L., *Sur l'Analyse Méchanique – Application aux machines à calculer et aux calculs de la méchanique céleste*, Thèse, Faculté des Sciences Paris, 1938. Couffignal erhielt auch Patente mit Priorität 1936 (Belgien): Französisches Patent 819695, erteilt 1937; U.S. Patent 2318591, erteilt 1943.

[14] *Lebenswerk* 1984, S. 56.

[15] DRP 458481. Gleiches ist zu sagen von der Patentschrift von 1923 „Elektrisch betriebene Rechenmaschine" von Rolf Hofgaard in Ljan, Norwegen, DRP 414823, U.S. Patent 2191567 und von einem Patent der Tabulating Machine Company New York von 1928, DRP 575290.

lichung von 1938") bedenkenlos Zuse zuschreiben, obschon man (nach Zemanek, 1966) die Idee einer gewissen Abstraktion von der spezifischen Realisierung schon bei Leonardo Torres y Quevedo finden kann. Auch John von
Neumann benutzte ab 1944 bei seinen Diskussionen in der *Moore School*
der *University of Pennsylvania* eine Abstraktion für binäre Schaltkreise im
Jargon der idealisierten Neuronen von McCulloch und Pitts, die diese 1943
vorgestellt hatten.

Die automatische Gleitpunktrechnung hatte Torres y Quevedo bereits
1914 ins Auge gefaßt, allerdings, wie so oft bei ihm, ohne Realisierung. Daß
es logarithmische Rechenscheiben gab, bei denen die gegenseitige Verdrehung
der Scheiben durch einen Zähler festgehalten werden konnte, kann man kaum
als Vorwegnahme der automatischen Gleitpunktrechnung auffassen – obwohl man um die Mitte des Jahrhunderts den Ausdruck „halblogarithmische
Zahldarstellung" finden konnte. Ernsthaft entgegengehalten werden kann Zuse die Patentschrift *Automatic Decimal Point Selecting Device for Accounting Machines* von James W. Bryce, DRP 667044, U.S. Patent 2141598 mit
Priorität 1934. Dem Anschein nach behandelt Bryce jedoch nur die Lage
des Kommas in einem Operationsergebnis, nicht jedoch die Abtrennung von
Mantisse und Exponent.

Die Idee des einschrittigen Übertrags ist wohl als Wunschvorstellung so alt
wie die Additionsmaschinen; erste Lösungsansätze von Babbage scheiterten
an mechanischen Problemen. Zwar waren bei dezimalen Maschinen mit elektromechanischen Zählern die Schwierigkeiten überwunden, so hatte bereits
die Tabelliermaschine D11 der DEHOMAG einschrittigen Zehnerübertrag.
Die Relais-Realisierung im Dual-System war jedoch eine selbständige Idee
von Zuse und eine seiner faszinierendsten. Zuse gelangte zu ihr auf einem
Umweg, der zunächst[16] ein Relais mit drei Positionen vorsah, bis er um 1940
eine mehrstufige Schaltung mit handelsüblichen Relais (vgl. Raúl Rojas, in
diesem Band, Abb. 7) fand, die in die Z3 und Z4 einging. 1950 zeigte ihm
Ambros Speiser die wesentliche Vereinfachung,[17] die Howard Aiken schon
in Mark II benutzt und 1948 publiziert hatte. Die Additionsschaltungen,
die Shannon 1937 untersucht hatte,[18] benutzten hingegen Dioden; dadurch
konnten Relaiskontakte eingespart werden.

Der Plankalkül schließlich war seiner Zeit weit voraus, mindestens ein
Jahrzehnt, was viel ist im schnellebigen 20. Jahrhundert.

3. Zuses Niederlage im Patentstreit

Hartmut Petzold (in diesem Band) schildert im einzelnen, wie Zuse im
Patentverfahren um die Anmeldung Z 26476 vom 16.6.1941 (Neuaufnahme

---

[16] *Lebenswerk* 1970, S. 53, Bild 17 und 18.

[17] *Lebenswerk* 1970, S. 55, Bild 20. Persönliche Mitteilung von A. Speiser.

[18] *Lebenswerk* 1970, S. 55, Bild 22. Ein in Bild 22 befindlicher Schaltungsfehler
wurde auch in späteren Auflagen nicht korrigiert!

unter dem Aktenzeichen Z391) Vorveröffentlichungen und Vorbenutzungen vorgehalten wurden. Manche dieser Einwände erscheinen kleinlich. Daß Zuse und/oder seine Patentanwälte sich gegen die im Patentverfahren üblichen Einwände des Prüfers und die herbeigesuchten Einwände der gegen die Patenterteilung einsprechenden Partei wenig gewappnet hatten, ist eine andere Angelegenheit, die noch zu besprechen sein wird.

Jedenfalls wurde 1966 sogar von dem Anwalt der einsprechenden Partei (Fa. Triumph) eingeräumt: „Die Einsprechende erkennt die Verdienste von Dr. Zuse voll an; sie betrachtet die ihm zuteil gewordenen Ehrungen als verdiente Belohnung für seine überragende Leistung, als erster eine Programmrechenmaschine in der Praxis verwirklicht zu haben." Dann aber weist der Anwalt darauf hin, daß „für ein Urteil über die Patentfähigkeit eines Anmeldungsgegenstandes [...] nicht [...] die Person des Erfinders maßgebend" sein kann.

Das gegen Kriegsende hängengebliebene Patentverfahren wurde am 14.11.1951 neu aufgenommen, der Bekanntmachung am 4.12.1952 folgte am 2.4.1953 (zwei Tage vor Ablauf der Frist) ein Einspruch der Fa. Triumph. Das Verfahren zog sich hin, mit einer Kette von Entgegenhaltungen, neuformulierten Ansprüchen und neuen Entgegenhaltungen. Der Patentstreit stand im Jahre 1959 auf des Messers Schneide. Ein Bescheid der Prüfungsstelle für Klasse 42m des Patentamtes vom 30.7.1959 bejaht die Patentfähigkeit, sieht die Entgegenhaltungen durch den revidierten Hauptanspruch vom 13. Mai 1958 als „nicht patenthindernd" und faßt zusammen:

> „Es kann anerkannt werden, daß durch den Gegenstand der Erfindung eine programmgesteuerte Rechenmaschine geschaffen wird, die insofern besonders vorteilhaft ist, als sie [...]. Eine derart programmgesteuerte Rechenmaschine wird weder durch die entgegengehaltenen Patentschriften und Literaturstellen noch durch den Stand der Technik auf dem Gebiet der Rechenmaschinen nahegelegt."

Daraufhin reicht Triumphs neuer Anwalt Hagen am 11.1.1960 einen neuen, auf Ludgate abhebenden Schriftsatz ein und führt auch die Dissertation von Couffignal aus dem Jahr 1938 an, drei Jahre vor Einreichung der Anmeldung Z26476 (16.6.1941). Sie wird im weiteren Verlauf mehr und mehr in den Mittelpunkt gerückt[19] und wirkt als Vorveröffentlichung. Das Wechselspiel von Entgegenhaltungen und neuformulierten Ansprüchen geht weiter, bis am 20.9.1962 das Patentamt den Beschluß faßt, das Patent zu versagen. Daraufhin reicht Zuses Anwalt Johannesson am 19.12.1962 Beschwerde ein; der Anwalt der einsprechenden Partei stellt am 7.8.1963 einen Antrag auf Zurückweisung der Beschwerde. Das Hin und Her hält an, am 3.10.1966 bittet Johannesson das Bundespatentgericht um möglichst baldige Beschlußfassung. Das Ergebnis ist für den mit dem Patentwesen Vertrauten nicht allzu

---

[19] Die Anmeldungen Z23139 vom 11.4.1936 und Z23624 vom 24.12.1936 mußten von Zuse 1940 bzw. 1943 „wegen mangelnder Offenbarung" zurückgezogen werden (*Lebenswerk* 1970, S. 149). Dadurch verfiel die Priorität von 1936.

überraschend, wenn schon es in einer breiteren wissenschaftlichen, aber mit dem Patentrecht und seinem Jargon nicht voll vertrauten Öffentlichkeit eher provozierend wirkt. Das BPG beschließt am 14.7.1967:

„Die Beschwerde ist zulässig, konnte jedoch keinen Erfolg haben."
„Die Neuheit und Fortschrittlichkeit des mit dem Hauptantrag beanspruchten Gegenstandes sind nicht zweifelhaft. Indessen kann auf ihn mangels Erfindungshöhe kein Patent erteilt werden."

Der *terminus* „Erfindungshöhe" wird natürlich vom Laien leicht mißverstanden. In Anlage 6 zur Neuauflage 1984 von Zuses Autobiographie ist eine Rede wiedergegeben, die 1980 der damalige Präsident des Deutschen Patentamtes, Dr. Erich Häußer, anläßlich des 70. Geburtstages von Konrad Zuse gehalten hat. Darin werden des langen und breiten die vielfältigen Verdienste Zuses gewürdigt. Zuse meinte, Häußer habe „dieses Urteil [des Bundespatentgerichts] zum Anlaß seines Vortrags an der Technischen Universität Berlin genommen."[20] Er hatte wohl den Schlußabsatz der Rede nicht in seiner vollen Bedeutung erfaßt: „Dem Präsidenten des Patentamtes wird man nachsehen, daß er als weiteres entscheidendes Merkmal des erfolgreichen Erfinders die konsequente Inanspruchnahme des Patentschutzes für seine technischen Entwicklungen anführt." „Konsequent" heißt wohl, daß der Erfinder (und sein Anwalt) keine Fehler machen darf. Häußer hatte keinen Grund, sich für das Urteil zu entschuldigen, und er hat es auch nicht getan. Dem Patentamt und dem Patentgericht waren verfahrensrechtlich enge Grenzen gesetzt. Zuses wenig erfreuliche Erfahrungen mit dem Patentwesen beruhten auf technischen Fehlern, die schon bei den Anmeldungen des Jahres 1936 begannen,[19] und die sich fortsetzten; sie sind am ehesten den Patentanwälten K. Wolf (bis 1945) und Eder, Lehmann (zwischen 1951 und 1957) anzulasten. Die Patentanwälte der Firma Telefunken, mit der Zuse 1958 einen Patentvertrag einging, konnten nur versuchen, zu retten, was noch zu retten war. Eine Legende, daß das Patentamt den Niedergang von Zuses Firma ausgelöst hätte, konnte sich nicht bilden. Im übrigen machten auch Presper J. Eckert und John W. Mauchly, die amerikanischen Erfinder, ihre schlechten Erfahrungen mit dem Patentwesen, was Mauchly zu der Feststellung veranlaßte: „Legal decisions are not scholarly judgments".

4. Legendenbildung

Legenden, zu denen echte Wissenschaftler kaum je aktiv beitragen, entstehen durch Vergröberung, oft ohne böse, ja auch in bester Absicht; durch verkürzte Wiedergabe, unter dem Druck von Erscheinungsterminen, durch Mißverständnisse. Unglücklicherweise hat Konrad Zuse selbst die Möglichkeit von Mißverständnissen nicht immer bedacht; hat sich, auch in seiner

---

[20] *Lebenswerk* 1984, S. 99.

Biographie, nicht immer klar ausgedrückt, hat insbesondere manchmal Daten nur sehr ungenau angegeben und so der Ausdeutung Raum gelassen. Auch eine gewisse, im allgemeinen liebenswerte Eitelkeit hat ihm manchmal einen Streich gespielt, wenn er retrospektiv die Dinge in einem für ihn günstigeren Licht sah, so etwa im Hinblick auf die interne Programmspeicherung,[21] die er glaubte, nicht vorsehen zu müssen, weil sie „nicht schutzfähig sei", oder wenn er meinte, er scheute sich, den „einzigen Draht" zu ziehen, der bedingte Befehle ermöglicht hätte, weil „die Möglichkeiten und Auswirkungen" unübersehbar seien – dabei vom „Verantwortungsbewußtsein des Erfinders" zu sprechen, überzeugt *mich* nicht.[22] Offensichtlich verfehlte Zuse auch in seinen Patentansprüchen den universellen Rechner.

Vor allem aber ergeben die im Zusammenhang mit seinem Tod überwiegend von Unberufenen verfaßten Nachrufe zusammengenommen ein dissonantes Orchester. Von „Genie des Bastelns" bis „Seine Erfindung hat die Welt verändert" schlagzeilte es im Blätterwald bei seinem Tod.

Man muß sich im klaren darüber sein, daß solche Ungereimtheiten dem Ansehen Zuses im Ausland eher schaden. Es war ohnehin nicht leicht, den Fachkollegen in den U.S.A., aber auch in England die Bedeutung Zuses klar zu machen. Beginnend mit der Tagung *A History of Computing in the Twentieth Century*, die im Juni 1976, also vor mehr als zwanzig Jahren, in Los Alamos mit Unterstützung der NSF stattfand,[23] gelang es den anhaltenden Anstrengungen einiger geschichtsbewußter Kollegen, von denen ich besonders Brian Randell[24] hervorheben möchte, bei den Wissenschaftlern der *Computer Science* weltweit das Verständnis für die Bedeutung von Konrad Zuse so weit zu fördern, daß man wenigstens seinen Namen kannte; die breite Öffentlichkeit in den U.S.A. zum Beispiel, vertreten durch die Journalisten, nennt, wenn sie überhaupt etwas weiß, Aiken oder von Neumann als Schöpfer des Computers.

Hier sind wir bei der *crux* der Angelegenheit. Aiken, der Amerikaner, konnte das siegestrunkene Amerika von seinen Leistungen leicht überzeugen. *Who is Zuse?*, was man im Ausland öfters hören konnte, drückte hingegen aus, daß es in Deutschland, das in bitterster Weise seine Schuld am Krieg, den es noch dazu verloren hatte, einräumen mußte, einfach keinen wichtigen Fortschritt geben durfte. Dazu kommt noch, daß Zuse mit einfachsten Mitteln arbeitete, mit Relais aus der Abfallkiste, die von Karl-Ernst Hoestermann, einem mitleidigen Freund in der Fernsprechvermittlung des OKW in der Bendlerstraße, Berlin, gefüllt wurde,[25] ganz anders als Howard Aiken,

---

[21] *Lebenswerk* 1970, S. 100.

[22] *Lebenswerk* 1984, S. 77.

[23] Metropolis, N. et al. (Hrsg.) *A History of Computing in the Twentieth Century*, Academic Press, New York, 1980. Hinfort zitiert als „*History*".

[24] Randell, B. (Hrsg.), *The Origins of Digital Computers*, Selected Papers, 3. Aufl., Springer-Verlag, Berlin, 1982. Hinfort zitiert als „*Origins*".

[25] *Lebenswerk* 1984, S. 60.

commander, U.S. Navy Reserve, für den *Aberdeen Proving Ground* tätig und ohnehin schon selbstbewußt genug.[26]

Man darf in Deutschland nicht übersehen, daß hinsichtlich Zuses in Amerika Empfindlichkeiten herrschen. Dies zeigte sich etwa, als Eric Weiss die englische Ausgabe[27] von Zuses Autobiographie für *Computing Reviews* referierte: „Throughout Zuse asserts that his situation in Germany before, during and after the war was totally different from anything experienced by the US and UK computer pioneers who were his contemporaries and implies that this must be taken into account in evaluating his contributions." Eigentlich ist das letztere selbstverständlich; daß Weiss darauf zu sprechen kommt, ist symptomatisch.

Auch in der Prioritätsfrage nimmt man es in Amerika sehr genau, wenn es darum geht, die Leistungen von Ausländern zu schmälern. Um ein Beispiel neueren Datums zu nennen: Emerson W. Pugh[28] schreibt 1995:

> „At about the time Howard Aiken began promoting construction of the large Mark I supercomputer (sic!), Konrad Zuse in Berlin, Germany had begun work on a much smaller unit with a mechanical memory, arithmetic and control units made of second-hand telephone relays, and program control by perforated tape (35 mm movie film). His computing device is said (sic!) to have been operational in 1941. Because it was destroyed during the war, however, there are numerous unanswered questions. With a reported completion date approximately two years before the Mark I, Zuse's machine is credited as a 'first' by many historians. It is a rather limited first, however, since the device was too small to do useful work. See, for example, P. E. Ceruzzi, 1983: *Reckoners*, p. 10–40."

Man beachte, daß Zuse im Wohnzimmer seiner Eltern schon 1936 arbeitete, Aiken aber erst 1937 seinen „Prospectus" verfaßte. Pugh ist also nicht ganz unvoreingenommen. Aber er hat recht mit den „unanswered questions", die auf Nachlässigkeiten und Auslassungen Zuses in seinen schriftlichen Aufzeichnungen zurückzuführen sind. Andererseits sollte die Abwertung nicht auf den Leistungsvergleich gestützt werden; auf die Idee kommt es an.

Zuse machte es sich allerdings manchmal zu leicht. Noch 1994 wurde er in einem Interview, das die angesehene *Frankfurter Allgemeine Zeitung* wiedergab,[29] gefragt: „Herr Zuse, Sie gelten als der Erfinder des Computers" und er widersprach dem nicht. Ihn als Erfinder des Computers zu bezeichnen, ist eine grobe Vereinfachung.

---

[26] Aiken, H. H., „Proposed automatic calculating machine", [mit Datum Nov. 4, 1937]. In: *Origins*, S. 195.

[27] Zuse, K., *The Computer – My Life*, Springer-Verlag, Berlin, 1993.

[28] Pugh, E. W., *Building IBM*, The MIT Press, Cambridge 1995.

[29] F.A.Z., Dienstag, 14. Juni 1994, Nr. 135, S. B 3.

4.1 Die Legende vom Schöpfer des elektronischen Computers

Für den Vergleich mit Zuse macht es eben einen Unterschied, ob Aiken oder, wie es üblich geworden ist, von Neumann als der Schöpfer des Computers bezeichnet wird. Während Aiken erst 1944 funktionell so weit war, wie Zuse bereits 1941,[30] könnte der Anspruch, dem modernen *elektronischen* Computer – und ein solcher wird wohl heute überwiegend mit diesem Wort bezeichnet – zum Durchbruch verholfen zu haben, auf von Neumann[31] zutreffen. Auf Zuse trifft er sicher nicht zu. Die Legendenbildung neigt jedoch dazu, auch hierin Zuse einen Platz einzuräumen, und zwar auf dem Umweg über seinen Freund Helmuth Schreyer, der in der Tat mit speziellen Schaltungen aus Vakuumröhren und Glimmlampen, die an sich damals bekannt waren, Zähler aufgebaut hatte, wie sie auch in der Höhenstrahlungsforschung verwendet wurden, und vielleicht schon 1938, nachweisbar jedoch 1939 versuchte, auch Additions- und Multiplikationsschaltungen zu realisieren.[32] Aus einer Bemerkung Zuses[33] „[...] 1937–1944 Vorstudien für elektronische Rechenmaschinen [...]" entstand nun die Legende, Zuse habe die elektronische Rechenanlage 1937 erfunden. In seinem Beitrag zur *Los Alamos Conference*[34] zeigt Zuse jedoch ein Diagramm, das ab 1938 „Electronic (Schreyer)" ausweist, und gibt in einer Tabelle an: „Schreyer 1938 electronic technology". Im übrigen schreibt Zuse „ich hielt es, ehrlich gesagt, für eine seiner vielen Schnapsideen".[35] Somit könnte die Formulierung „bereits 1937 haben – angeregt durch eine Idee von Helmut Schreyer – Zuse und Schreyer begonnen, über einen Röhrenrechner nachzudenken"[36] hinsichtlich des Datums als mißverständlich bezeichnet werden. Immerhin war Schreyers Patentanmeldung erst auf den 19. November 1940 datiert – 1939 hatte John V. Atanasoff bereits einen betriebsfähigen Prototyp eines elektronischen Rechenwerks. 1942 hatten NCR, IBM und RCA Patente für elektronische Rechner angemeldet. Die Arbeiten von Joseph R. Desch bei NCR gingen auf das Jahr 1939 zurück.

---

[30] Zuse interpretierte einen Brief von Aiken vom 1. Oktober 1962 (*Lebenswerk* 1984, S. 104–105) dahingehend, daß Aiken Zuses Priorität anerkannt habe. Eine genauere Lektüre des Briefes zeigt, daß Aiken diese Einsicht nicht aufgebracht hat.

[31] Die historische Forschung neigt heute dazu, dies in erster Linie Eckert und Mauchly, in zweiter Linie von Neumann, Goldstine und Burks zuzubilligen.

[32] *Lebenswerk* 1984, S. 36; Schreyer, H., „Technical Computing Machines", [Übersetzung, datiert 15. Okt. 1939]. In: *Origins*, S. 171.

[33] *Plankalkül*, S. 3.

[34] *History*, S. 613, S. 615.

[35] Zuse, K., „Entwicklungslinien einer Rechengeräte-Entwicklung von der Mechanik zur Elektronik". In: Hoffmann, W. (Hrsg.), *Digitale Informationswandler*, Vieweg, Braunschweig 1962, S. 516–517, S. 531; *Lebenswerk* 1984, S. 35.

[36] Brauer, W. und Brauer, U., „Zum Tode von Konrad Zuse", *Informatik-Spektrum*, Bd. 19, Nr. 2–3, 1996.

Erst mit dem Plan von 1944 einer „logistischen Rechenmaschine" (die sich 1954 in der zur Z 22 führenden Minima-Idee von Theodor Fromme[37] wiederfindet) tritt die elektronische Realisierung, die zunächst lediglich eine Denkmöglichkeit war, stärker in Erscheinung. Die äußerste Reduktion des Aufwands an Schaltgliedern sollte durch den Gewinn an Operationsgeschwindigkeit wettgemacht werden. Zuse führt in einem Werbe-Faltblatt von 1947 einen Geschwindigkeitsgewinn um den Faktor 1 000 bis 10 000 an.[38] Zuse bleibt aber auch nach dem Krieg, unter den gegebenen Umständen verständlich, mit der Z5 (1952) und der kleinen Z11 konkret zunächst bei Relaismaschinen. „Es bleibt die Feststellung, daß Zuse [vor 1954] den elektronischen Computer nie wirklich propagiert hat" (Hartmut Petzold).

4.2 Die Legende vom Schöpfer des universellen Rechners

Es ist auch zu bedenken, daß Zuses Maschinen bis hin zur Z4 noch vollständig schleifengesteuert sind und nicht die Universalität besitzen, die die speicherprogrammierte Maschine nach dem Entwurf[39] von Eckert, Mauchly, Goldstine und von Neumann hat. Diese wurde sozusagen unfreiwillig einer universellen Turing-Maschine äquivalent: Als nämlich Eckert und Mauchly die fortwährende Adressenänderung in einer Schleife in Verbindung mit laufenden Indizes als wichtig erkannten, realisierten sie sie auf die einfachste Weise durch eine Addition im Adressenteil eines Befehls, was nahelag angesichts der Vereinheitlichung von Befehls- und Datenspeicher („the program would be stored in exactly the same sort of memory device as that used for numbers"), die sie (im Gegensatz zu Aiken) aus technologischen Gründen gewählt hatten. Aber in dem *Draft Report*, den von Neumann auf den 30. Juni 1945 datierte, wird noch gesagt[40] „that stored instructions and data are to be distinguished, and provisions are made for modifying only the address field of an instruction". Eine unter solchen Einschränkungen programmierte „zahme" von-Neumann-Maschine wäre nur imstande gewesen, primitiv-rekursive Funktionen zu berechnen. Noch 1946 bzw. 1947 merkten sie nicht, was für ein Goldkorn sie mit dem *stored program concept* gefunden (nicht *erfunden*) hatten.[41] Es verblieb

---

[37] Fromme, Th., Pösch, H., Witting, H., „Modell eines Rechenautomaten mit kleinstem Aufwand zum Studium von Programmierungsproblemen", unveröffentlichtes Manuskript, 1954–55.

[38] de Beauclair, W., *Rechnen mit Maschinen*, Vieweg, Braunschweig 1968, S. 80.

[39] von Neumann, J., „First Draft of a Report on the EDVAC", [mit Datum 30. Juni 1945]. In: *Origins*, S. 383.

[40] *Origins*, S. 378.

[41] von Neumann, J.: In einem Vortrag am 15. Mai 1946 (*Collected Papers*, edited by A. Taub, Bd. 5, Oxford 1963, S. 1–31) ist lediglich (im Zusammenhang mit „looking up a function table") zu finden „[...] ability of the machine to modify its own orders is one of the things which make coding the non-trivial operation which we have to view it as." Nur retrospektiv kann das als eine vage Andeutung der Betrachtung allgemein-rekursiver Funktionen verstanden werden. Daß von Neumann die Möglichkeit nicht fand, nimmt jedoch wunder; schließ-

also den Logikern, bald anschließend in Strenge die Äquivalenz der speicher-programmierten Maschine mit der Turing-Maschine[42] zu zeigen. Mag man Eckert, Mauchly und wohl auch von Neumann und Goldstine als Schöpfer des „von-Neumann-Rechners" bezeichnen: Der Schöpfer des (ganz unprakti-schen) universellen Rechners ist Turing, und auch Zuse kommt hier nicht in die engere Wahl.

Fritz-Rudolf Güntsch hat jedoch vor kurzem die Frage aufgeworfen, ob nicht aus den in Skizzen und Notizen vorliegenden Aufzeichnungen von Kon-rad Zuse schon ab 1937 auch Ansätze zur universellen Maschine vorliegen könnten.[43] In der Tat finden sich solche Vorläuferideen des Plankalküls in sug-gestiven Wendungen wie „starre Rechenpläne" und „lebendige Rechenpläne". Schon 1936 findet sich in der (später zurückgezogenen) Patentanmeldung Z 23139 (11.4.1936) der Satz: „Auch der Rechenplan läßt sich speichern, wo-bei die Befehle im Takt der Rechnung den Steuervorrichtungen zugeführt werden." Man versteht, warum der Patentprüfer in dieser impliziten Verfah-rensvorschrift keine Offenbarung des Erfindungsgedankens im Sinne des gel-tenden Patentgesetzes sah. Deutlicher wird Zuse in seinem unveröffentlichten Manuskript[44] von 1936 „Die Rechenmaschine des Ingenieurs": „Kommen in der Rechnung allgemeine Formeln vor, deren Pläne schon aufgestellt sind, so braucht der Rechenplan nicht neu aufgestellt zu werden. Ebenso braucht

---

lich kannte er Turing persönlich und dessen Arbeit von 1936. Jedoch findet sich auch in *Preliminary Discussion of the Logical Design of an Electronic Compu-ting Instrument* von A. W. Burks, H. H. Goldstine und J. von Neumann, 28. Juni 1946, 2. Aufl. 2. September 1947 sowie in *Planning and Coding of Problems for an Electronic Computing Instrument* von H. H. Goldstine und J. von Neumann, Teil 2, Bd. 1 vom 1. April 1947, Teil 2, Bd. 2 vom 15. April 1948, Teil 2, Bd. 3 vom 16. August 1948, kein diesbezüglicher Hinweis.

Mauchly: auf einem Symposium, 7.–10. Jan. 1947 („Origins" S. 394: „one set of instructions can be used to modify another set of instructions"; S. 395: „thus is created a new set of operations which might be said to form a calculus of instructions"). Konkret dachte der mit der Berechnung von Wettervorhersagen vertraute Physiker Mauchly wohl nur an Unterprogramme: „in order that such subroutines, as they can well be called, be truly general, the machine must be endowed with the ability to modify instructions."

[42] Einer der ersten publizierten Beweise stammt von Hans Hermes (1954). Es gibt vielerlei Möglichkeiten, auf einem speicherprogrammierten Rechner eine Turing-Maschine zu simulieren, darunter auch sehr unpraktische – für den Beweis spielt das keine Rolle. Nach der Churchschen These besteht auch die viel praktische-re Möglichkeit der Benutzung allgemein-rekursiver Funktionen. Mauchly war nun mit der Unterprogrammtechnik recht nahe an der sehr effizienten Reali-sierung allgemein-rekursiver Funktionen, die in den frühen 50er Jahren Heinz Rutishauser in Zürich fand: Sie benutzt Unterprogramme, deren Kern *autarke* Aufrufe von Unterprogrammen (von anderen oder von sich selbst) erlaubt, wozu neben der Rückkehradressierung auch die Speicherplatzversorgung dynamisch gemacht werden mußte (wiederentdeckt in den späten 50er Jahren von Edsger W. Dijkstra).

[43] Güntsch, F.-R., „Konrad Zuse – das reduzierte Genie", *Zuse-Gedächtnistagung*, Weimar, 1996 (unveröffentlichtes Manuskript).

[44] *GMD-Studien*, Nr. 59, St. Augustin 1981 (hinfort kurz ZuP 025/011).

ein immer wiederkehrender Teil des Rechenplans nur einmal aufgestellt zu
werden. Diese Unterpläne werden für sich, unabhängig von der Numerierung
des Hauptplans, besonders aufgestellt. Im Kopf des Hauptplans werden nur
die verwendeten Unterpläne aufgezählt. Die Unterpläne werden ebenfalls gespeichert". Es folgt eine kurze Beschreibung der Parameterversorgung für die
Unterprogramme, einschließlich der Speicherung von Rückkehradressen, auch
durch zwischengeschaltete Adressensubstitution. Adressenberechnung einge-
schlossen, ist Zuse hier offensichtlich (1936!) fast so weit wie Mauchly 1947
(s. Fußnote 41). Aber noch hat er nur „starre" Rechenpläne, weit entfernt
von der Universalität der Turing-Maschine. Am 4.–5. Juni 1938 notiert Zuse
dann[45] „eigentlich lebende Pläne, Einfluß der errechneten Angaben [Daten],
also auch der Ausgangsangaben [Ausgangsdaten] auf den Ablauf der Rechnung". Später wird Zuse das „freie Rechenpläne" nennen. Wir glauben heute
zu wissen, was Zuse meinte. Aber wiederum hätte der Prüfer im Patentamt
mit dem bloßen Schlagwort nichts anfangen können.

„Ist Zuse damit nun auch der Vater des von-Neumann-Rechners?" fragt
Güntsch und fährt fort: „Zuse hat ohne Zweifel 1938 das Grundprinzip klar
formuliert und seine Gedanken dazu schriftlich festgehalten." Durch Eckert,
Mauchly, von Neumann sei eine explizit dokumentierte technische Vorstellung
und deren Realisierung in einem Rechenmaschinenprojekt hinzugekommen,
beides beginnend [frühestens] 1943/1944. Soweit, so gut. Zuse wäre besten-
falls ein Vater des *gezähmten* von-Neumann-Rechners von 1945, dessen Universalität noch nicht einmal seine Schöpfer erkannt hatten; ein Rechner, der
1945 und auch noch 1947 nur *latent universell* war.

Daß Zuse, wie oben gesagt, in diesem Zusammenhang nirgends bedingte
Befehle erwähnt, könnte mit seiner auch sonst beobachtbaren und/oder vor-
geschützten Nachlässigkeit in der Aufschreibung von „Selbstverständlichem"
zusammenhängen. Man wird ihm aber sicher Glauben schenken, wenn er
berichtet,[46] daß er 1943 eine Patentanmeldung „mit automatischer Adressensubstitution, bedingten Befehlen, bedingten Verzweigungen usw. [...]" ausge-
arbeitet hatte, die leider im Bombenkrieg verlorengegangen sei. Ich stimme
Güntsch zu, daß Zuse wohl „ein genialer Vordenker" für den *zahmen* von-
Neumann-Rechner war – auch wenn wir ihm mangels einer wirklich belast-
baren Dokumentation die Priorität nicht eindeutig zuweisen können.

Wie steht es aber mit der wirklich universellen Maschine? Welcher Zusätze
zur Z3, um ganz konkret und präzise zu sein, in der von Rojas schlüssig do-
kumentierten Form hätte es bedurft, um eine der Turing-Maschine auch im
Aufbau ähnliche, äquivalente Maschine zu erhalten? Dieser Frage ist Raúl

---

[45] ZuP 006/001.
[46] Brief vom 12.9.1988 an Güntsch, zitiert in: Güntsch, F.-R., „Konrad Zuse –
  das reduzierte Genie", *Zuse-Gedächtnistagung*, Weimar, 1996 (unveröffentlichtes
  Manuskript).

Rojas nachgegangen: Automatische Adressensubstitution („indirect addressing") hätte im wesentlichen ausgereicht.[47]

Es ist wohl auch erlaubt, zu spekulieren, was Zuse *im Plankalkül* gemacht hätte, wenn ihm die Aufgabe gestellt worden wäre, die Ackermannfunktion $ack(4,4)$ zu berechnen oder gar ein allgemeines Programm zu schreiben für die Ackermann-Funktion $ack(x,y)$.

4.3 Subtile Wahrheiten und Mißverständnisse

Fazit: Es kommt eben sehr darauf an, für welche Sorte Computer man Zuse den Lorbeerkranz zubilligen will. Daß bei der Subtilität der Unterschiede mancher Journalist da etwas durcheinanderbringt, kann man ihm kaum verdenken. Umso mehr müssen die Wissenschaftler, die ja die benötigten Fähigkeiten besitzen, darauf achten, sich selbst zu informieren und dadurch einer Legendenbildung Einhalt bieten zu können.

Ich höre den Einwand: Eine Legendenbildung würde ja niemandem schaden. Dazu ist zu sagen: Erstens, daß Zuse sie nicht nötig hat; seine Leistungen sind bei objektiver Betrachtung bedeutend genug, ihn in die Walhalla zu bringen; zweitens, daß in anderen Ländern durchaus registriert wird, ob die Deutschen wieder einmal einen der Ihrigen ungerechtfertigterweise über Alles erheben wollen. Damit kann Konrad Zuse nicht gedient sein, um so weniger als einige lockere Wendungen in seiner Autobiographie, insbesondere in der ersten, noch nicht lektorierten Auflage von 1970, zu Bemerkungen in Besprechungen[48] in ausländischen Zeitschriften führten, die ihn in die Nähe der Nationalisten oder gar der Nationalsozialisten rücken wollten. Von letzteren kann nun vernünftigerweise wirklich keine Rede sein.

Konkrete Berührung hatte Zuse mit dem Machtapparat des Dritten Reiches nur sehr indirekt über seine Tätigkeit für die Deutsche Versuchsanstalt für Luftfahrt (DVL). Seine unmittelbaren Ansprechpartner waren wie Alwin Teichmann[49] Wissenschaftler und wie Herbert Wagner (der die Flügelbomben konstruierte)[50] Ingenieure, keine Parteibonzen. Kurt Pannke, der Rechenmaschinenfabrikant, den Zuse in der Frühzeit kontaktierte und der ihn finanziell unterstützte,[51] ist ebenfalls unverdächtig.

Daß Zuse auch mit dem Chiffrierwesen in Berührung kam, ist nicht verwunderlich; er schreibt: „Der Gedanke, die Möglichkeiten des allgemeinen Rechnens mit Bedingungen und Aussagen zur Verschlüsselung von Nachrichten einzusetzen, war mir schon vorher gekommen."[52] Am 20. Dezember 1939

---

[47] Rojas, R., „Conditional Branching is not Necessary for Universal Computation in von Neumann Computers", *Journal of Universal Computer Science*, Bd. 2, Nr. 11, S. 756–767.

[48] Beispielsweise von Eric Weiss und Rex Malik.

[49] *Lebenswerk* 1984, S. 56.

[50] *Lebenswerk* 1984, S. 53.

[51] *Lebenswerk* 1984, S. 38.

[52] *Lebenswerk* 1984, S. 51–52.

schrieb der Gefreite Konrad Zuse an das Heereswaffenamt – durchaus mit dem Hintergedanken, dadurch eine UK-Stellung zu erreichen –, daß er ein Gerät entworfen habe, um Fünferkombinationen von Fernschreibmaschinen zu verschlüsseln. Er erhielt sogar eine Antwort, und eine höfliche noch dazu, von Dr. Liebknecht im Heereswaffenamt: Man verfüge bereits über gute Geräte dieser Art.

Daß Zuse in seiner Autobiographie diese fälschlich als ENIGMAs deutet – tatsächlich waren die Siemens FSM T 52 („Geheimschreiber") und die Lorenz SZ40, SZ42 („Schlüsselzusatz") gemeint – ist eine Sache, die dem Autodidakten passieren kann; daß aber aus Zuses Erzählung in der englischen Übersetzung seines Buches (Chiffriergerät wurde als „decoding device" übersetzt) in den U.S.A. falsche Schlüsse gezogen wurden, ist eine andere Sache: Tatsächlich schrieb 1994 der sonst recht zuverlässige Historiker Colin Burke[53] „The Germans seem to have rejected Zuse's machine in 1942" im Zusammenhang mit kryptanalytischen Hilfsmaschinen, wie sie Hans Rohrbach (im AA) und Willi Jensen (im OKW) beschrieben hatten. Er war vermutlich irregeführt durch eine Bemerkung, die 1982 Brian Randell[54] gemacht hatte („his [Zuse/Schreyer] plans for a 1500 tube machine were rejected by the German government, after consideration of its possible applications, including to *codebreaking*"). Über Kontakte Zuses zu Dr. Liebknecht in dieser Zeit ist jedoch nichts bekannt; Zuse spielt in der Kryptologie im 2. Weltkrieg, von der Episode mit Liebknecht abgesehen, keine belegte Rolle, schon gar nicht in der Kryptanalyse.

Mißverständnisse kommen jedoch schnell zustande. Nach dem Krieg geriet Zuse offenbar auch mit Weltkriegs-Kryptologen, die sich für seine Maschine Z 22 interessierten, in Kontakt. Michael van der Meulen[55] zitiert Hetty Werther, die Witwe des Bundeswehr-Oberstleutnants Waldemar Werther, der im 2. Weltkrieg als Hauptmann die Kryptanalyse bei der Luftflotte 6, Mittelabschnitt, leitete:

„As early as about 1940, Waldemar Werther was interested in Konrad Zuse's ideas for using 'computers' for cryptanalytic purposes."

Die Witwe hat da etwas falsch verstanden und ist auch sonst nicht recht zuverlässig, wie die Fortsetzung zeigt:

„Konrad Zuse was a friend of the family and, after 1957, Waldemar enforced the introduction of computers for cryptanalytic purposes and Zuse developed the first computers to be used."

1957 steckte Zuse in den Vorbereitungen für seine Z 22, die sicherlich nicht für kryptanalytische Zwecke gedacht und geeignet war. Oder hatte Werther,

---

[53] Burke, C., *Information and Secrecy*, Scarecrow Press, Metuchen, N. J., 1994, S. 403.

[54] Randell, B., in *Origins*, S. 296.

[55] van der Meulen, M., „Cryptology in the Early Bundesrepublik", *Cryptologia*, Bd. XX, S. 213 Fußnote 23, S. 215 Fußnote 26.

der ein Schützling des Oberst Herbert Flesch, nach 1957 Kommandeur des Luftwaffen-Nachrichtenregiments 71, Osnabrück, war, nur Zuses oder seine eigene Kompetenz überschätzt? Die Legendenbildung könnte jedenfalls durch Publikationen solcher Art weiterhin gefördert werden. Schließlich ist auch van der Meulen nicht zuverlässig: Er spricht (S. 215) von der Z 23 als „an old vacuum tube computer", die Z 23 war aber transistorisiert.

5. Zuse – der vielseitige Genius

Doch zurück zu Zuses vielseitigen Errungenschaften. Was noch in seinem Umfeld ist Zuses Aufmerksamkeit entgangen? Erstaunlich wenig, stellt man fest. Die Nichtberücksichtigung des gespeicherten Programms in seinen realisierten Maschinen bis zur Z4 ist mit den schwierigen Umständen und hohen Kosten, die damals die überschreibbare Speicherung großer Mengen von Zahlen und Befehlen mit sich brachte, hinlänglich erklärbar. Viel mehr schmerzt mich, daß Zuse von seinem allerersten Ansatz, eine Maschine zu bauen, deren Wirkungsweise direkt dem Rechnen des Ingenieurs auf einem Rechenformular entsprach,[56] abkam – ihn nicht verfolgen konnte, weil die technologischen Voraussetzungen es schlechthin verboten. Andernfalls wäre Zuse zu einer Formularmaschine und damit zu einer direkt formelgesteuerten Maschine gelangt. Wer meinen eigenen Lebensweg etwas kennt, wird verstehen, warum ich diese Beschränkungen bedaure: Der Umweg über die prozedurale Programmierung im Stil der „von-Neumann-Maschine" und die Befreiung daraus durch die funktionale Programmierung, die zusehends an Boden gewinnt wegen der Verfügbarkeit billiger, schneller Speicher, charakterisieren die heutige Landschaft. Die funktionale Programmierung, der Zuse anfänglich so nahe war, verspricht große Fortschritte im Hinblick auf die Verifizierbarkeit von Programmen.

Noch wenig aufgeklärt ist Zuses Beitrag zur automatischen Erzeugung von Programmen, zur Formelübersetzung, wie wir es damals nannten. Seine diesbezüglichen Unterlagen[57] hielt er verschlossen, so daß für die Arbeiten, die ich zusammen mit Samelson in den fünfziger Jahren durchführte und die zum Kellerprinzip[58] führten, nur Mitteilungen von Rutishauser, daß Zuse ein „Planfertigungsgerät" geplant hatte, abfielen. Auch Rutishauser gegenüber hatte Zuse, dessen Z4 ja in Zürich stand, nur Andeutungen gemacht; immerhin reichten sie aus, um Rutishauser zu seinen ersten Versuchen von 1951 mit einem „Superplan" zu führen.

Auch mit Parallelrechnern befaßte sich Konrad Zuse, allerdings erst sehr spät (1958) und ohne Kenntnis der in den U.S.A. (ILLIAC IV) bereits weit

---

[56] *Lebenswerk* 1984, S. 165.

[57] Zuse, K., „Planfertigungsgeräte", GMD-Dokumentation ZuP 010/024.

[58] Einzelheiten sind zu finden in Bauer, F. L., „The Cellar Principle of State Transition and Storage Allocation", *Annals of the History of Computing*, Bd. 12, 1990, S. 41–49.

vorangetriebenen theoretischen Untersuchungen, andererseits zu früh in einer Zeit, als Magnettrommeln und Magnetbandgeräte die einzigen erschwinglichen Massenspeicher waren. Erst mit den hochintegrierten Schaltkreisen änderte sich die technologische Ausgangssituation. Zuse selbst[59] schreibt: „Einmal mehr hatte ich die richtige Idee zur falschen Zeit gehabt."

Es sind also erstaunlich wenig Dinge, die Zuse verkannte; daß ihm, wie er selbst oft bemerkte, der mathematische Apparat fehlte, hat ihn nicht immer wirklich behindert. Im Falle des Rechnenden Raumes[60] ging er allerdings in die Irre. Sein Beitrag zu Petri-Netzen[61] blieb marginal.

Ich habe mich auf den Informatiker Konrad Zuse beschränkt. Ich hätte den Menschen stärker einbeziehen sollen, den ich lange (nämlich seit Ende der vierziger Jahre) und durchaus gut gekannt habe. Das hätte jedoch ins Anekdotische geführt und viel Raum beansprucht. Da mir das Gefühl für Farbe und Form nicht gegeben ist, konnte ich leider Zuses Qualitäten als Maler nicht würdigen; seine schauspielerischen Fähigkeiten habe ich jedoch erlebt.

Um zum Anfang zurückzukehren: Konrad Zuse war einer der Großen des Zwanzigsten Jahrhunderts. Daß er nicht unfehlbar war, macht ihn sympathisch. Daß er Mathematikern gegenüber mißtrauisch war, mußte man aushalten. Er wurde vielfach geehrt, auch im Ausland, und es stimmt nicht, daß er auf die Ehrungen lange warten mußte: Der *Harry Goode Memorial Award* wurde ihm, zusammen mit George R. Stibitz, der ebenfalls ein Pionier des binären Gleitpunktrechnens war, bereits 1965 verliehen; 1966 wurde er als Honorarprofessor an die Universität Göttingen berufen. Er konnte, ohne Not zu leiden, sein Leben nach dem Verlust seiner Firma im Jahr 1964 noch 32 Jahre lang genießen, seinen Hobbies und auch ernsthaften Aufgaben, so beim Nachbau der Z1, nachgehend. Darüber können wir alle froh sein.

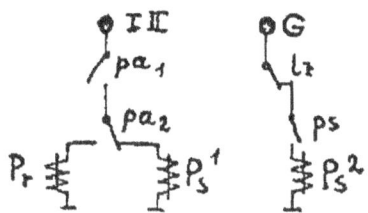

---

[59] *Lebenswerk* 1984, S. 129.
[60] Zuse, K., *Rechnender Raum*, Vieweg, Braunschweig, 1969.
[61] Zuse, K., *Petri-Netze aus der Sicht des Ingenieurs*, Vieweg, Braunschweig, 1980.

Aufsicht der Rechenmaschine Z1 (Deutsches Technikmuseum Berlin)

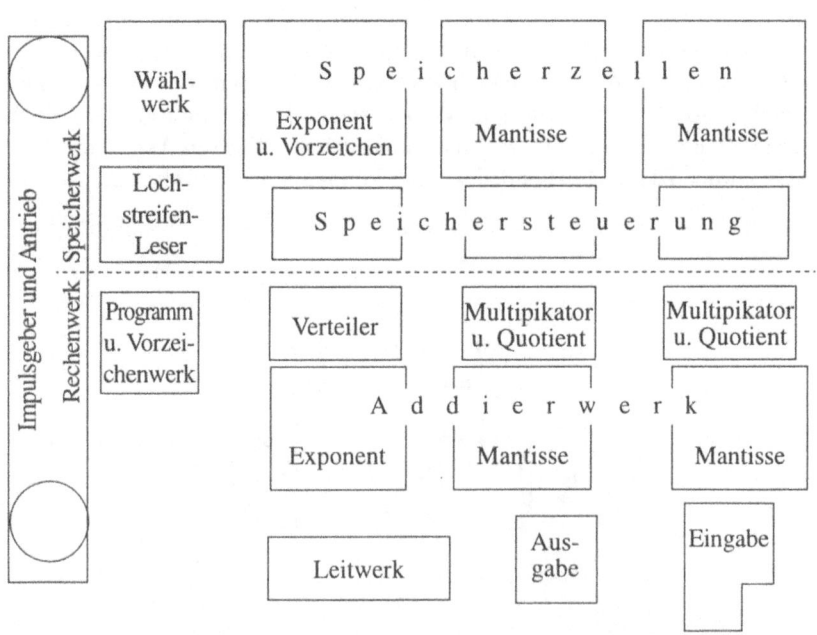

Komponenten der Rechenmaschine Z1

Die Rekonstruktion der Z1
im Deutschen Technikmuseum Berlin

Hadwig Dorsch

Zusammenfassung Nur ein paar Straßen vom Deutschen Technikmuseum in Berlin-Kreuzberg entfernt, entstand vor 60 Jahren der erste programmgesteuerte Rechner der Welt, die Zuse 1 (Z1). Dieser Aufsatz rekapituliert, wie es zu der Rekonstruktion der Maschine kam.

Das 1982 in Kreuzberg gegründete Deutsche Technikmuseum (früher Museum für Verkehr und Technik) regte Mitte der achtziger Jahre den Nachbau des im Zweiten Weltkrieg zerstörten ersten Zuse-Rechners an. Mit der Rekonstruktion der Z1 sollte eindrucksvoll dokumentiert werden, daß unabhängig von der späteren Entwicklung der Computertechnik in den USA, in Berlin der Bau eines Computers bereits in den vierziger Jahren geglückt war.

Für den Nachbau waren beträchtliche Geldmittel notwendig. Dank der Unterstützung von deutschen Firmen und der Gesellschaft für Mathematik und Datenverarbeitung (GMD), die sich in einem Kuratorium „Z1-Nachbau" zusammenfanden, konnten die erforderlichen Mittel bereitgestellt werden. Der 1985 immer noch sehr aktive und unternehmungslustige Erfinder Konrad Zuse erklärte sich dann sofort bereit, sein Erstlingswerk aus dem Gedächtnis heraus zu rekonstruieren. Fünfzig Jahre nach seiner erstmaligen Fertigstellung sollte die Z1 wieder in Berlin zu bewundern sein.

Zuse, dessen Hobby die Malerei darstellte, wählte sein Atelier in seinem Haus in Hühnfeld (Hessen) als Produktionsstätte für die neue Z1. Pinsel und Staffelei mußten einem großen Eisengestell weichen, in dessen Mitte Zuse sein mechanisches Erstlingswerk einbaute. In den Regalen lagen nun nicht mehr Farben, sondern Bleistifte, Konstruktionspläne, Bleche und Stifte, die das Innenleben dieses ersten Computers ausmachen.

Im Siemenswerk, Bad Hersfeld, der ehemaligen Zuse KG, fertigten teils noch alte Angestellte von Zuse die vielen Bleche und Verbindungsstangen für die einzelnen Schaltglieder, die Zuse zuvor in komplizierten Konstruktionszeichnungen aus dem Gedächtnis heraus rekonstruiert und aufgezeichnet hatte. Doch trotz der modernen Fertigung der Bleche mit computergesteuerten Erodiermaschinen und der Hilfe zweier Maschinenbaustudenten[1] sowie einiger Mitarbeiter des Museums, benötigte Zuse für den Nachbau fast die gleiche Zeit wie für das Original. Zuse begründete dies mit der erforderlichen Denkarbeit. Immer wieder mußten die Bleche verändert werden, weil Verbindungen hakten oder nicht fehlerfrei funktionierten; logische Änderungen hatten den Umbau ganzer Schaltblöcke zur Folge.

---

[1] Schweier, U., Saupe, D., „Funktions- und Konstruktionsprinzipien der programmgesteuerten mechanischen Rechenmaschine Z1", Arbeitspapiere der GMD 321, Bonn, 1988.

Abbildung 1. Die Rekonstruktion der Z1 im Deutschen Technikmuseum Berlin

Abbildung 2. Kurbel für den Antrieb der Z1 (Deutsches Technikmuseum Berlin)

Abbildung 3. Der Lochstreifenleser der Z1 (Deutsches Technikmuseum Berlin)

Zuse veränderte seine Konstruktionszeichnungen jeweils mit einer anderen Farbe, die dann für ihn die neueste Änderung anzeigte. Dabei war er mit seinen Gedanken oft schon viel weiter. Er vergaß deshalb häufig, das Datum hinter die Änderungen zu schreiben, so daß die Reihenfolge der Korrekturen in den heute noch erhaltenen Konstruktionsplänen nicht mehr nachzuvollziehen ist.

Die Z1 funktionierte logisch einwandfrei – in Zuses Kopf. Ich vergleiche Zuse gerne mit einem Schachspieler, der blind mit mehr als 10 Partnern simultan spielen konnte. Gab es einen Fehler, so wußte er nach kurzer Zeit, wo er sich befand und was ihn ausgelöst hatte. Er ärgerte sich über die Unzulänglichkeiten der mechanischen Fertigung und die daraus resultierenden Verzögerungen. Oft stand er, immerhin schon fast achtzigjährig, getrieben von einer inneren Unruhe stundenlang an seiner Maschine und legte selbst Hand an. Selbst das gute Zureden seiner Frau konnte ihn dann nicht aus seinem Atelier locken.

Es war schon fast ein Wunder, daß schließlich alle Bleche verbaut waren und alle Stifte an den richtigen Stellen saßen. Die Maschine wog jetzt so viel, daß sie nur mit Hilfe eines großen Kranes aus dem Atelier gehoben werden konnte. Zu diesem Zweck mußte eine ganze Wand des Ateliers abgebaut werden. Es war schon ein erhebender Anblick: der erste Computer der Welt als Last eines Lastenkranes und der an eine Baustelle erinnernde Schwertransporter, der die Maschine nach Berlin bringen sollte. Zuse beschloß, nach dem Transport des Rechners, im Museum weiterzuarbeiten, um einige kleine Fehler zu beseitigen. Er folgte seinem Werk auf dem Fuß.

Zwei Monate kam er immer wieder nach Berlin, um seine Maschine bis zum Eröffnungstermin fertigzustellen. Alle Kollegen wußten, daß sie dann in Bereitschaft stehen mußten. Die Aussage „Zuse kommt" bedeutete, eine Absperrung um die Z1 zu bauen, den Schrank mit den Konstruktionszeichnungen neben der Maschine bereitzustellen, Zuses weißen Kittel zu reinigen und bereitzulegen, die Kollegen aus der Technik zu bitten, die nächste Woche mit Zuse täglich 9 bis 10 Stunden in der Ausstellung zu arbeiten, ein Zimmer im Hotel Charlott zu reservieren und den Dienstwagen bereitzuhalten, um Zuse in Berlin von und zu der Giesebrechtstraße oder zu einem seiner Freunde und Bekannten zu fahren. „Zuse in Berlin", das bedeutete für mich aber auch Abende im Kreise seiner Freunde mit angeregten politischen und philosophischen Diskussionen. Abende, die trotz der anstrengenden Arbeit an der Maschine nicht früh endeten.

Am 14. September 1989 konnte die Maschine dem Museum übergeben werden. Der Speicher funktionierte einwandfrei, aber das Rechenwerk noch nicht. Zuse kam nach Berlin, zog seinen weißen Kittel an und fand nach kürzester Zeit den Fehler, d.h. welcher Stift auf welcher Ebene in welchem Block umgekippt sein mußte. So wurde die Z1 schließlich vollendet – sie bildet heute das Glanzstück der Ausstellung über die Geschichte der Datentechnik des Deutschen Technikmuseums Berlin.

Die Architektur der Rechenmaschinen Z1 und Z3

Raúl Rojas

Zusammenfassung Dieses Kapitel bietet eine detaillierte Beschreibung der Architektur der Rechenmaschinen Z1 und Z3, die zwischen 1936 und 1941 von Konrad Zuse entworfen wurden. Die notwendigen Informationen wurden einer umfassenden Auswertung der von Zuse 1941 eingereichten und in diesem Band erstmalig gedruckten Patentanmeldung entnommen. Zusätzliche Erkenntnisse brachte eine Softwareemulation der Z3. Die Z1 wurde ausschließlich mit mechanischen Komponenten gebaut, die Z3 benutzte elektromagnetische Relais. Beide Maschinen hatten jedoch eine gemeinsame logische Struktur und das Programmiermodell war identisch. Es wird gezeigt, daß die Z1 und die Z3 Eigenschaften besaßen, die in heutigen Computern selbstverständlich sind: Speicher und Prozessor waren getrennte Einheiten, der Prozessor konnte Gleitkommazahlen bearbeiten und beherrschte die vier arithmetischen Grundrechenarten ebenso wie die Quadratwurzelberechnung. Das Programm wurde auf einem Lochstreifen gespeichert und sequentiell gelesen. Durch die Analyse der Architektur der Z1 und Z3 vermittelt dieses Kapitel das notwendige Hintergrundwissen für ein leichteres und effektiveres Verständnis der Patentanmeldung der Z3.

1. Frühe Rechenmaschinen

Konrad Zuse wird in Deutschland gemeinhin als der Vater des Computers angesehen und seine Z1, ein zwischen 1936 und 1938 gebauter programmierbarer Automat, wird hierzulande oft als der erste Computer der Welt bezeichnet. Andere Nationen reklamieren dieses Privileg für einen ihrer eigenen Wissenschaftler, und es hat lange und oft bittere Debatten über den „wahren" Erfinder des Computers gegeben. Manchmal wird der Anspruch des „ersten" Computers durch weitere, die technischen Eigenschaften betreffende Attribute eingeschränkt (wobei dann aber gerne genau diese Eigenschaften als die eigentlich wichtigen hingestellt werden). Der ENIAC (Akronym für *Electronic Numerical Integrator and Computer*) ist zum Beispiel als der erste *allgemeine, großformatige, elektronische* Computer der Welt bezeichnet worden.[1] Diese Maschine wurde an der *Moore School of Electrical Engineering* an der Universität von Pennsylvania von Mai 1943 bis 1945 gebaut. Der ENIAC löste sein erstes Problem im Dezember 1945 und wurde im Februar 1946 offiziell eingeweiht.

Ein weiterer Anwärter auf den Titel des ersten Computers ist der Mark I, der von Howard Aiken an der Harvard Universität zwischen 1939 und 1944 gebaut wurde. Der Mark I war eine elektromechanische Maschine, d. h. er

---

[1] Burks, A. W., Burks, A. R., „The ENIAC: First General-Purpose Electronic Computer", *Annals of the History of Computing*, Bd. 3, Nr. 4, 1981, S. 310-399.

war nicht total mechanisch wie frühere Rechenautomaten, verwendete aber auch nicht die damals bereits verfügbaren elektronischen Komponenten.[2] Die Maschine von John Atanasoff (die später ABC genannt wurde), gebaut zwischen 1938 und 1942 am Iowa State College, benutzte Vakuumröhren, konnte aber nur Vektoren addieren und subtrahieren und hatte nicht die für allgemeine Berechnungen notwendige minimale Struktur.[3] Im direkten Gegensatz zu dieser Maschine waren Z1 und Z3 weit flexibler; sie konnten eine lange Folge von Befehlen ausführen, die auf einem Lochstreifen gestanzt war. Die Maschinen von Zuse waren mechanisch oder elektromechanisch und von kleineren Abmessungen. Weil die Z1 vor dem Mark I fertiggestellt wurde, wird sie als die erste *programmierbare vollautomatische* Rechenmaschine der Welt bezeichnet. Natürlich kann die alte Debatte mit einem einzigen Artikel nicht beendet werden, es wird jedoch in den nächsten Abschnitten gezeigt, wie fortschrittlich die Maschinen von Zuse aus dem Blickwinkel der modernen Computerarchitektur waren und wie gut sie im direkten Vergleich mit anderen Entwürfen ihrer Zeit abschneiden.

In den dreißiger Jahren fing Konrad Zuse noch als Student an, über Rechenmaschinen nachzudenken. Er erkannte, daß er in der Lage war, einen Automaten zu konstruieren, der Folgen von arithmetischen Operationen ausführen konnte, wie sie zur Durchführung ingenieurmäßiger Berechnungen notwendig sind. Als Bauingenieur hatte er keine Ausbildung in Elektrotechnik oder Elektronik erhalten und war auch nicht mit der Technik vertraut, die in konventionellen mechanischen Rechnern benutzt wurde. Dieses nominelle Defizit zahlte sich jedoch zu seinem Vorteil aus, denn er mußte das ganze Problem der arithmetischen Berechnungen überdenken und kam so zu neuen Lösungen.

Zuse entschied sich, eine erste experimentelle Rechenmaschine zu bauen, die zwei wesentliche Ideen umsetzte: a) Die Maschine arbeitete mit binären Zahlen; b) Rechen- und Steuereinheiten wurden vom Speicher getrennt. Jahre bevor John von Neumann die Vorteile einer Computerarchitektur schriftlich begründete, in der Prozessor und Speicher getrennt sind, war Zuse bereits auf den gleichen Gedanken gekommen. Es ist jedoch anzumerken, daß diese Idee auf Charles Babbage zurückgeht, der im vorigen Jahrhundert beim Entwurf der *Analytischen Maschine* zum selben Konstruktionsprinzip kam. Im Jahr 1936 wurde der Speicher[4] der von Zuse geplanten Maschine fertiggestellt. Es war ein mechanisches Gerät, aber nicht vom üblichen Typ.

---

[2] Aiken, H., Hopper, G., „The Automatic Sequence Controlled Calculator", nachgedruckt in: Randell, B., *The Origins of Digital Computers*, Springer-Verlag, Berlin, 1982, S. 203-222.

[3] Burks, A. W., Burks, A. R., *The First Electronic Computer – The Atanasoff Story*, The University of Michigan Press, Ann Arbor, 1988.

[4] Zuse bezeichnete ihn als „Speicherwerk". Der Begriff „Speicher" wird im Deutschen nach wie vor anstelle des antropomorphen Begriffs „memory" benutzt, den John von Neumann im Englischen einführte. Charles Babbage verwendete das Wort „store".

Zuse implementierte logische und arithmetische Operationen mit gestanzten Blechschienen anstelle von Zahnrädern (wie sie von Babbage benutzt wurden). Die Blechschienen konnten sich nur in zwei Richtungen bewegen (vorwärts und rückwärts) und waren deswegen ausreichend für eine binär arbeitende Maschine.[5] Der Prozessor der Z1 wurde einige Monate nach dem Speicher fertiggestellt und verwendete die gleiche Art von Technik für die einzelnen Komponenten. Er arbeitete mit dem Speicher zusammen, war aber nicht sehr zuverlässig. Das Hauptproblem bestand in der präzisen Synchronisation, die gebraucht wurde, um übermäßige mechanische Beanspruchungen der bewegenden Teile zu vermeiden. Es ist interessant anzumerken, daß im gleichen Jahr, als der Speicher der Z1 fertig wurde, Alan Turing seinen bahnbrechenden Artikel über berechenbare Zahlen schrieb, in dem er das intuitive Konzept von Berechenbarkeit formalisierte.

Obgleich die Z1 unzuverlässig blieb, zeigte sich, daß der Entwurf konsistent war, und dies trieb Zuse dazu, andere mögliche Realisierungen zu erforschen. Er entschied sich für elektromechanische Relais, die vor und während des Zweiten Weltkrieges billiger und leichter als andere Komponenten zu erhalten waren. Ein Versuchsmodell (später Z2 genannt) verwendete einen Prozessor, bestehend aus Relais, und den mechanischen Speicher der Z1. Bald danach fing Zuse an, die Z3 zu bauen, die ausschließlich aus Relais bestand, aber die gleiche logische Struktur wie die Z1 besaß. Die Z3 war 1941 fertig und einsatzbereit, vier Jahre vor der ENIAC.

Dieses Kapitel bietet eine detaillierte Darstellung der gemeinsamen Architektur von Z1 und Z3. Die Z1 wurde von Zuse selbst in den achtziger Jahren in Berlin rekonstruiert und ist nun eine der Ausstellungsattraktionen des Deutschen Technikmuseums in Berlin. Jedoch beschreiben die bisher verfügbaren Informationen nur den Entwurf des mechanischen Speichers.[6] Die Z3 wurde von Zuse in der Patentanmeldung Z391 von 1941 dokumentiert (ab Seite 111 in diesem Band); diese ist wegen der nicht standardisierten Notation und Terminologie schwer zu durchschauen. Czadernas Buch über die Z3 ist eine gute Quelle, um das historische Umfeld von Zuses Erfindung zu verstehen, beschreibt aber die Z3 nicht im Detail.[7] Im folgenden wird nur auf die Z3 eingegangen, weil sie logisch und funktional praktisch mit der Z1 äquivalent ist. Der maßgebliche Unterschied in der Architektur von Z1 und Z3 besteht in der Tatsache, daß die Quadratwurzeloperation in der Z1 fehlte. Es gab außerdem unwesentliche Unterschiede in der Anzahl der Bits, die der Prozessor für arithmetische Operationen benutzte (die Z1 verwendete ein Bit weniger für die Mantisse von Gleitkommazahlen) und in der Anzahl der Zyklen, die

[5] Zuse, K., *Der Computer – mein Lebenswerk*, Verlag Moderne Industrie, München, 1970. Hinfort zitiert als „*Lebenswerk* 1970".

[6] Schweier, U., Saupe, D., „Funktions- und Konstruktionsprinzipien der programmgesteuerten mechanischen Rechenmaschine Z1", Arbeitspapiere der GMD 321, Bonn, 1988.

[7] Czauderna, K.-H., *Konrad Zuse, der Weg zu seinem Computer Z3*, Oldenbourg Verlag, München, 1979.

für jeden Befehl benötigt wurden. Gleichwohl kann die Z1 im Hinblick auf ihre architektonischen Eigenschaften als Äquivalent der Z3 betrachtet werden. Für die Schaltungen beider Maschinen entwickelte Zuse dann auch eine einheitliche Beschreibung („abstrakte Schaltgliedtechnik"[8]).

2. Überblick über die Architektur von Z1 und Z3

Dieser Abschnitt faßt die wichtigsten architektonischen Eigenschaften der Z3 zusammen. Die Darstellung bewegt sich vom Einfachen zum Komplexen: zuerst wird ein Überblick gegeben und in Abschnitt 3 werden dann die Details besprochen. Um einen einfachen Satzbau zu ermöglichen, wird von der Z3 im Präsens gesprochen.

2.1 Struktureller Aufbau

Die Z3 ist eine Maschine, die Gleitkommazahlen verarbeitet. Während die anderen damaligen Rechenautomaten wie der Mark I, der ABC und der ENIAC mit Festkommazahlen arbeiteten, hatte Zuse sich bereits viel früher dafür entschieden, die „halblogarithmische" Notation zu verwenden. Diese entspricht der modernen Darstellung von numerischen Größen als Gleitkommazahlen.

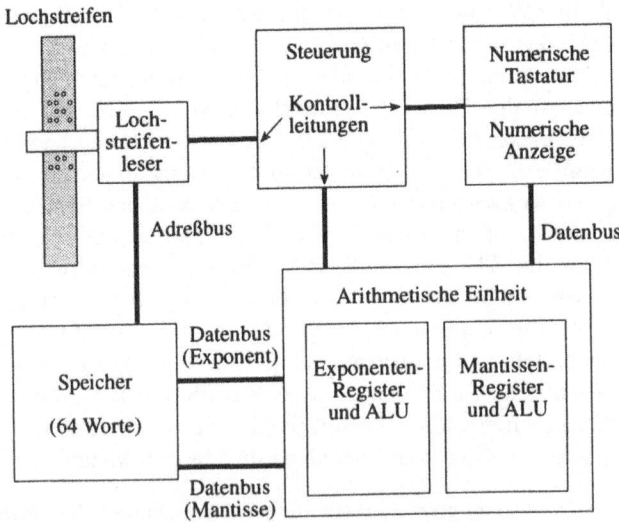

Abbildung 1. Die Bausteine der Z3

---

[8] *Lebenswerk* 1970, S. 56.

Abbildung 1 zeigt einen Überblick der Grundstruktur der Z3. Das erste relevante Merkmal ist die Trennung von Prozessor und Speicher. Die Z3 besteht aus einem binären Speicher (mit einem nominellen Speichervermögen von 64 Gleitkommazahlen), einem binären Gleitkommazahlprozessor, einer Steuereinheit sowie Ein- und Ausgabegeräten. Speicher und arithmetische Einheit sind über einen Datenbus verbunden, der Exponent und Mantisse der Gleitkommazahldarstellung überträgt. Die Steuereinheit enthält für jeden Befehl einen Mikrosequenzer. Signalleitungen, die von der Steuereinheit zum Prozessor, dem Speicher und den Ein- bzw. Ausgabegeräten gehen, sorgen für die richtige Synchronisation aller Geräte. Der Lochstreifenleser liefert den Befehlscode für jeden Befehl ebenso wie die Adresse für Speicherzugriffe. Die Ein- bzw. Ausgabegeräte sind durch den Datenbus mit der Recheneinheit verbunden.

2.2 Darstellung von Gleitkommazahlen

Abbildung 2 zeigt die Darstellung der Gleitkommazahlen im Speicher der Z3. Das erste Bit wird benutzt, um das Vorzeichen der Zahl zu speichern, die folgenden 7 Bits sind für den Exponenten und die letzten 14 Bits für die Mantisse reserviert (nur die 14 Stellen rechts vom Dezimalpunkt). Die Bits des Exponenten werden „Teil A" der Zahl genannt und als $a_6, \ldots, a_0$ bezeichnet. Die Bits der Mantisse werden „Teil B" genannt und als $b_0, b_{-1}, \ldots, b_{-14}$ geschrieben. Der Exponent ist eine Zahl im Zweierkomplement. Der Bereich des Exponenten reicht deswegen von -64 bis 63. Die Mantisse wird in normalisierter Form gespeichert, das heißt, die erste Ziffer vor dem Dezimalpunkt (b_0) muß immer eine 1 sein. Diese Ziffer braucht nicht gespeichert zu werden (und erscheint deswegen nicht in Abb. 2), so daß der effektive Zahlenbereich im Speicher äquivalent zu einer Mantisse von 15 Bits ist. Das einzige Problem mit der normalisierten Mantisse ist, daß damit die Zahl Null nicht dargestellt werden kann. Die Z3 benutzt die Konvention, daß jede Mantisse mit dem Exponenten -64 als Null zu interpretieren ist. Außerdem gilt jede Zahl mit dem Exponenten 63 als die Zahl „Unendlich". Operationen mit Null oder Unendlich werden als Ausnahmen behandelt. Eine spezielle Hardware überwacht jede in den Prozessor eingelesene Zahl, um die Ausnahmebits (siehe Abschnitt 4) zu setzen.

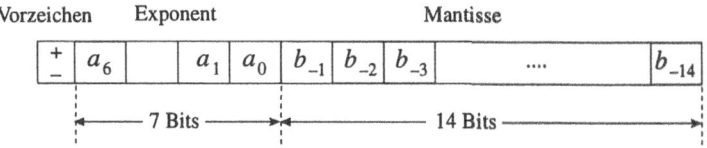

Abbildung 2. Die Darstellung von Gleitkommazahlen im Speicher

Mit dieser Konvention ist die kleinste darstellbare positive Zahl im Speicher der Z3 die Zahl $2^{-63} \approx 1.08 \times 10^{-19}$ und die größte ist $1,9999 \times 2^{62} \approx 9.22 \times 10^{18}$. Die Argumente für Berechnungen können als Dezimalzahlen (vier Ziffern) auf der Tastatur der Z3 eingegeben werden. Der Exponent der dezimalen Darstellung wird durch Drücken der entsprechenden Position in einer mit $-8, -7, \ldots, 7, 8$ beschrifteten Reihe von Tasten eingegeben (die ursprüngliche Z3 konnte also lediglich Eingaben zwischen 1×10^{-8} und 9999×10^8 annehmen). Die Z3 kann das vom Programm produzierte numerische Ergebnis nicht drucken. Statt dessen wird eine einzelne Zahl mit einer Matrix von Lampen angezeigt, die die Ziffern 0 bis 9 darstellen. Die größte darstellbare Dezimalzahl ist 19999 und die kleinste 00001. Der größte Exponent, der angezeigt werden kann, ist $+8$, der kleinste -8. Die Rekonstruktion der Z3 in München benutzt für die Ausgabe des Exponenten einen größeren Ausgabebereich (-12 bis $+12$).

2.3 Befehlssatz

Das Programm für die Z3 befindet sich auf einem Lochstreifen. Die acht Bits in jeder Zeile codieren einen Befehl. Der Befehlssatz der Z3 besteht aus den neun in Tabelle 1 aufgelisteten Befehlen. Es gibt drei Klassen davon: Ein-/Ausgabe-, Speicher- und Arithmetikbefehle. Der Befehlscode hat eine variable Länge von zwei bis fünf Bits. Speicheroperationen beinhalten die Adresse eines Speicherwortes in den niederwertigen sechs Bits, d. h. der Adreßraum hat wie bereits erwähnt eine nominelle maximale Größe von 64 Worten.

Tabelle 1. Befehlssatz und Befehlscodes der Z3

Klasse	Befehl	Beschreibung	Befehlscode
Ein-/Ausgabe	Lu	Lesen von Tastatur	01 110000
	Ld	Ergebnis anzeigen	01 111000
Speicher	$Pr\ z$	Lesen von Adresse z	11 $z_6 z_5 z_4 z_3 z_2 z_1$
	$Ps\ z$	Speichern in Adresse z	10 $z_6 z_5 z_4 z_3 z_2 z_1$
Arithmetik	Lm	Multiplikation	01 001000
	Li	Division	01 010000
	Lw	Quadratwurzel	01 011000
	Ls_1	Addition	01 100000
	Ls_2	Subtraktion	01 101000

Die Befehle können in beliebiger Reihenfolge kombiniert werden. Die Befehle Lu und Ld (Lesen von Tastatur, Anzeige des Ergebnisses) halten die Maschine an, so daß der Bediener genügend Zeit hat, um eine Zahl einzugeben oder das Ergebnis aufzuschreiben. Die Maschine wird dann neu gestartet und setzt die Ausführung des Programms fort.

Die offensichtlichste Lücke im Befehlssatz der Z3 ist das Nichtvorhanden-
sein von Verzweigungen. Eine Schleife kann einfach durch das Zusammenkle-
ben der beiden Enden eines Lochstreifens realisiert werden, aber es gibt keine
Möglichkeit zur Implementierung von bedingten Sprüngen in Befehlsfolgen.
Schon aus diesem Grund kann man die Z3 nicht als einen Universalrechner
im Sinne von Turing einstufen.[9]

2.4 Anzahl der Zyklen

Die Z3 ist eine getaktete Maschine. Jeder Takt (in der Terminologie von Zuse
ein „Spiel") ist in die fünf römisch numerierten „Schritte" bzw. „Stufen" I,
II, III, IV und V unterteilt. Der momentane Befehl auf dem Lochstreifen
wird in Stufe I eines Zyklus decodiert. Die zwei grundlegenden arithmetischen
Operationen der Maschine sind Addition und Subtraktion von Exponent und
Mantisse. Diese Operationen können in den ersten drei Stufen eines jeden
Zyklus ausgeführt werden. Die Stufen IV und V werden benutzt, um die
Argumente für die nächste Operation vorzubereiten oder um ein Ergebnis in
die Register oder in den Speicher zurückzuschreiben.
Die in der Z3 implementierten Befehle benötigen die folgende Anzahl von
Zyklen:

Multiplikation:	16 Zyklen
Division:	18 Zyklen
Quadratwurzel:	20 Zyklen
Addition:	3 Zyklen
Subtraktion:	4 oder 5 Zyklen (je nach Ergebnis)
Lesen von Tastatur (Eingabe):	9 bis 41 Zyklen (je nach Exponent)
Ergebnis anzeigen (Ausgabe):	9 bis 41 Zyklen (je nach Exponent)
Lesen aus Speicher:	1 Zyklus
Schreiben in Speicher:	0 Zyklen (!)

Nach Aussage von Zuse wurden für eine Multiplikation drei Sekunden
benötigt. Da eine Multiplikation 16 Zyklen braucht, können wir annehmen,
daß die Z3 eine Taktfrequenz von $(16/3) \approx 5.33$ Hz erreicht hat.

Die Anzahl der Zyklen für Ein- und Ausgabebefehle ist variabel, da
sie vom Exponenten der Argumente abhängig ist. Da die Eingabe von der
Dezimal- in die Binärdarstellung umgewandelt werden muß, wird die Anzahl
der Multiplikationen, die mit dem Faktor 10 oder 0,1 benötigt werden, vom
dezimalen Exponenten bestimmt (siehe auch Abschnitt 4).

Addition und Subtraktion benötigen mehr als einen Zyklus, da im Falle
von Gleitkommazahlen der Exponent von beiden Argumenten vereinheitlicht
werden muß. Dies erfordert einige zusätzliche Vergleiche und Verschiebungen.

---

[9] Es kann jedoch gezeigt werden, daß die Z3 durch eine umständliche Implementierung der indirekten Adressierung eine Turing-Maschine simulieren kann. Sie
wäre somit potentiell universell (siehe Anhang zu diesem Kapitel).

Eine Zahl kann in *null* Zyklen in den Speicher geschrieben werden, weil das Ergebnis der letzten arithmetischen Operation auf die gewünschte Speicheradresse umgeleitet wird. Der für das Speichern benötigte Zyklus überlappt sich mit dem letzten Zyklus der arithmetischen Operation. Nach dem Speicherbefehl werden die Register des Prozessors gelöscht. Es ist zu beachten, daß zwei Speicherbefehle unmittelbar hintereinander unsinnig sind, da nur der erste das Resultat der letzten arithmetischen Operation auf dem Bus findet.

2.5 Programmiermodell

Es ist sehr wichtig, das Programmiermodell, d. h. die für den Programmierer abstrakt vorhandenen Bestandteile der Maschine, zu beschreiben. Vom Standpunkt der Software besteht die Z3 aus 64 Speicherworten, die in zwei Gleitkommaregister (bezeichnen wir sie einfach mit R_1 und R_2) geladen werden können.[10] Diese zwei Register beinhalten die beiden Argumente für arithmetische Operationen. Der Programmierer kann eine beliebige Folge von Befehlen schreiben, aber er muß dabei den Zustand der Register im Auge behalten.

Vor allem muß der folgende Punkt beachtet werden: Die erste Speicher-Leseoperation in einem Programm ($Pr\ z$) oder die erste Eingabeoperation (Lu) überträgt den Inhalt der Adresse z bzw. die über die Tastatur eingegebene Zahl nach R_1. Jede nachfolgende Eingabe- oder Speicher-Leseoperation überträgt eine Binärzahl nach R_2.

Die Argumente für arithmetische Operationen sind im Befehlscode nicht explizit angegeben. Ihre implizite Semantik ist die folgende:

$$
\begin{aligned}
\text{Multiplikation:} &\quad R_1 := R_1 \times R_2 \\
\text{Division:} &\quad R_1 := R_1 / R_2 \\
\text{Addition:} &\quad R_1 := R_1 + R_2 \\
\text{Subtraktion:} &\quad R_1 := R_1 - R_2 \\
\text{Quadratwurzel:} &\quad R_1 := \sqrt{R_1}
\end{aligned}
$$

R_2 wird nach jeder arithmetischen Operation auf 0 gesetzt, während das Ergebnis in R_1 gespeichert wird. Die Ausgabe des Ergebnisses bezieht sich immer auf R_1. Nach einem Speicher- oder Ausgabebefehl wird R_1 gelöscht. Die nächste Leseoperation bezieht sich dann wieder auf R_1.

An dieser Stelle ist ein Beispiel besser als weitere Erklärungen, um das Programmiermodell der Z3 zu verdeutlichen. Nehmen wir an, wir wollen ein Polynom nach der Methode von Horner berechnen:

$$((a_4 x + a_3)x + a_2)x + a_1$$

---

[10] Die Z3 verwendet die Konvention, daß Adresse 0 sich auf Register R_1 bezieht. In Wirklichkeit können also lediglich 63 Speicherzellen angesprochen werden. Der Nutzen dieser Konvention ist mir unklar.

Nehmen wir weiterhin an, daß die Konstanten a_4, a_3, a_2 und a_1 in den Adressen 4, 3, 2 bzw. 1 gespeichert sind. Die Zahl x ist in der Adresse 5 gespeichert. Das Programm für die gewünschte Berechnung lautet:

$Pr\ 4$	Lade a_4 in R_1
$Pr\ 5$	Lade x in R_2
Lm	Multipliziere R_1 und R_2, Ergebnis in R_1
$Pr\ 3$	Lade a_3 in R_2
Ls_1	Addiere R_1 und R_2, Ergebnis in R_1
$Pr\ 5$	Lade x in R_2
Lm	Multipliziere R_1 und R_2, Ergebnis in R_1
$Pr\ 2$	Lade a_2 in R_2
Ls_1	Addiere R_1 und R_2, Ergebnis in R_1
$Pr\ 5$	Lade x in R_2
Lm	Multipliziere R_1 und R_2, Ergebnis in R_1
$Pr\ 1$	Lade a_1 in R_2
Ls_1	Addiere R_1 und R_2, Ergebnis in R_1
Ld	Ausgabe des Ergebnisses

Nach der Ausführung des letzten Befehls hält der Prozessor an. Ein neues Programm kann gestartet werden.

3. Blockdiagramm der Z3

In diesem Abschnitt beschäftigen wir uns eingehend mit der Struktur der Z3 und beschreiben detailliert ihre wesentlichen Bausteine. Der wichtigste Punkt betrifft die Sicherstellung der richtigen Synchronisation der verfügbaren Komponenten.

3.1 Die arithmetische Einheit

Abbildung 3 zeigt eine vereinfachte Darstellung der arithmetischen Einheit der Z3. Es gibt zwei Teile: Die linke Seite wird für Operationen mit den Exponenten von Gleitkommazahlen benutzt, die rechte Seite für Operationen mit den Mantissen. Af und Bf sind Register, die jeweils für die Speicherung von Exponent und Mantisse derselben Gleitkommazahl benutzt werden. Dies ist aus Sicht des Programmierers das Register R_1. Im folgenden wird deswegen auf R_1 als Registerpaar $<Af,Bf>$ Bezug genommen. Das Registerpaar $<Ab,Bb>$ speichert Exponent und Mantisse von Register R_2 des Programmiermodells. Das Paar $<Aa,Ba>$ enthält den Exponenten und die Mantisse eines temporären dritten Gleitkommazahlregisters, das dem Programmierer verborgen bleibt. Die beiden Addierer A und B werden jeweils für die Addition und die Subtraktion von Exponenten und Mantissen benutzt. Das

Ergebnis für den Exponentenanteil einer Operation wird in *Ae* abgelegt. Für den Mantissenanteil wird das Ergebnis in *Be* abgelegt. In Teil B erlaubt ein Multiplexer statt der Ausgabe des Addierers direkt das Register *Ba* nach *Be* durchzuschalten. Der Multiplexer wird vom Relais *Bt* gesteuert (wenn *Bt*=0, dann wird *Ba* nach *Be* übertragen).

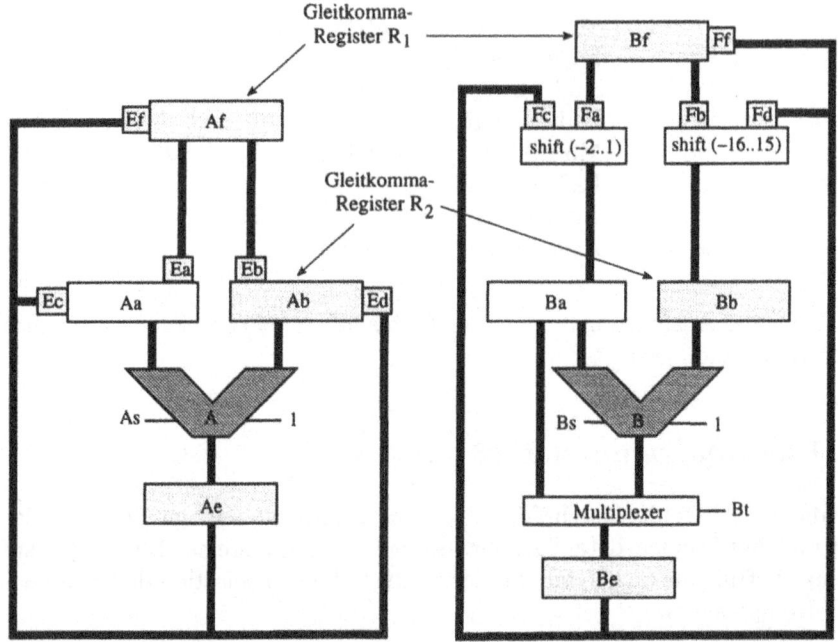

Teil A: Operationen mit Exponenten   Teil B: Operationen mit Mantissen

Abbildung 3. Register und Rechenwerk

Die kleinen mit *Ea*, *Eb*, *Ec*, *Ed*, *Ef*, *Fa*, *Fb*, *Fc*, *Fd* und *Ff* beschrifteten Kästchen stellen Relaisschalter dar, die den Datenbus öffnen oder schließen. Wenn zum Beispiel der Inhalt von Register *Af* ins Register *Aa* übertragen werden soll, dann wird der Relaisschalter *Ea* auf 1 gesetzt mit der Wirkung *Aa*:=*Af*. Wie im Diagramm zu erkennen ist, kann der Inhalt von *Af* dem Zustand der Relaisschalter entsprechend nach *Aa* oder *Ab* übertragen werden. Der Inhalt von *Ae* kann nach *Aa*, *Ab* oder *Af* übertragen werden. Die Struktur von Teil B der arithmetischen Einheit ist derjenigen von Teil A sehr ähnlich, aber zusätzlich zum von *Bt* kontrollierten Multiplexer gibt es einen

Shifter zwischen Bf und Ba und einen weiteren zwischen Bf und Bb. Der erste Shifter kann die Mantisse um bis zu zwei Stellen nach rechts oder um eine Stelle nach links verschieben. Dies bedeutet entweder eine Division durch 4 oder eine Multiplikation mit 2. Der zweite Shifter kann die Mantisse in Bf zwischen einer und 15 Stellen nach links sowie zwischen einer und 16 Stellen nach rechts verschieben. Diese Verschiebungen sind für die Addition und die Subtraktion von Gleitkommazahlen notwendig. Multiplikation und Division mit Potenzen von 2 sind auf diese Weise ohne Zeitverlust – während die Operanden für die nächste arithmetische Operation geholt werden – durchzuführen.

Die Bitlängen der Register sind folgende:

Af	7 Bits	Bf	17 Bits
Aa	8	Ba	19
Ab	8	Bb	18
Ae	8	Be	18

Wie aus dieser Liste ersichtlich ist, benutzen Aa, Ab und Ae ein extra Bit, um die Addition der Exponenten zu bearbeiten. Teil B des Prozessors benutzt zwei extra Bits für die Mantissenanteile (b_{-15}, b_{-16}) und verwendet explizit Bit b_0, das nicht gespeichert wird. Die extra Bits an den Positionen -15 und -16 erlauben es, die Genauigkeit der Berechnung zu erhöhen. Damit beträgt die Anzahl der Bits, die für das Speichern des Ergebnisses einer arithmetischen Operation im Register Bf gebraucht werden, siebzehn. Register Ba und Bb benötigen weitere extra Bits (ba_2, ba_1, und bb_1), um die Zwischenergebnisse einiger numerischer Algorithmen aufnehmen zu können. Insbesondere der Quadratwurzelalgorithmus kann in Ba zu Teilberechnungen führen, die bis zu drei Einsen links vom Dezimalpunkt enthalten.

Die wesentlichen primitiven Operationen in diesem Kreislauf sind Addition und Subtraktion von Exponenten und Mantissen. Falls das Relais As (Bs) gesetzt ist, wird der Negativwert des zweiten Arguments Ab (Bb) in den Addierer geladen. Der Addierer in Teil A subtrahiert also die Argumente, wenn das Relais As auf 1 gesetzt ist, ansonsten werden die Argumente addiert. Das gleiche gilt für den Teil B und das Relais Bs. Die in der Abbildung dargestellte Konstante 1 wird gebraucht, um das Zweierkomplement einer Zahl zu erzeugen.

Nehmen wir an, daß zwei Zahlen mit dem gleichen Exponenten addiert werden sollen. Der erste Exponent wird in Af gespeichert, der zweite in Ab. In Teil A der Maschine muß keine besondere Aktion getätigt werden, weil beide Exponenten gleich sind. In Teil B wird die Mantisse der ersten Zahl in Bf gespeichert und die Mantisse der zweiten in Bb. Der erste Schritt besteht darin, Ba mit Bf zu laden, indem der Relaisschalter Fa auf 1 gesetzt wird. Die Addition wird als nächstes ausgeführt, das Relais Bt wird auf 1 gesetzt und damit Be das Ergebnis $Ba+Bb$ zugewiesen. Der Relaisschalter Ff wird nun auf 1 gesetzt und das Ergebnis in Bf gespeichert. Wie zu sehen ist, kann die Information zwischen den Registern bewegt werden und läuft damit in einem Kreislauf. Der Computerarchitekt muß die richtige Konfiguration der Relaisschalter bereitstellen, um die gewünschte Operation zu erhalten. Dies wird in der Z3 mit einer Technik bewerkstelligt, die der Mikroprogrammierung sehr ähnlich ist.

3.2 Die Steuereinheit

Abbildung 4 zeigt ein Detaildiagramm der Steuereinheit und der Ein-/Ausgabeeinheiten. Die Steuereinheit bestimmt die richtige Mikrosequenzierung der Befehle. Es gibt spezielle Schaltkreise für jeden Befehl aus dem Befehlssatz. Der Schaltkreis Pa decodiert den Befehlscode des vom Lochstreifen gelesenen Befehls. Wenn es ein Speicherbefehl ist, setzt Pb den Adreßbus auf den Wert der niederwertigen sechs Bits des Befehlscodes.

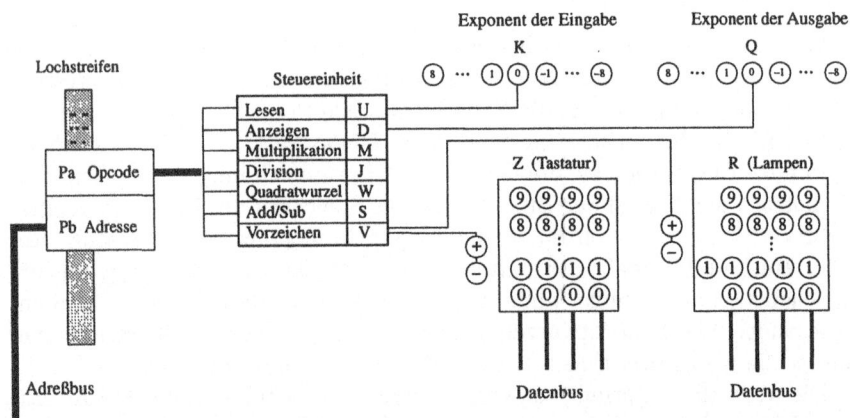

Abbildung 4. Die Steuereinheit und die Ein-/Ausgabeeinheiten

Der Schaltkreis Z stellt die Tastatur dar, die für die Eingabe von Dezimalzahlen in die Maschine benutzt wird. Nur ein Schalter in jeder der vier Spalten kann aktiviert werden. Der Exponent wird im Schaltkreis K durch das Drücken einer der mit −8 bis 8 beschrifteten Tasten gesetzt. Die Ausgabeeinheit ist ähnlich der Eingabeeinheit, allerdings zeigen hier aufleuchtende Lampen die entsprechenden Dezimalziffern, den Exponenten der Zahl (Schaltkreis Q) und das Vorzeichen an. Zu beachten ist eine fünfte Ziffer für die Ausgabe, die bei der Z3 nur 1 oder 0 sein kann.

Wenn einmal eine Dezimalzahl eingegeben wurde, dann überträgt der Datenbus die Ziffern in das Register Ba, und eine komplexe Serie von Operationen wird gestartet. Die Dezimaleingabe muß in eine Binärzahl umgewandelt werden. Dies bedeutet eine Reihe von Multiplikationen, deren Anzahl proportional zum absoluten Wert des Exponenten ist. Für den Exponenten

0 braucht die ganze Umwandlung 9 Zyklen. Für den Exponenten -8 sind jedoch $9 + 4 \times 8 = 41$ Zyklen notwendig.

3.3 Mikroprogrammsteuerung der Z3

Das Herz der Steuereinheit sind Mikrosequenzer. Bevor ihre Arbeitsweise beschrieben wird, ist es nötig, einen Blick auf die Verkettung von arithmetischen Befehlen in der Z3 zu werfen. Abbildung 5 zeigt die Grundidee. Jeder Zyklus in der Z3 wird in 5 Stufen aufgeteilt. Die Stufen IV und V werden benutzt, um Information von einem Teil der Maschine zu einem anderen zu übertragen. Während der Stufen I, II und III wird eine Addition oder Subtraktion im Teil A und eine andere im Teil B der Z3 ausgeführt. Wir bezeichnen dies als die „Ausführungsphase" des Befehls. Ein typischer Befehl holt seine Argumente, führt eine Operation aus und schreibt das Ergebnis zurück. Zuse hat großen Wert darauf gelegt, Ausführungszeit dadurch zu sparen, daß die Argumentevorbereitungsphase des nachfolgenden Befehls mit der Ergebnissicherungsphase des gegenwärtigen Befehls überlappt wird. Wir können uns dies vorstellen als einen Befehlsausführungszyklus, der aus lediglich zwei Phasen besteht, wie in Abb. 5 zu sehen ist, in dem die ersten beiden Zyklen einer Reihe von Befehlen dargestellt werden. Diese Konvention wurde in den Tabellen über die numerischen Algorithmen übernommen, die weiter unten diskutiert werden.

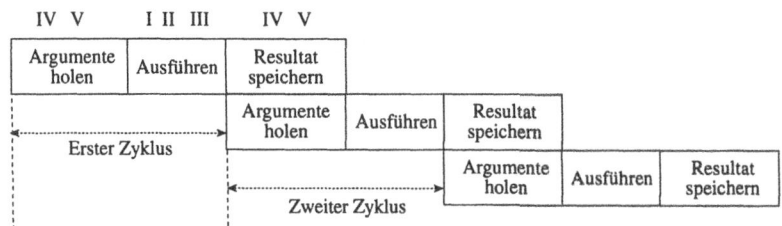

Abbildung 5. Die Ausführungspipeline der Z3

Die Mikrosequenzierung erfolgt durch spezielle Schrittschalter (Zuse nannte sie „Steuerschalter"). Es gibt einen für den Multiplikationsalgorithmus, einen anderen für die Division und einen weiteren für die Quadratwurzeloperation. Der in Abb. 6 gezeigte bewegliche Arm fängt an, sich im Uhrzeigersinn zu bewegen, sobald die Steuereinheit den entsprechenden Befehl decodiert. In jedem Zyklus bewegt sich der Arm von einer Position zur nächsten. Der Arm steht unter elektrischer Spannung und aktiviert die Schaltkreise, mit denen er in Berührung kommt. In dem in der Abbildung gezeigten Beispiel setzt der bewegte Arm den Relaisschalter Ea auf 1 im ersten Zyklus. Dies führt zur Übertragung des Inhalts von Register Af nach Aa. Im nächsten Zyklus werden die Relaisschalter Ec und Fc aktiviert. Auf diese Weise werden die Ergebnisse der Operation in den Teil A und B der Maschine in die Register *Aa* bzw. *Bb* zurückgeschrieben. Wie man leicht sehen kann, bietet ein derartiger Schrittschalter eine komfortable Plattform zur Veränderung der genauen Folge von Schaltereignissen für eine Operation. Die Schrittschalter entsprechen den Mikrosequenzern, die in heutigen Mikroprozessoren benutzt werden. Ich möchte dies nicht als echte Mikroprogrammierung bezeichnen, da in diesem Fall die Mikrosequenzen fest verschaltet sind; es ist jedoch klar, daß Mikroprogrammierung und Mikrosequenzierung nahe miteinander verwandt sind.

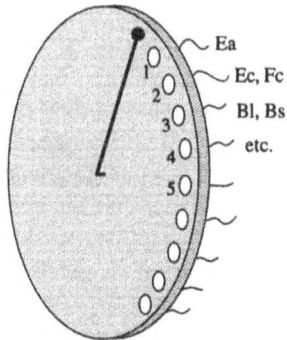

Abbildung 6. Schrittschalter für die Mikrosequenzer

Die umfassende Nutzung der Mikrosequenzierung erlaubte es Zuse, die Z3 zu vereinfachen. Sobald die grundsätzlichen Schaltkreise entworfen waren, war es lediglich eine Frage der Verfeinerung der Steuerung, bis die optimalen Folgen von Schaltereignissen gefunden waren. Es gibt einige Details, die vom Programmierer beim Entwurf des „Mikroprogramms" beachtet werden müssen, da sonst Kurzschlüsse die Hardware zerstören können. Die Z1 mit ihrem mechanischen Design war in diesem Sinne noch weit sensibler als die Z3. Auch nachdem sie fertiggestellt war, gab es Befehlsfolgen, die ein Programmierer vermeiden mußte, um die Hardware nicht zu beschädigen. Eine solche Befehlsfolge wurde versehentlich 1994 in der rekonstruierten Z1 des Deutschen Technikmuseums in Berlin gestartet und führte zu einer leichten Beschädigung der Maschine.

4. Arithmetische Algorithmen

In diesem Abschnitt werden die numerischen Algorithmen der Z1 und Z3 offengelegt und mit Hilfe von Steuerungsdiagrammen im Detail besprochen.

4.1 Übertrag bei der Addition

Ein wichtiger Aspekt der Z3 ist der Entwurf eines Addierers, der in der Lage ist, Additionen und Subtraktionen unter Nutzung der Technik des *carry look-ahead* zu berechnen. Wird die parallele binäre Addition direkt und ohne eine solche Optimierung implementiert, dann müssen Übertragbits von einer Bitposition zur nächsten weitergegeben werden. Für die Mantisse wären dann mindestens 16 Zyklen für die sichere Weitergabe der Übertragbits notwendig.

Die Addierer der Z3 sind viel schneller – sie leisten eine Addition oder eine Subtraktion in den Stufen I, II oder III eines einzigen Zyklus. Die Subtraktion wird durch Komplementierung des zweiten Argumentes und Addition einer zusätzlichen 1 auf der niederstwertigen Bitposition auf eine Addition reduziert.

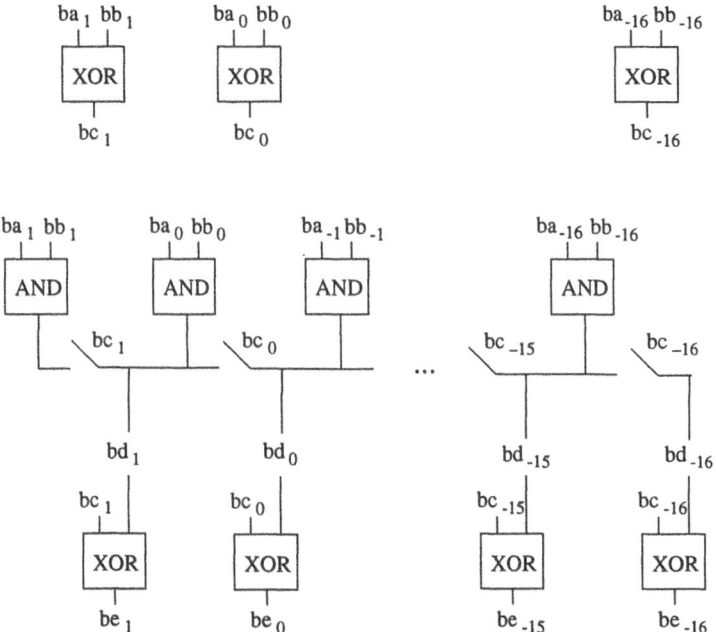

Abbildung 7. Die Schaltung für *carry look-ahead*

Betrachten wir die Addition der Register Ba und Bb (Abb. 7). Wir werden im folgenden das i-te Bit von Register Bb mit bb_i oder $Bb[i]$ bezeichnen, je nachdem, welche Form bequemer ist. Die gleiche Notation wird für die anderen Register benutzt. Zuerst wird ein Zwischenergebnis berechnet, das die bitweise XOR-Operation auf beiden Registern darstellt, d. h. $bc_i = (ba_i \text{ XOR } bb_i)$. Ein zweites Zwischenergebnis ist die bitweise AND-Operation, angewendet auf beide Register, i. e. $ba_i \text{ AND } bb_i$. Die nächste

Operation betrifft die Ermittlung der Bitpositionen, für die ein Übertrag benötigt wird. Die Zwischenergebnisse bd_i werden mit Hilfe der in Abb. 7 gezeigten Schaltung berechnet. Dabei ist zu beachten, daß, wenn ein Bit 1 ist, die entsprechende Leitung unter Spannung steht, ansonsten ist die Leitung von der Spannungsquelle getrennt (sog. *three-state* Schalter). Nur so kann die Arbeitsweise der Schaltung verstanden werden. Die Ruheposition der Relais $bc_1, \ldots, bc_{-16}$ ist in der Abbildung zu sehen. Falls Bit bc_i gleich 1 ist, wird das entsprechende Relais geschlossen. Das Endergebnis ist $be_i = bd_i$ XOR bc_i. Es ist beachtlich, wie einfach die Benutzung der Relais die Verteilung des Übertrags bis zur letzten Bitposition macht. Der Übertrag wird beim Weitergeben von einer Position zur nächsten nicht verzögert, weil alle Relais gleichzeitig aktiviert werden.

Auch in der Z4 verwendete Zuse diese Schaltung. Eine weiter vereinfachte Relaisschaltung, die pro Stelle mit zwei Relais für $Ba[i]$ und $Bb[i]$ mit je vier Umschaltkontakten auskommt, geht auf Howard Aiken zurück.[11] Die originale Z4 ist im Deutschen Museum in München ausgestellt.

Im folgenden werden die Algorithmen beschrieben, die bei Operationen mit Gleitkommazahlen in der Z3 benutzt werden. Sie sind ohne Ausnahme die gleichen wie sie heutzutage in einfachen Gleitkommaprozessoren verwendet werden.[12]

4.2 Ausnahmebedingungen bei Gleitkommazahlen

Das Problem mit Zuses Notation von Gleitkommazahlen ist, daß spezielle Konventionen für die Darstellung der Zahl Null angewendet werden müssen. Die Z3 löst dieses Problem und behandelt andere Ausnahmebedingungen (Überlauf, Unterlauf) durch die Überwachung des Wertes des Exponenten nach jeder arithmetischen Operation oder nach jedem Lesezugriff auf den Speicher. Eine spezielle Schaltung überprüft den Zustand von Bus Ae und fängt die Ausnahmebedingungen ab. Jede Zahl mit dem Exponenten -64 wird als Null betrachtet: Ein Relais (bezeichnet mit Nn_1) wird auf 1 gesetzt, wenn die gelesene Zahl im Registerpaar $<Af,Bf>$ gespeichert wird. Falls aber die gelesene Zahl im Registerpaar $<Ab,Bb>$ gespeichert wird, dann wird das Relais Nn_2 auf 1 gesetzt. Damit wissen wir jederzeit, ob ein oder beide Argumente einer arithmetischen Operation 0 sind. Etwas ähnliches wird für Exponenten mit dem Wert 63 gemacht (eine Zahl mit Wert Unendlich gemäß Zuses Konvention). In diesem Fall wird das Relais Ni_1 oder Ni_2 auf 1 gesetzt, je nachdem, in welchem Registerpaar die Zahl gespeichert wird.

Operationen, die eine „Ausnahmezahl" (Null oder Unendlich) als Argument enthalten, werden wie üblich ausgeführt, aber das Ergebnis wird von der Überwachungsschaltung überschrieben. Sei zum Beispiel angenommen, daß

---

[11] *Lebenswerk*, Bild 20.

[12] Koren, I., *Computer Arithmetic Algorithms*, Prentice Hall, Englewood Cliffs, N. J, 1993.

eine Multiplikation berechnet wird und daß das erste Argument 0 ist (Nn_1 wurde auf 1 gesetzt). Die Berechnung geht weiter wie üblich, aber in jedem Zyklus liefert die Überwachungsschaltung das Ergebnis −64 am Ausgang des Addierers im Teil A. Es ist unerheblich, welche Operation mit der Mantisse ausgeführt wird, weil der Exponent des Ergebnisses auf −64 gesetzt wird und damit das Endergebnis 0 ist. Die Division durch eine unendliche Zahl wird auf ähnliche Weise abgearbeitet. Die Z3 erkennt nichtdefinierte Operationen wie $0/0$, $\infty - \infty$, ∞/∞ und $0 \times \infty$. In allen diesen Fällen leuchtet ein passend beschriftetes Ausnahmelämpchen an der Ausgabeeinheit auf und die Maschine wird angehalten. Die Z3 produziert immer das richtige Ergebnis, wenn ein Argument 0 oder ∞ ist und das andere Argument innerhalb der numerischen Grenzen liegt.[13]

Eine zusätzliche Schaltung überwacht den Exponenten am Ausgang des Exponentenaddierers. Falls der Exponent größer oder gleich 63 ist, dann ist ein Überlauf eingetreten und das Ergebnis muß auf ∞ gesetzt werden. Falls der Exponent kleiner als −64 ist, dann ist ein Unterlauf eingetreten und das Ergebnis muß auf 0 gesetzt werden. Um dies zu erlauben, wird das entsprechende Relais (Nn_1 oder Ni_1) auf 1 gesetzt.

Es ist Zuse gelungen, eine Ausnahmebehandlung zu implementieren, die nur ein paar Relais benutzte. Diese Eigenschaft der Z3 ist wohl eine der elegantesten im ganzen Entwurf der Maschine. Viele der ersten Mikroprozessoren in den siebziger Jahren konnten keine Ausnahmebehandlungen bearbeiten und überließen dies der Software. Zuses Ansatz ist sinnvoller, denn er befreit den Programmierer von der Last der Prüfung auf numerische Grenzüberschreitungen vor jeder Operation.

4.3 Addition und Subtraktion

Um zwei Gleitkommazahlen x und y zu addieren oder zu subtrahieren, muß ihre Darstellung auf einen gemeinsamen Exponenten gebracht werden. Danach müssen nur noch die Mantissen addiert oder subtrahiert werden. Falls sich die Exponenten unterscheiden, muß die Mantisse der kleineren Zahl um entsprechend viele Stellen nach rechts verschoben werden und ihr Exponent entsprechend erhöht werden (um den Wert der Zahl unverändert zu lassen), bis beide Exponenten gleich sind. Nach 17 Verschiebungen nach rechts wird die kleinere Zahl Null. Deswegen wird eine Mantisse maximal um 16 Stellen nach rechts geshiftet.

Die Vorzeichen der beiden Zahlen werden verglichen, bevor über die Art der auszuführenden Operation entschieden wird. Falls eine Addition verlangt wurde und die Vorzeichen gleich sind, dann wird die Addition ausgeführt; falls die Vorzeichen verschieden sind, wird eine Subtraktion ausgeführt. Falls

---

[13] Dies gilt nicht für die Z1. Zuse dachte daran, aber implementierte keine Ausnahmebehandlung in der Z1. Die Maschine konnte nicht richtig arbeiten bei Berechnungen, die 0 enthielten (pers. Mitt. Zuse).

Zyklus	Stufe	Exponent	Mantisse
0	I,II,III		
1	IV,V	$Aa:=Af$	
	I,II,III	$Ae:=Aa-Ab$	$Be:=0+Bb$
2	IV,V	wenn $(Ae\geq0)$ dann $Ab:=0,\ Aa:=Af$ sonst $Aa:=0$	wenn $(Ae\geq0)$ dann $Ba:=Bf,\ Bb:=Be$ (verschoben) sonst $Ba:=Be,\ Bb:=Bf$ (verschoben) (Be oder Bf werden $\|Ae\|$ Stellen nach rechts verschoben)
	I,II,III	wenn $(Be\geq2)$ dann $Ae:=Aa+Ab+1$ sonst $Ae:=Aa+Ab$	$Be:=Ba+Bb$
3	IV,V	$Af:=Ae$	wenn $(Be\geq2)$ dann $Bf:=Be/2$ sonst $Bf:=Be$

Abbildung 8. Die drei Zyklen, die für eine Addition gebraucht werden. Die Argumente für die Addition werden in den Registerpaaren $<Af,Bf>$ und $<Ab,Bb>$ gespeichert, bevor die Operation ausgeführt wird. Aa und Ba sind am Anfang Null.

eine Subtraktion verlangt wird und die Vorzeichen verschieden sind, dann wird eine Addition durchgeführt; falls die Vorzeichen gleich sind, wird eine Subtraktion durchgeführt. Eine spezielle Schaltung setzt das Vorzeichen für das Endergebnis in Abhängigkeit von den Vorzeichen der Argumente und vom Vorzeichen des partiellen Ergebnisses.

Addition und Subtraktion werden von einer Relaiskette gesteuert (nicht durch einen Schrittschalter), weil die Anzahl der maximal möglichen Zyklen gering ist. Abbildung 8 zeigt die Synchronisation für die Addition zweier Zahlen. Anfänglich sind die Argumente für die Addition in den Registerpaaren $<Af,Bf>$ und $<Ab,Bb>$ gespeichert. Im ersten Zyklus werden die Exponenten subtrahiert. Im zweiten Zyklus wird die Mantisse des größeren Exponenten in das Register Ba geladen und die Mantisse des kleineren Exponenten in das Register Bb. Die Mantisse im Register Bb wird um so viele Stellen nach rechts verschoben, wie es der absoluten Differenz der Exponenten entspricht (die Ausnahmebehandlung beschäftigt sich mit den Fällen, in denen die kleinere Zahl durch die Verschiebung 0 wird). In den Stufen I, II und III des zweiten Zyklus werden die Mantissen addiert und schließlich testet der Prozessor, ob das Ergebnis größer als 2 ist. In diesem Fall wird die Mantisse des Ergebnisses um eine Stelle nach rechts verschoben und der Exponent um 1 erniedrigt. Es ist zu beachten, daß der Test „wenn $(Be\geq2)$" im Teil A der arithmetischen Einheit ausgeführt wird, *nachdem* Be bereits im Teil B während der Stufen I, II und III des zweiten Zyklus berechnet wurde.

Im Falle einer Subtraktion sind vier oder fünf Zyklen nötig. Abbildung 9 demonstriert die Synchronisation, die für eine Subtraktion gebraucht wird. Die ersten beiden Zyklen sind fast identisch mit den ersten beiden Zyklen des Additionsalgorithmus, es werden jetzt lediglich die Mantissen subtrahiert. Zy-

Zyklus	Stufe	Exponent	Mantisse
0	I,II,III		
1	IV,V	$Aa:=Af$	
	I,II,III	$Ae:=Aa-Ab$	$Be:=0+Bb$
2	IV,V	wenn $\quad(Ae{\geq}0)$ dann $\quad Ab:=0,\ Aa:=Af$ sonst $\quad Aa:=0$	wenn $\quad(Ae{\geq}0)$ dann $\quad Ba:=Af,\ Bb:=Be$ (verschoben) sonst $\quad Ba:=Be,\ Bb:=Bf$ (verschoben) (Be oder Bf werden $\lvert Ae\rvert$ Stellen nach rechts verschoben)
	I,II,III	$Ae:=Aa+Ab$	$Be:=Ba-Bb$
3	IV,V	$Aa:=Ae,\ Ab:=0$	$Ba:=0,\ Bb:=Be$
	I,II,III	$Ae:=Aa+Ab$	$Be:=Ba-Bb$
4	IV,V	$Aa:=Ae$ $Ab:=$Anzahl der Verschiebungen	$Bb:=Be$ (verschoben) (Be wird durch Verschiebung nach links normalisiert)
	I,II,III	$Ae:=Aa-Ab$	$Be:=0+Bb$
5	IV,V	$Af:=Ae$	$Bf:=Be$

Abbildung 9. Die vier bzw. fünf Zyklen, die für eine Subtraktion gebraucht werden. Die Argumente für die Subtraktion werden in den Registerpaaren $<Af,Bf>$ und $<Ab,Bb>$ gespeichert, bevor die Operation ausgeführt wird. Aa und Ba sind am Anfang Null. Zyklus 3 wird nur dann ausgeführt, wenn die Differenz der Mantissen negativ ist.

klus 3 wird nur durchgeführt, wenn die Differenz der Mantissen negativ ist. Im Endeffekt soll Zyklus 3 lediglich die Mantisse des Ergebnisses positiv machen. Zyklus 4 ist sehr wichtig: Die Differenz von zwei normalisierten Mantissen kann einige Nullen auf den höchstwertigen Bitpositionen enthalten. Das Ergebnis wird normalisiert, indem Be entsprechend viele Stellen nach links verschoben wird (dies erfolgt mit dem Shifter zwischen der Relaisschaltung Fd und dem Register Bb). Die Anzahl der bitweisen Verschiebungen wird vom Exponenten im Teil A des Prozessors subtrahiert. Im Zyklus 5 wird das Ergebnis im Registerpaar $<Af,Bf>$ gespeichert.

4.4 Multiplikation

Der Multiplikationsalgorithmus der Z3 arbeitet wie eine dezimale Multiplikation mit Papier und Bleistift. Je nach dem Wert der einzelnen Ziffern des Multiplikanden führt er zur wiederholten Addition des Multiplikators oder der Null. Am Anfang des Algorithmus wird das erste Argument im Registerpaar $<Af,Bf>$ und das zweite Argument im Registerpaar $<Ab,Bb>$ gespeichert. Das temporäre Registerpaar $<Aa,Ba>$ wird auf 0 gesetzt. Abbildung 10 stellt die Mikrosequenzierung durch den Schrittschalter für die Multiplikation dar. Der Algorithmus benötigt 16 Zyklen für einen Durchgang. Anzumerken ist, daß nur die Bits der Stellen -14 bis 0 des Multiplikanden benutzt werden. Die Exponenten werden im ersten Zyklus addiert und das Ergebnis läuft danach im Teil A der arithmetischen Einheit im Kreis. Die Mantissen werden

Zyklus	Stufe	Exponent	Mantisse
0	I,II,III	$Ae:=Aa+Ab$	
1	IV,V	$Aa:=Ae$, $Ab:=Af$	
	I,II,III	$Ae:=Aa+Ab$	wenn $(Bf[-14]=1)$ dann $Be:=Ba+Bb$ sonst $Be:=Ba$
2	IV,V	$Aa:=Ae$, $Af:=0$, $Ab:=0$	$Ba:=Be/2$
	I,II,III	$Ae:=Aa+Ab$	wenn $(Bf[-13]=1)$ dann $Be:=Ba+Bb$ sonst $Be:=Ba$
3	IV,V	$Aa:=Ae$	$Ba:=Be/2$
	I,II,III	$Ae:=Aa+Ab$	wenn $(Bf[-12]=1)$ dann $Be:=Ba+Bb$ sonst $Be:=Ba$
$\vdots$	$\vdots$	$\vdots$	$\vdots$
i	IV,V	$Aa:=Ae$	$Ba:=Be/2$
	I,II,III	$Ae:=Aa+Ab$	wenn $(Bf[i-15]=1)$ dann $Be:=Ba+Bb$ sonst $Be:=Ba$
$\vdots$	$\vdots$	$\vdots$	$\vdots$
15	IV,V	$Aa:=Ae$	$Ba:=Be/2$
	I,II,III	wenn $(Be \geq 2)$ dann $Ab:=1$ $Ae:=Aa+Ab$	wenn $(Bf[0]=1)$ dann $Be:=Ba+Bb$ sonst $Be:=Ba$
16	IV,V	$Af:=Ae$	wenn $(Be \geq 2)$ dann $Bf:=Be/2$ sonst $Bf:=Be$ $Bb:=0$

Abbildung 10. Die 16 Zyklen für die Multiplikation. Das i-te Bit des Registers Bf wird mit $Bf[i]$ bezeichnet. Der Multiplikator wird im Registerpaar $<Af,Bf>$ gespeichert und der Multiplikand in $<Ab,Bb>$, bevor die Operation durchgeführt wird. Aa und Ba sind am Anfang Null.

im Teil B bearbeitet. Register Ba enthält das Teilergebnis der Berechnung. Die Hauptschleife der Multiplikation hat folgende Form:

$$Ba:=Be/2$$
$$Be:=Ba + Bb \times (i\text{-tes Bit von } Bf)$$

für $i = -14, \ldots, 0$. Das Teilergebnis Be wird um eine Stelle nach rechts verschoben, um $Ba:=Be/2$ zu produzieren. Dies erfolgt durch den Shifter, der mit der Relaisschaltung Fc verbunden ist.

Das Ergebnis der Multiplikation ist eine Zahl $1 \leq r < 4$ (für Argumente innerhalb der numerischen Grenzen). Im letzten Zyklus wird geprüft, ob $r \geq 2$. In diesem Fall wird das Ergebnis um eine Stelle nach rechts verschoben und 1 zum Exponenten des Ergebnisses addiert.

4.5 Division

Der Divisionsalgorithmus ist analog zum Multiplikationsalgorithmus, nur werden wiederholt Subtraktionen anstelle von Additionen ausgeführt. Am

Anfang wird der Dividend im Registerpaar $<Af,Bf>$ und der Divisor im Registerpaar $<Ab,Bb>$ gespeichert. Das temporäre Registerpaar $<Aa,Ba>$ wird auf 0 gesetzt. Abbildung 11 stellt die Mikrosequenzierung durch den Divisionsschrittschalter dar. Der Algorithmus braucht 18 Zyklen.

Zyklus	Stufe	Exponent	Mantisse
0	I,II,III		
1	IV,V	$Aa:=Af$	$Ba:=Bf$
	I,II,III	$Ae:=Aa-Ab$	wenn $(Ba-Bb \geq 0)$ dann $Be:=Ba-Bb$, $bt:=1$ sonst $Be:=Ba$, $bt:=0$
2	IV,V	$Aa:=Ae$ $Ab:=0$	$Bf:=0$ wenn $(bt=1)$ dann $Bf[0]:=1$ $Ba:=2\times Be$
	I,II,III	$Ae:=Aa+Ab$	wenn $(Ba-Bb \geq 0)$ dann $Be:=Ba-Bb$, $bt:=1$ sonst $Be:=Ba$, $bt:=0$
3	IV,V	$Aa:=Ae$	wenn $(bt=1)$ dann $Bf[-1]:=1$ $Ba:=2\times Be$
	I,II,III	$Ae:=Aa+Ab$	wenn $(Ba-Bb \geq 0)$ dann $Be:=Ba-Bb$, $bt:=1$ sonst $Be:=Ba$, $bt:=0$
⋮	⋮	⋮	⋮
i	IV,V	$Aa:=Ae$	wenn $(bt=1)$ dann $Bf[2-i]:=1$ $Ba:=2\times Be$
	I,II,III	$Ae:=Aa+Ab$	wenn $(Ba-Bb \geq 0)$ dann $Be:=Ba-Bb$, $bt:=1$ sonst $Be:=Ba$, $bt:=0$
⋮	⋮	⋮	⋮
16	IV,V	$Aa:=Ae$	wenn $(bt=1)$ dann $Bf[-14]:=1$ $Ba:=2\times Be$
	I,II,III	$Ae:=Aa+Ab$	wenn $(Ba-Bb \geq 0)$ dann $Be:=Ba-Bb$, $bt:=1$ sonst $Be:=Ba$, $bt:=0$
17	IV,V	wenn $(Bf[0]=0)$ dann $Ab:=-1$	wenn $(bt=1)$ dann $Bf[-15]:=1$ $Bb:=0$ wenn $(Bf[0]=0)$ dann $Ba:=2\times Be$ sonst $Ba:=Be$
	I,II,III	$Ae:=Aa+Ab$	$Be:=Ba-Bb$
18	IV,V	$Af:=Ae$	$Bf=Be$

Abbildung 11. Die 18 Zyklen für die Division. Das i-te Bit des Registers Bf wird mit $Bf[i]$ bezeichnet. Der Dividend wird im Registerpaar $<Af,Bf>$ gespeichert und der Divisor in $<Ab,Bb>$, bevor die Operation durchgeführt wird. Aa und Ba sind am Anfang Null.

Die Grundidee des Algorithmus ist einfach. Der Exponent des Ergebnisses wird durch Subtraktion der Exponenten von Dividend und Divisor berechnet. Und nun zur Mantisse: Wir möchten x/y für die normalisierten Mantissen x und y berechnen. Da wir mit normalisierten Zahlen arbeiten, ist die erste Ziffer des Ergebnisses gleich 1, wenn $x \geq y$ ist und gleich 0, wenn $x < y$ ist. Im ersten Fall setzen wir die Ziffer des Ergebnisses auf 1 und berechnen den Rest, der $x - y$ ist. Der Rest wird wiederum durch y geteilt. Dafür wird der Rest um eine Stelle nach links verschoben und das neue Ergebnisbit wird an der Stelle $[-1]$ im Register Bf gespeichert (was damit den Effekt des Verschiebens wieder aufhebt). Falls das Ergebnisbit 0 ist, ist der Rest einfach x und die Division geht weiter wie im ersten Fall.

Die Hauptschleife der Division hat die folgende Form:

$$Ba := 2 \times Be$$
$$\text{wenn } (Ba - Bb \geq 0) \text{ dann } Be := Ba - Bb, \ Bf[i] := 1$$
$$\text{sonst } Be := Ba \qquad Bf[i] := 0$$

für $i = 0, \ldots, -14$. Das Teilergebnis Be wird um eine Stelle nach links verschoben, um $Ba := 2 \times Be$ zu produzieren. Dies erfolgt über den Shifter, der mit der Relaisschaltung Fc verbunden ist.

Das Ergebnis der Division der Mantissen ist eine Zahl $1/2 < r < 2$. Diese Bedingung wird in den Zyklen 17 und 18 getestet. Falls $r < 1$, dann wird 1 vom Exponenten subtrahiert und das Ergebnis um eine Stelle nach links verschoben, um wiederum eine normalisierte Zahl zu erhalten.

4.6 Quadratwurzelberechnung

Der Algorithmus für die Berechnung der Quadratwurzel ist das Glanzstück der Z3. Abbildung 12 zeigt die Mikrosequenzierung des entsprechenden Befehls, der 20 Zyklen benötigt. Das Argument für die Operation wird im Registerpaar $<Af,Bf>$ gespeichert. Das Registerpaar $<Aa,Ba>$ wird mit 0 initialisiert. Der Algorithmus berechnet die Quadratwurzel von Zahlen mit einem geraden Exponenten. Falls der Exponent ungerade ist, dann wird die Mantisse um eine Stelle nach links verschoben und der Exponent um 1 erhöht. Der Exponent des Ergebnisses (berechnet in Zyklus 19) ist halb so groß wie der Anfangsexponent.

Die Grundidee des Algorithmus ist, die Quadratwurzelberechnung auf eine Division zu reduzieren.[14] Wenn wir die Wurzel von x berechnen wollen, dann suchen wir eine Zahl derart, daß $x/Q = Q$ ist. Das Ergebnis Q erhält man, indem man nacheinander das i-te Bit auf 1 setzt und dann prüft, ob die Bedingung $x \geq Q^2$ noch gilt. Falls dies nicht der Fall ist, dann muß das i-te Bit auf 0 gesetzt werden.

Nehmen wir an, wir haben bereits Bit 0 bis Bit $-i+1$ des Endergebnisses berechnet. Die Mantisse sei bezeichnet mit Q_{-i+1}:

$$Q_{-i+1} = Bf[0] \times 2^0 + Bf[-1] \times 2^{-1} + \cdots + Bf[-i+1]2^{-i+1}.$$

Bit $-i$ wird dann auf q_{-i} gesetzt und es muß gelten, daß

$$x \geq Q_{-i}^2 = (Q_{-i+1} + q_{-i}2^{-i})^2 \, .$$

---

[14] Diese Idee liegt auch der früher im Unterricht des Gymnasiums gelehrten Methode für die Quadratwurzelberechnung im Dezimalsystem zugrunde.

Dies ist erfüllt, wenn

$$x - Q^2_{-i} = (x - Q^2_{-i+1}) - 2^{-i}q_{-i}(2Q_{-i+1} + 2^{-i}q_{-i}) \geq 0$$

Definieren wir t_{-i} durch den Ausdruck

$$2^{-i}t_{-i} = x - Q^2_{-i} = (x - Q^2_{-i+1}) - 2^{-i}q_{-i}(2Q_{-i+1} + 2^{-i}q_{-i})$$

Dies kann geschrieben werden als

$$2^{-i}t_{-i} = t_{-i+1}2^{-i+1} - 2^{-i}q_{-i}(2Q_{-i+1} + 2^{-i}q_{-i})$$

wobei wir die rekursive Definition $2^{-i+1}t_{-i+1} = (x - Q^2_{-i+1})$ benutzt haben. Vereinfachen wir den letzten Ausdruck, dann erhalten wir:

$$t_{-i} = 2t_{-i+1} - q_{-i}(2Q_{-i+1} + 2^{-i}q_{-i})$$

Für $q_{-i} = 1$ erhalten wir schließlich:

$$t_{-i} = 2t_{-i+1} - (2Q_{-i+1} + 2^{-i})$$

Falls $t_{-i} \geq 0$, dann dürfen wir Bit $-i$ des Endergebnisses auf 1 setzen, d.h. $Bf[-i]:=1$. Falls t_{-i} negativ ist, dann setzen wir $Bf[-i]:=0$. Die rekursive Berechnung wird mit $t_0 = x$ gestartet. Q_{-i+1} stellt in jedem Schritt das Teilergebnis im Register Bf dar. Be enthält in der i-ten Iteration t_{-i+1}. Bit $-i$ wird versuchsweise auf 1 gesetzt und das Vorzeichen von t_{-i} wird geprüft.

Die Hauptschleife für den Algorithmus für die Quadratwurzel hat deswegen folgende Form:

$Ba:=2 \times Be$
$Bb:=2 \times Bf$
$Bb[-i]:=1$
wenn $(Ba-Bb \geq 0)$ dann $Be:=Ba-Bb$, $Bf[-i]:=1$
     sonst $Be:=Ba$, $Bf[-i]:=0$

Alle Bits des Registers Bf werden für die Berechnung der Quadratwurzel benutzt. Falls die Ausgangszahl innerhalb der numerischen Grenzen liegt, ist auch das Ergebnis innerhalb dieser Grenzen.

5. Ein- und Ausgabebefehle

Die beiden kompliziertesten Befehle der Z3 stehen in Verbindung mit der Ein- und Ausgabe von Dezimalzahlen. Der Befehl Lu stoppt die Maschine, so daß der Operator vier Dezimalziffern und den Dezimalexponenten (zwischen -8 und 8) in die numerische Tastatur eintippen kann. Nachdem der Operator die „Automatik"-Taste gedrückt hat, übersetzt der Prozessor die Dezimalzahl in eine binäre Gleitkommazahl, die dann in das Registerpaar $<Af, Bf>$

Zyklus	Stufe	Exponent	Mantisse
0	I,II,III		
1	IV,V		wenn $(Af[0]=1)$ dann $Ba:=2\times Bf$ sonst $Ba:=Bf$ $Bb[0]:=1$
	I,II,III		wenn $(Ba-Bb \geq 0)$ dann $Be:=Ba-Bb$, $bt:=1$ sonst $Be:=Ba$, $\quad bt:=0$
2	IV,V		$Bf:=0$ wenn $(bt=1)$ dann $Bf[0]:=1$ $Ba:=2\times Be$, $Bb:=2\times Bf$, $Bb[-1]:=1$
	I,II,III		wenn $(Ba-Bb \geq 0)$ dann $Be:=Ba-Bb$, $bt:=1$ sonst $Be:=Ba$, $\quad bt:=0$
3	IV,V		wenn $(bt=1)$ dann $Bf[-1]:=1$ $Ba:=2\times Be$, $Bb:=2\times Bf$, $Bb[-2]:=1$
	I,II,III		wenn $(Ba-Bb \geq 0)$ dann $Be:=Ba-Bb$, $bt:=1$ sonst $Be:=Ba$, $\quad bt:=0$
$\vdots$	$\vdots$	$\vdots$	$\vdots$
i	IV,V		wenn $(bt=1)$ dann $Bf[2-i]:=1$ $Ba:=2\times Be$, $Bb:=2\times Bf$, $Bb[1-i]:=1$
	I,II,III		wenn $(Ba-Bb \geq 0)$ dann $Be:=Ba-Bb$, $bt:=1$ sonst $Be:=Ba$, $\quad bt:=0$
$\vdots$	$\vdots$	$\vdots$	$\vdots$
18	IV,V		wenn $(bt=1)$ dann $Bf[-16]:=1$ $Ba:=2\times Be$, $Bb:=2\times Bf$
	I,II,III		wenn $(Ba-Bb \geq 0)$ dann $Be:=Ba-Bb$, $bt:=1$ sonst $Be:=Ba$, $\quad bt:=0$
19	IV,V	$Aa:=Af/2$	$Ba:=Bf$, $Bb:=0$
	I,II,III	$Ae:=Aa+0$	$Be:=Ba+Bb$
20	IV,V	$Af:=Ae$	$Bf:=Be$

Abbildung 12. Die 20 Zyklen für die Berechnung der Quadratwurzel. Das i-te Bit der Register Af und Bf wird mit $Af[i]$ bzw. $Bf[i]$ bezeichnet. Das Argument wird im Registerpaar $<Af,Bf>$ gespeichert, bevor die Operation ausgeführt wird. Aa und Ba sind am Anfang Null.

bzw. $<Ab,Bb>$ geladen wird. Die Ausgabe erfolgt in die umgekehrte Richtung: Die im Registerpaar $<Af,Bf>$ gespeicherte Gleitkommazahl wird in eine Dezimalzahl mit bis zu fünf Ziffern umgewandelt (wobei die erste Ziffer nur 0 oder 1 sein kann), und die entsprechenden Lampen werden an der Konsole zum Leuchten gebracht. Auch der Dezimalexponent und das Vorzeichen werden mit Lampen angezeigt.

5.1 Eingabe von Dezimalzahlen

Eine Dezimalzahl mit vier Ziffern, die über die Tastatur eingegeben worden ist, wird zuerst in eine binäre ganze Zahl umgewandelt. Die größte mögliche Eingabe ist die Zahl 9999, die die normalisierte Binärdarstellung

$1,0011100001111 \times 2^{13}$ besitzt. Die kleinste Eingabe verschieden von Null ist $1 \ (0,0000000000001 \times 2^{13})$. Dies ist der Grund dafür, daß die eingegebenen Dezimalziffern ab Bit -13 des Registers Ba gespeichert werden.

Zyklus	Stufe	Exponent	Mantisse
0	I,II,III		
1	IV,V		$Ba:=d_4 \times 2^{-13}$ Za aktiv
	I,II,III		$Be:=Ba+Bb$
2	IV,V		$Ba:=2 \times Be$, $Bb:=8 \times Be$
	I,II,III		$Be:=Ba+Bb$
3	IV,V		$Ba:=d_3 \times 2^{-13}$ Zb aktiv
	I,II,III		$Be:=Ba+Bb$
4	IV,V		$Ba:=2 \times Be$, $Bb:=8 \times Be$
	I,II,III		$Be:=Ba+Bb$
5	IV,V		$Ba:=d_2 \times 2^{-13}$ Zc aktiv
	I,II,III		$Be:=Ba+Bb$
6	IV,V		$Ba:=2 \times Be$, $Bb:=8 \times Be$
	I,II,III		$Be:=Ba+Bb$
7	IV,V		$Ba:=d_1 \times 2^{-13}$ Zd aktiv
	I,II,III		$Be:=Ba+Bb$
8	IV,V	$Aa:=13$	$Ba:=2 \times Be$, $Bb:=8 \times Be$
	I,II,III	$Ab:=z$ $Ae:=Aa-Ab$	$Be:=Ba+Bb$
9	IV,V	$Aa:=Ae$ $Ab:=0$	$Bb:=Be$ (normalisiert)

Abbildung 13. Die acht Zyklen, die für die Verwandlung Binär-Dezimal gebraucht werden. Das Resultat wird noch nicht gespeichert, da zuerst der Dezimalexponent gelesen werden muß. Die Zahl z bezeichnet die Anzahl der Stellen, um die die Mantisse geshiftet werden muß, um normalisiert zu werden. Aa und Ba sind am Anfang Null.

Für jede Ziffer zwischen 0 und 9 erzeugt eine Schaltung die entsprechende 4-Bit-Binärzahl (heute nennen wir dies einen BCD-Code). Die erste Ziffer kann mit der Busverbindung Za in das Register Ba übertragen werden. Die vier Bits werden in die Bits $Ba[-10]$, $Ba[-11]$, $Ba[-12]$ und $Ba[-13]$ des Registers Ba geladen. Register Bb enthält am Anfang den Wert Null. Die Zahl im Register Ba wird jetzt mit 10 multipliziert, das Ergebnis wird mit dem Inhalt von Bb addiert und die Summe wird in Bb zurückgespeichert. Die Prozedur wird wiederholt für die anderen drei Ziffern, wobei die Relais Zb, Zc und Zd die zweite, dritte bzw. vierte Ziffer in Register Ba laden. Nach vier Durchgängen ist die dezimale Eingabe in eine binäre Zahl umgewandelt worden. Die vier Durchgänge verbrauchen acht Zyklen (ein Zyklus für

das Einlesen einer Dezimalziffer, ein Zyklus für die Multiplikation mit 10).
Die Multiplikation mit 10 erfolgt durch einen einstelligen Shift nach links
(Multiplikation mit dem Faktor 2), einen dreistelligen Shift nach links (Multiplikation mit 8) und durch Addition der beiden Werte. Abbildung 13 zeigt,
wie die Dezimalzahl $d_4 d_3 d_2 d_1$ im Prozessor übersetzt wird. Am Ende (Zyklus
8) wird die Mantisse normalisiert. Dies kann eine Verschiebung um z Stellen
nach rechts erfordern, wobei $0 \leq z \leq 13$. Die Anzahl der Stellen für den Shift
muß vom Exponent abgezogen werden. Zum Exponenten wird $+13$ addiert,
da die gelesene Zahl ab Bit -13 geladen wurde.

Nach der Bearbeitung der vier Dezimalziffern muß der Exponent berücksichtigt werden. Falls der Exponent e positiv ist, dann muß die Mantisse e
mal mit 10 multipliziert werden. Falls der Exponent negativ ist, dann muß
die Mantisse $|e|$ mal mit 0,1 multipliziert werden. Die Multiplikation mit 10
ist recht einfach: die Mantisse wird mit der Binärzahl $1, 01 \times 2^3$ multipliziert.
Dafür muß Be in Ba geladen werden und $Be/4$ in Bb (Be wird beim Kopiervorgang zwei Stellen nach rechts geshiftet). Gleichzeitig wird in Ab eine -3
geladen. Die Addition der Mantissen Ba und Bb und die Subtraktion $Aa - Ab$
ergibt dann das gewünschte Ergebnis: das Produkt der ursprünglichen Gleitkommazahl in Ae und Be mit dem Faktor 10 (Abb. 14). Außerdem wird das
Ergebnis normalisiert (in der Abb. nicht gezeigt). Für den positiven Exponenten e wird die Prozedur e mal wiederholt. Am Ende kann das Ergebnis
in das Registerpaar $<Af, Bf>$ bzw. $<Ab, Bb>$ gespeichert werden.

Zyklus	Stufe	Exponent	Mantisse
i	IV,V	$Aa := Ae$, $Ab := -3$	$Ba := Be$, $Bb := Be/4$
	I,II,III	$Ae := Aa - Ab$	$Be := Ba + Bb$

Abbildung 14. Multiplikation mit dem Faktor 10. Ae und Be wurden im vorherigen Zyklus berechnet. Das Resultat liegt in Ae und Be am Ende vor.

Im Fall eines negativen Exponenten wird die Multiplikation mit der Konstanten 0,1 mit Hilfe der Shifter und der Addierer geleistet. Diese Multiplikation ist etwas komplexer, weil 0,1 im Binärsystem eine periodische Zahl ist,
und zwar

$$0, 1 \text{ (dezimal)} = 2^{-4} \times 1, 1001100110011001 \text{ (binär)}.$$

Zuse hat diese Multiplikation in vier Schritten implementiert. Ist die zu multiplizierende Mantisse x_0, kann das Produkt mit 0,1 wie folgt berechnet werden:

1. $x_1 = 1, 1 \cdot x_0 = x_0 + x_0/2,$
2. $x_2 = 1, 0001 \cdot x_1 = x_1 + x_1/2^4,$
3. $x_3 = 1, 00000001 \cdot x_2 = x_2 + x_2/2^8$ und
4. $x_4 = 1, 0000000000000001 \cdot x_3 = x_3 + x_3/2^{16}$

Wie man sieht, ist jedesmal eine Addition und ein Shift notwendig. Am Ende des vierten Zyklus muß der Exponent −4 zum Exponenten des Resultats addiert werden.

Zyklus	Stufe	Exponent	Mantisse
i	IV,V		$Ba:=Be,\ Bb:=Be/2$
	I,II,III		$Be:=Ba+Bb$
$i+1$	IV,V		$Ba:=Be,\ Bb:=Be/2^4$
	I,II,III		$Be:=Ba+Bb$
$i+2$	IV,V		$Ba:=Be,\ Bb:=Be/2^8$
	I,II,III		$Be:=Ba+Bb$
$i+3$	IV,V	$Aa:=Ae,\ Ab:=-4$	$Ba:=Be,\ Bb:=Be/2^{16}$
	I,II,III	$Ae:=Aa+Ab$	$Be:=Ba+Bb$

Abbildung 15. Steuerung der Multiplikation mit dem Faktor 0,1. Ae und Be wurden im vorherigen Zyklus berechnet. Das Resultat liegt in Ae und Be am Ende vor.

Die in den Abb. 14 und 15 dargestellten Steuerungssequenzen sind Mikroprozeduren, die nach Bedarf aufgerufen werden können. Sie werden auch für die Ausgabe von Dezimalresultaten verwendet und brauchen nicht doppelt implementiert zu werden. Die genaue Verzahnung der in Abb. 13 gezeigten Sequenz mit den beiden Prozeduren ist in der Patentanmeldung Z391 nicht weiter erläutert. Die fehlenden Details sind aber einfach zu durchschauen (Register Ab muß z. B. am Anfang der Prozeduren den Wert Null enthalten).

5.2 Ausgabe von Dezimalzahlen

Die Ausgabe arbeitet mit der wiederholten Multiplikation oder Division durch 10. Falls der binäre Exponent der Zahl im Register R_1 positiv und größer als 3 ist, dann wird die Zahl so lange mit 0,1 multipliziert, bis der binäre Exponent positiv und kleiner gleich 3 ist. Ist der binäre Exponent der Zahl im Register R_1 negativ, dann wird die Gleitkommazahl so lange mit 10 multipliziert, bis der Exponent positiv und kleiner gleich 3 ist. Dafür werden die oben besprochenen Steuerungssequenzen als Mikroprozeduren iterativ verwendet. Durch einen Shift der Mantisse um wenige Stellen wird dann in beiden Fällen der Exponent dem Wert 2 zugewiesen und das Resultat im Registerpaar $<Ab, Bb>$ gespeichert.

Nach dieser Manipulation enthalten die obersten vier Bits des Resultats Be eine Zahl zwischen 00 und 15 (0000 und 1111). Diese Bits stellen die beiden obersten dezimalen Ziffern, die in den ersten beiden Spalten von den Ausgabelampen angezeigt werden sollen. Die vier Bits werden in Register Bf gerettet (an den Positionen 0 bis −3) und dann durch spezielle Kontakte in Be gelöscht.

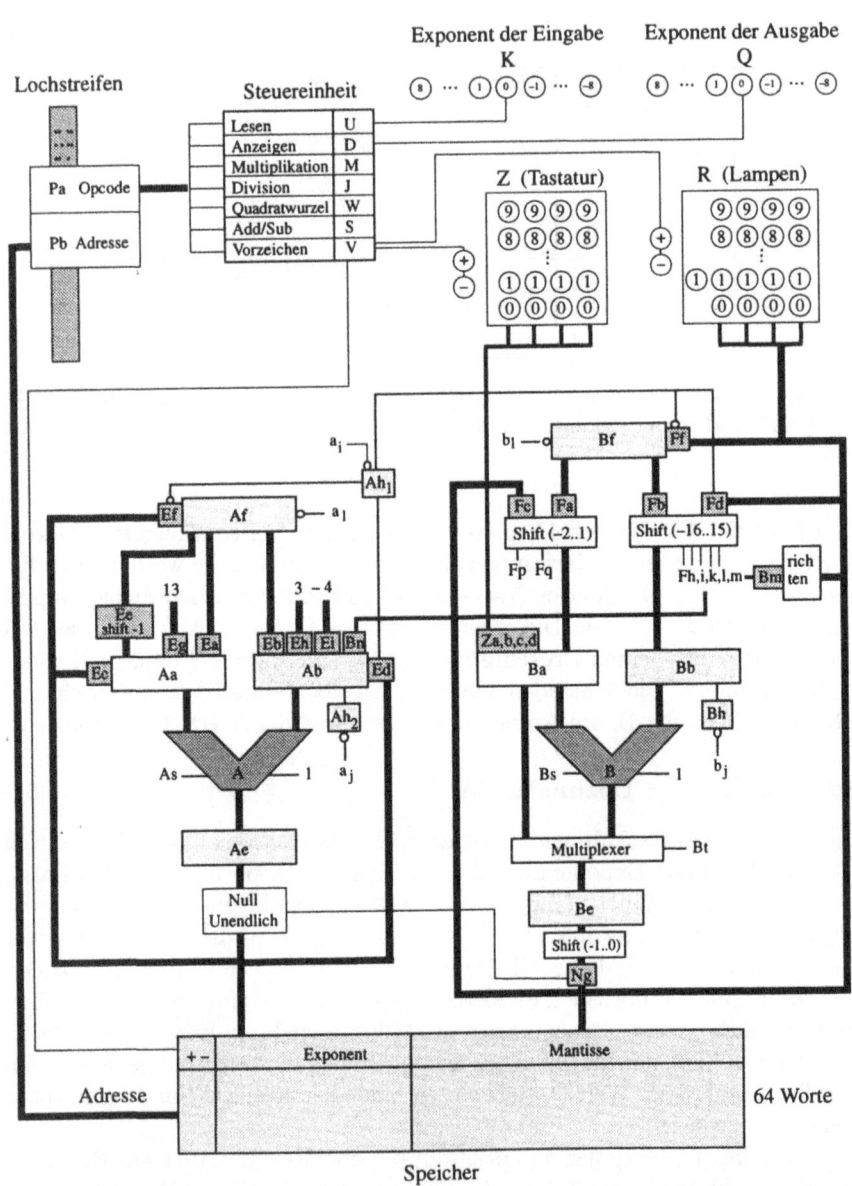

Abbildung 16. Die vollständige Architektur der Z3

Im nächsten Schritt wird der Rest der Mantisse mit dem Faktor 10 multipliziert. Da die Mantisse nach der Löschung der obersten vier Bits kleiner als 1 ist, ist das Resultat vor dem Komma eine Zahl kleiner als 10, d. h. eine Ziffer zwischen 0 und 9. Die vier Bits vor dem Komma im Resultat Be werden jetzt an den Positionen -4 bis -7 von Bf gerettet. Danach werden diese vier Bits in Be gelöscht und der Prozeß setzt sich fort. Die dritte und vierte Ziffer ergeben sich ebenfalls durch Multiplikation mit 10 und werden an den Positionen -8 bis -11 bzw. -12 bis -15 des Registers Bf gerettet. Im Register Bf liegen die Dezimalziffern sauber voneinander getrennt vor. Sie brauchen nur zur Ausgabeeinheit übertragen zu werden, so daß die entsprechenden Lampen leuchten. Vorher jedoch wird die Dezimalzahl abgerundet. Falls der Rest der Mantisse nach dem allerletzten Schritt 0,1 ist, muß die Dezimalzahl um 1 erhöht werden. Dies wird durch eine Spezialschaltung in einem Zyklus geleistet.

Der Pseudocode für die dargestellte Operation (ohne Abrundung) ist folgender:

$$Bf[0.. - 3]:=\lfloor Be \rfloor$$
$$Be:=Be - \lfloor Be \rfloor$$
$$Ba:=2\times Be,\ Bb:=8\times Be$$
$$Be:=Ba+Bb$$
$$Bf[-4.. - 7]:=\lfloor Be \rfloor$$
$$Be:=Be - \lfloor Be \rfloor$$
$$Ba:=2\times Be,\ Bb:=8\times Be$$
$$Be:=Ba+Bb$$
$$Bf[-8.. - 11]:=\lfloor Be \rfloor$$
$$Be:=Be - \lfloor Be \rfloor$$
$$Ba:=2\times Be,\ Bb:=8\times Be$$
$$Be:=Ba+Bb$$
$$Bf[-12.. - 15]:=\lfloor Be \rfloor$$
$$Be:=Be - \lfloor Be \rfloor$$

Nachdem die Dezimalausgabe berechnet und angezeigt wurde, stoppt die Maschine und wartet, bis der Operator die Taste „Automatik" drückt. Die Registerpaare $<Af, Bf>$ und $<Ab, Bb>$ werden gelöscht, da sie nur noch Reste der Zwischenresultate der Berechnungen enthalten.

6. Die vollständige Architektur der Z3

Wir sind nun in der Lage, das Detaildiagramm der Z3 in Abb. 16 zu verstehen. Wir sehen einige Komponenten, die in den vorangehenden Abschnitten erläutert wurden.

Die Steuereinheit und die Ein- bzw. Ausgabeeinheiten wurden bereits beschrieben. Die vier Dezimalziffern der Eingabetastatur werden mit Hilfe der

Relaisschaltungen Za, Zb, Zc und Zd übertragen, die eine nach der anderen aktiviert werden.

Die Relais Eg und Ei werden benutzt, um zwei nützliche Konstanten (+13 und −4) direkt in das Exponentenregister zu bringen. Der Shifter Ee zwischen den Registern Af und Aa wird für die Quadratwurzelberechnung benutzt (er teilt Af durch 2). Der Exponent des Ergebnisses (Aa) ist dann halb so groß wie der Exponent der Ausgangszahl (Af).

Ah_1 ist ein Relais, das als Flip-Flop arbeitet. Wenn es auf 0 gesetzt ist, dann wird das Registerpaar $<Af,Bf>$ für eine Leseoperation zugänglich. Wenn es auf 1 gesetzt ist, dann wird auf das Registerpaar $<Ab,Bb>$ zugegriffen. Dieses Relais wird über die Signalleitung a_i auf 0 gesetzt. Die Signalleitungen a_l, a_j, b_l und b_j werden gebraucht, um bei Bedarf die Register Af, Ab, Bf und Bb zu löschen.

Der mit „Null, Unendlich" bezeichnete Kasten unterhalb von Ae stellt die Schaltung für die Ausnahmebehandlung dar. Sie überwacht ständig den Datenbus (hinsichtlich der Ergebnisse von Operationen und des Datentransfers vom Speicher) und setzt ggf. die entsprechende Ausnahmebedingung. Der Shifter unter Be wird benutzt, um die Mantisse um eine Stelle nach rechts zu verschieben. Dies erbringt die jedesmal nötige Normalisierung der Mantisse, wenn $Be \geq 2$.

Fp und Fq sind Relais, die Anzahl und Richtung der Verschiebungen im Shifter unter den Relaisschaltungen Fc und Fa kontrollieren. Fh, Fi, Fk, Fl und Fm haben die gleiche Funktion im Zusammenhang mit den anderen Shiftern. Mit diesen fünf Bits können die Zahlen zwischen −16 und 15 dargestellt werden, und dies entspricht der Anzahl und Richtung der möglichen Verschiebungen des zweiten Shifters. Jedesmal, wenn eine derartige Verschiebung ausgeführt wird, wird die Zahl, die die Relais Fh bis Fm darstellen, durch die Relaisschaltung Bn in das Register Ab übertragen. Dies erfolgt, um den Exponenten des Ergebnisses entsprechend zu ändern. Falls die Zahl um 10 Stellen nach links verschoben wird, dann wird +10 vom Exponenten des Ergebnisses subtrahiert. Solche großen Verschiebungen werden häufig nach Subtraktionen benötigt.

Schauen wir uns noch einmal das Diagramm für die Z3 an. Alles ergibt nun einen Sinn und sieht ebenso konventionell aus wie in jedem einfachen modernen Gleitkommaprozessor. Es ist in der Tat erstaunlich, wie Konrad Zuse in der Lage war, gleich zu Beginn eine sehr effiziente Architektur zu finden. Der Prozessor der Z3 enthält nur 600 Relais, der Speicher braucht die dreifache Menge. Zuse war *gezwungen*, immer wieder die logische Struktur seiner Maschine zu überdenken und zu optimieren, um soweit wie möglich Hardware zu sparen. Er hatte nicht den Luxus der fast unbegrenzten Unterstützung, die vom amerikanischem Militär für die Entwicklung des ENIAC oder von IBM für die Mark I gewährt wurde. Er war ganz auf sich allein gestellt, und obwohl dies sicher zu seinem Vorteil auf der konzeptionellen Seite wirkte, gereichte es zu seinem Nachteil, wenn man den geringen Einfluß der Z1 und der

Z3 auf die aufblühende amerikanische Computerindustrie nach dem Zweiten Weltkrieg bedenkt.[15]

7. Die Erfindung des Computers

Das größte Manko der Z3 besteht darin, keinen Sprungbefehl zu haben. Es wäre nicht unmöglich gewesen, diesen zu implementieren: obwohl dies bei einem auf einem Lochstreifen gespeicherten Programm umständlich ist, wären nur ein paar zusätzliche Schaltkreise nötig gewesen. Manchmal wird die Trennlinie zwischen einer bloßen Rechenmaschine und einem universellen Computer mit der Unterscheidung nach intern oder extern gespeichertem Programm gezogen. Ich habe an anderer Stelle gezeigt,[16] daß dies kein verbindliches Kriterium ist. Ein externes Programm kann wie ein Interpreter numerischer Daten arbeiten. Es wird fester Bestandteil des Prozessors und die Daten werden selbst zum Programm, ganz ähnlich wie eine universelle Turing-Maschine als Interpreter arbeitet. Ich habe argumentiert,[17] daß universelle Maschinen einen minimalen Befehlssatz und indirekte Adressierung benötigen. Indirekte Adressierung kann durch ein sich selbst modifizierendes Programm simuliert werden, so daß der Befehlssatz das entscheidende Kriterium ist. Eine Maschine mit ausreichendem Speicher, der sowohl Daten wie Befehle faßt, und mit einem zur Ausführung der Befehle CLR (löschen), INC (inkrementieren), LOAD (lesen), STORE (speichern) und BR (springen falls Null) fähigen Prozessor ist eine universelle Maschine (dieser Befehlssatz kann weiter reduziert werden[18]). In diesem Sinne war die Z1 keine universelle Maschine, aber die anderen frühen Rechenmaschinen waren dies ebensowenig. Die ABC (Atanasoff) war ein Spezialrechner für die Gaußelimination, und dem Rechner Mark I aus Harvard fehlte der bedingte Sprungbefehl, obwohl er sozusagen FOR-Schleifen ausführen konnte. Der ENIAC war noch nicht einmal über Software programmierbar: die Bausteine mußten nach Datenflußart fest verbunden werden. Bedingte Sprünge waren beim ENIAC nur begrenzt verfügbar und sich selbst modifizierende Programme standen nicht zur Diskussion.

Die Tabellen 2 und 3 fassen die wichtigsten Informationen für die frühen Rechner zusammen, die im Abschnitt 1 erwähnt wurden. Wie aus diesen

---

[15] Stern, N., *From ENIAC to UNIVAC*, Digital Press, Bedford, 1981.

[16] Rojas, R., „Who invented the computer? The debate from the viewpoint of computer architecture". In: Gautschi, W. (Hrsg.), *Fifty Years Mathematics of Computation*, Proceedings of Symposia in Applied Mathematics, AMS, 1993, S. 361–366.

[17] Rojas, R., „On Basic Concepts of Early Computers in Relation to Contemporary Computer Architectures", *Proceedings of the 13th World Computer Congress*, Hamburg, Bd. II, 1995, S. 324–331.

[18] Rojas, R., „Conditional Branching is not Necessary for Universal Computation in von Neumann Computers", *Journal of Universal Computer Science*, Bd. 2, Nr. 11, 1996, S. 756–767.

Tabelle 2. Vergleich der architektonischen Eigenschaften I

Maschine	Speicher und CPU getrennt?	Bedingte Sprünge?	Soft- oder Hardware-programmierung	Sich selbst modifizierende Programme?	Indirekte Adressierung?
Zuses Z1	√	×	Software	×	×
Atanasoff	√	×	Hardware	×	×
Harvard Mark I	×	×	Software	×	×
ENIAC	×	teilweise	Hardware	×	×
Manchester Mark 1	√	√	Software	√	×
EDSAC	√	√	Software	√	×

Tabelle 3. Vergleich der architektonischen Eigenschaften II

Maschine	Interne Codierung	Fest- oder Gleitkomma?	Bit-Sequentielle Arithmetik?	Architektur	Technologie
Zuses Z1	Binär	Gleitkomma	nein	sequentiell	Mechanisch
Atanasoff	Binär	Festkomma	ja	vektoriell	Elektronisch
Harvard Mark I	Dezimal	Festkomma	nein	parallel	Elektromech.
ENIAC	Dezimal	Festkomma	nein	Datenfluß	Elektronisch
Manchester Mark 1	Binär	Festkomma	ja	sequentiell	Elektronisch
EDSAC	Binär	Festkomma	nein	sequentiell	Elektronisch

Tabellen deutlich abzulesen ist, erfüllt keine der in den vier ersten Zeilen stehenden Maschinen alle Anforderungen für einen Universalrechner. In der Tabelle fehlt ein wichtiger Rechner: der *Relay Interpolator*, den George Stibitz bei den Bell Telephone Laboratories im Oktober 1939 fertigstellte. Die Maschine konnte eine Folge von arithmetischen Befehlen von einem Lochstreifen lesen und ausführen. Sie verwendete Relais, eine spezielle Zahlencodierung und Festkommaarithmetik. Sie war der Z3 funktional ähnlich und konnte wie diese keine bedingten Sprünge ausführen.

Die letzten beiden Zeilen der Tabellen zeigen die Daten für die Manchester Mark I und für EDSAC (*Electronic Delay Storage Automatic Calculator*), der erste „stored program computer" der Welt. Dieser Rechner wurde an der Universität Cambridge gebaut. Die Gruppe wurde von Maurice Wilkes geleitet, der 1946 die Gelegenheit hatte, die amerikanischen Maschinen kennenzulernen. Die EDSAC war eine binäre, serielle Maschine, die mit ganzen Zahlen arbeitete. Die Programme wurden in den Speicher geladen, und neben vielen anderen Befehlen gab es auch bedingte Sprünge. Programme konnten während des Laufs modifiziert werden. Das erste Programm wurde im Mai 1949 erfolgreich ausgeführt. Die in Manchester zwischen 1946 und 1948 gebaute 'Baby' Mark 1 ist in den Tabellen ebenfalls aufgenommen worden, da sie (soweit es dem Autor bekannt ist) die erste Maschine war, die der Definition eines universellen Computers entspricht (d.h. ohne umständliche Programmtransformationen). Die 'Baby' Mark 1 wie auch die spätere Ferranti MARK I wurden unter der Leitung von F. C. Williams und T. Kilburn gebaut. Die Programme wurden in einen digitalen Speicher mit wahlfreiem Zugriff geladen, der mit Kathodenstrahlröhren implementiert wurde. Alle notwendigen primitiven Befehle waren vorhanden (in veränderter Form), und obwohl es keine indirekte Adressierung gab, konnten sich selbst modifizierende Programme geschrieben werden. Das erste Programm lief am 21. Juni 1948 und berechnete den größten Faktor von 2^{18} mit 3.5 Millionen Operationen, wozu es 52 Minuten brauchte.[19] Im September wurde Alan Turing als Dozent für Mathematik nach Manchester berufen und schrieb einige Programme für den ersten vollwertigen Computer der Welt. Seine Vision eines Universalrechners, die 1936 publiziert wurde, in demselben Jahr, in dem die Speichereinheit der Z1 fertig wurde, war mit der Mark 1 verwirklicht worden. Wie die Tabellen 2 und 3 deutlich zeigen, war die Erfindung des Computers eine kollektive Errungenschaft, die zwei Kontinente und 12 Jahre umfaßte.

8. Anhang: Bedingte Sprünge in der Z3

Wir haben in diesem Aufsatz bereits erwähnt, daß für universelle Berechnungen bedingte Sprünge notwendig sind. Der Programmfluß muß gesteuert werden können; es muß möglich sein, die letzten numerischen Resultate als Grundlage für logische Verzweigungen zu verwenden.

Die Z3 kann bedingte Sprünge simulieren. Dafür ist lediglich notwendig, den Quellcode auf eine bestimmte Art und Weise vorzubereiten. Wir zeigen in diesem Anhang, wie dies gemacht werden kann.[20]

8.1 Simulation des IF-Befehls

Wir zeigen zuerst, daß, falls z und i Gleitkommazahlen darstellen (ganze Zahlen), die Operation

$$\text{if } (z = i) \text{ then } t = 0 \text{ else } t = 1$$

in der Z3 implementiert werden kann.

Folgende Berechnung kann in der Z3 ohne weiteres durchgeführt werden:

$$
\begin{aligned}
d &= (z - i) * (z - i) \\
g &= d/(d - e)
\end{aligned}
$$

wobei die Variable e eine in bezug auf ganze Zahlen kleine Zahl ist, z. B 0.001. Wir setzen auch voraus, daß die ganzen Zahlen z und i nicht so groß sind,

---

[19] Lavington, S. H., *Early British Computers*, Digital Press, Manchester, 1980, und Lavington, S. H., *A history of Manchester computers*, NCC Publications, Manchester, 1975.

[20] Siehe dazu: Harel, D., "On Folk Theorems", *Communications of the ACM*, Bd. 23, Nr. 7, 1980, S. 379–389; Ibarra, O., Moran, S., Rosier, L. E., "On the Control Power of Integer Division", *Theoretical Computer Science*, Bd. 24, 1983, S. 35–52.

daß es zum Overflow kommt. Die Variable g ist gleich Null, nur wenn $z = i$. Falls $z \neq i$, ist das Resultat g etwas größer als 1. Wir möchten die Zahl „bereinigen". Dafür wird folgende Berechnung

$$t = (2^{16} + g) - 2^{16},$$

in der durch die Klammerung angegebenen Reihenfolge durchgeführt. Da die Z3 intern mit 16 Bits nach dem Komma arbeitet, führt die erste Addition zu einer Verschiebung der Mantisse von g um 16 Stellen nach rechts. Alle Bits von g, außer das erste vor dem Komma, gehen bei dieser Addition verloren. Die darauffolgende Subtraktion bringt den ganzzahligen Anteil von g an seine ursprüngliche Position in der Mantisse. Damit haben wir eine ganzzahlige Variante des IF-Befehls simuliert.

8.2 Bedingte Sprünge

Nehmen wir an, daß das Programm P aus n verschiedenen Codesegmenten besteht: $P_1, \ldots, P_n$. Die Variable $z \in \{1, 2, \ldots, n\}$ soll verwendet werden, um das Segment auszuwählen, das ausgeführt werden soll. Wir möchten also den Befehl „CASE z" simulieren, wobei z eines der Segmente $P_1, \ldots, P_n$ auswählt.

Die allgemeine Strategie ist, *alle* n Codesegmente auszuführen, aber nur in dem Segment P_z zuzulassen, daß Speicherinhalte verändert werden.

Wir transformieren das ursprüngliche Programm so, daß am Anfang eines jeden Segments $i = 1, \ldots, n$ der Befehl

if $(z = i)$ then $t = 0$ else $t = 1$

ausgeführt wird (dazu wird eine Speicherzelle für z und eine für t reserviert). Außerdem expandieren wir den ursprünglichen Code so, daß überall dort, wo ein Speichern-Befehl vorkommt, einige zusätzliche Befehle eingefügt werden. Sei z. B. der Speichern-Befehl „Ps 10", der das Resultatsregister $<Af, Bf>$ (dessen Inhalt wir hier x nennen) in die Adresse 10 speichert. In dem transformierten Code lesen wir zuerst den Inhalt von Adresse 10 (sei dieser Inhalt a) und führen folgende Berechnung aus:

$$a * t + (1 - t) * x.$$

Auf Adresse 10 wird nun das Resultat gespeichert. Ist $t = 0$, d.h. befinden wir uns im Codesegment P_z, wird in Adresse 10 der ursprüngliche Inhalt x des Resultatsregisters gespeichert. Befinden wir uns nicht im Codesegment P_z, so gilt $t = 1$ und Adresse 10 wird mit a, d. h. mit ihrem eigenen Inhalt überschrieben.

Ist diese Expansion des Codes an allen Stellen des ursprünglichen Programms durchgeführt worden, an denen sich Speichern-Befehle befinden, so ist das Ergebnis davon, daß zwar alle Codesegmente ausgeführt werden, aber nur die Ergebnisse des Codesegments P_z im Speicher registriert werden. Damit ist gezeigt worden, daß die Simulation eines CASE-Befehls möglich ist.

8.3 Universalität

Mit Hilfe von IF- und CASE-Befehlen können offensichtlich sehr anspruchs-volle Programme erstellt werden. Es ist sogar möglich, eine Turing-Maschine zu simulieren.[21] Wir skizzieren hier nur, wie dies gemacht werden kann.

Eine Simulation einer Turing-Maschine braucht eine WHILE-Schleife, die die Simulation abbricht, wenn der Halte-Zustand erreicht worden ist. Die Turing-Maschine wechselt ihren aktuellen Zustand Q in jeder Iteration. Die WHILE-Schleife kann simuliert werden, indem beide Enden des Lochstreifens für die Z3 geklebt werden und immer am Anfang der Schleife $0/Q$ berechnet wird. Wir definieren $Q = 0$ als den Halte-Zustand. Sollte die Turing-Maschine diesen Zustand erreichen, so stoppt die Z3, weil die undefinierte Operation $0/0$ sie zum Stillstand führt. Hätte Zuse diese Ausnahmebehandlung nicht eingeführt, hätten wir keine Möglichkeit gehabt, das Programm zu stoppen.

Der Rest der Simulation der Turing-Maschine kann mit arithmetischen Mitteln und Tabellen-Lookup gemacht werden. Für den Zugriff auf Tabellen ist indirekte Adressierung notwendig. Diese kann folgendermaßen simuliert werden: Sei angenommen, wir möchten Speicheradresse z ($1 < z < 10$) lesen und in Adresse 20 speichern. Wir schreiben ein Programm mit 10 Segmenten $P_1, \ldots, P_{10}$. In jedem Segment wird eine feste Adresse gelesen (von 1 bis 10) und in Adresse 20 gespeichert. Wir transformieren jetzt dieses Programm so, wie im Fall der CASE-Anweisung, wobei z die Auswahlvariable ist. Nach der Transformation, und obwohl alle Adressen von 1 bis 10 gelesen werden, wird nur Adresse z tatsächlich in Adresse 20 gespeichert. Das Ergebnis entspricht einer simulierten indirekten Adressierung.

8.4 Fazit

Der Leser mag denken, daß diese Transformationen ziemlich umständlich sind und daß natürlich keiner auf die Idee kommen würde, die Z3 so zu pro-grammieren. Vom theoretischen Standpunkt aus interessiert uns jedoch, alle Möglichkeiten des Programmiermodells der Z3 voll auszuschöpfen. Die Z3 könnte im Prinzip (nur im Prinzip!) eine universelle Turing-Maschine simu-lieren.

Das in diesem Anhang besprochene Resultat wirkt so fremd, weil die Transformationsmethode so künstlich ist. Es könnte argumentiert werden, daß die Größe der Programme unhandlich wird und daß die Berechnungen noch langsamer werden. Dies ist aber aus theoretischer Sicht unerheblich, aus praktischer Sicht natürlich maßgebend.

Das Resultat scheint unserer Intuition zu widersprechen, bis wir mer-ken, daß Multiplikation und Division von der Z3 iterativ berechnet werden. Die Hardware trifft bei diesen Algorithmen Entscheidungen, und es gibt die

---

[21] Rojas, R., „How to Make Zuse's Z3 a Universal Computer", unveröffentlichtes Manuskript.

notwendige Maschinerie für bedingte Sprünge. Diese Maschinerie ist jedoch in den arithmetischen Operationen *eingebettet*. Was die hier besprochenen Transformationen leisten, ist nur, die Fallüberprüfungen aus der Hardware- in die Softwareebene zu befördern. Sinn und Zweck der Transformationen ist, die in der Hardware bereits vorhandenen bedingten Sprünge für den Programmierer sichtbar zu machen.

Deswegen können wir schließlich sagen, daß aus einer rein theoretischen, ganz und gar unpraktischen Perspektive, das Programmiermodell der Z3 äquivalent zum Programmiermodell von heutigen Computern ist.

Danksagung

Es war mir nur durch die Zusammenarbeit mit einigen meiner Studenten an den Universitäten in Halle und Berlin möglich, die skizzenhafte Dokumentation der Z3 zu verstehen. Ich danke Alexander Thurm und Axel Bauer, die eine Gatterebenensimulation des Prozessors der Z3 implementiert haben. Uns wurden die Synchronisationsprobleme bewußt, nachdem die Simulation nicht in Gang kommen wollte. Prof. Friedrich L. Bauer hat wertvolle Hinweise für die Überarbeitung des Manuskripts gegeben. Meine Studenten und ich fingen die Arbeit an der Z3 mit der Hilfe von Konrad Zuse an, der unsere Fragen gerne beantwortete. Es war erstaunlich zu beobachten, wie er nach fast 60 Jahren den kompletten Entwurf der Z3 noch immer im Gedächtnis hatte. Leider starb Konrad Zuse im Dezember 1995, bevor dieser Artikel über sein Werk fertig wurde. Seinem Andenken ist diese Arbeit gewidmet.

Die Mühlen des Patentamts

Die vergeblichen Bemühungen Konrad Zuses, die programmgesteuerte Rechenmaschine patentieren zu lassen[*]

Hartmut Petzold

Zusammenfassung Konrad Zuse, der 1941 den ersten programmgesteuerten Rechenautomaten funktionsfähig vorführen konnte, bemühte sich seit 1936 um ein grundsätzliches Patent, das sämtliche Computer berührt hätte. Waren es bis zum Kriegsende die Anforderungen des Patentamts an die korrekte Abfassung einer Patentanmeldung, so waren es seit 1953 zahlreiche Einsprüche, denen er gerecht zu werden bemüht war. Das Verfahren endete 1967 mit der Ablehnung aller Ansprüche Zuses durch das Bundespatentgericht.

1. Einleitung

Am 14. Juli 1967 beschloß das Bundespatentgericht (BPG) die Zurückweisung der Beschwerde, die die Zuse KG gegen die Versagung des Patents „Programmgesteuerte Rechenmaschine" durch das Deutsche Patentamt am 20.9.1962 eingelegt hatte. Die Möglichkeit der Anrufung einer dritten Instanz wurde ausgeschlossen.[1]

Damit fand ein Patentverfahren seinen Abschluß, in dem sich der Erfinder Konrad Zuse seit 1936 bemüht hatte, für seine Konzeption einer programmgesteuerten Rechenmaschine ein grundlegendes Patent zu erhalten. Das Patent wurde nicht erteilt, obwohl Zuse 1941 mit der „Z3" erstmals eine Realisierung dieser Konzeption funktionsfähig vorführen konnte und obwohl die Z3 als der erste funktionsfähige Computer überhaupt gilt, auch wenn sie nicht alle Merkmale des mit dem Namen John von Neumann verknüpften

---

[*] Überarbeitete Fassung von „Die Ermittlung des 'Standes der Technik' und der 'Erfindungshöhe' beim Patentverfahren Z391. Dokumentation nach den Zuse-Papieren", *GMD-Studien*, Nr. 59, St. Augustin 1981. Ich danke Prof. F. L. Bauer für die sorgfältige Durchsicht des Textes und für zahlreiche ausführliche Gespräche. Prof. R. Rojas danke ich für die Aufnahme der Arbeit in diesen Band und für die mühsame Umsetzung in ein übersichtliches Schriftbild. Für alle verbliebenen Fehler und Unklarheiten bleibe ich selbstverständlich allein verantwortlich.</br>

[1] Beschluß des Bundespatentgerichts vom 14.7.1967, Zuse Papers (ZuP) 005/009. Die Zitate folgen der Numerierung durch die GMD (Gesellschaft für Mathematik und Datenverarbeitung, St. Augustin). Zitiert wird nach den Kopien der von der GMD geordneten originalen Zuse-Unterlagen. Die Kopien der GMD befinden sich heute im Archiv des Heinz Nixdorf MuseumsForum Paderborn, wobei die Numerierung unverändert ist. Die Originalunterlagen sind im Besitz der Familie Zuse.

Konzepts aufwies. Die Priorität Konrad Zuses als Erfinder „des" Computers wird heute weitgehend anerkannt. Stellvertretend für viele andere sei nur Brian Randell aus England zitiert: „This computer, since it was operational in 1941, is believed to have been the world's first general purpose program-controlled computer."[2] Zweifel äußerte dagegen der IBM-Chronist Emerson W. Pugh: „His computing device is said to have been operational in 1941. Because it was destroyed during the war, however, there are numerous unanswered questions. [...] Zuse's machine is credited as a 'first' by many historians. It is a rather limited first, however, since the device was too small to do useful work."[3] Der unter wissenschaftlichen Gesichtspunkten sinnvolle Weg ist die differenzierte Betrachtung, die „den" Computer als geschlossene Gesamtmaschine in wesentliche Aspekte und Prinzipien auflöst, bei denen die Prioritäten eindeutiger sind.[4]

Zu den bedeutenden Ehrungen, die dem Computerpionier Zuse mittlerweile zuteil geworden waren, meinte das Bundespatentgericht: „Es mag zwar zur Zeit der Einreichung der Anmeldung verdienstvoll gewesen sein, den Gedanken aufzugreifen und zu verfolgen, nach den veröffentlichten Beschreibungen von programmgesteuerten Rechenmaschinen eine funktionsfähige Maschine tatsächlich zu entwickeln und auszuführen. Doch gibt ein derartiger Umstand, der wohl Anlaß zu öffentlichen Anerkennungen und Ehrungen geben mag, der Aufgabenstellung noch nicht den Charakter einer Erfindung im Sinne des Patentgesetzes, auf die ein Patent erteilt werden könnte."[5]

Zur Begründung führte das BPG den nach dem Selbstverständnis des Patentrechts erforderlichen fiktiven „Fachmann" an, der sich 1941 „die Aufgabe stellt, eine Maschine etwa nach der (Zuse entgegengehaltenen, H. P.) Dissertation von Couffignal zu bauen". Weil Couffignal nichts darüber aussagte, „in welcher Weise er die Befehle aus dem als Lochstreifen ausgebildeten Programmträger darstellen will", hatte die einsprechende Partei zahlreiche

---

[2] Randell, B., *The Origins of Digital Computers*, 3. Aufl., Berlin, 1982, S. 160. Die deutschsprachigen Autoren halten die Priorität Zuses entschieden hoch. Genannt werden sollen nur de Beauclair, W., *Rechnen mit Maschinen*, Braunschweig, 1968, pass. und Zemanek, H., *Weltmacht Computer*, Esslingen, München, 1991, S.102.

[3] Pugh, E. W., *Building IBM. Shaping an Industry and its Technology*, Cambridge, Mass., London, 1995, S. 343. Daß die ausgewiesenen Kenner William Aspray und Martin Campbell-Kelly in ihrem Abriß der Geschichte des Computers die zentralen Arbeiten Zuses und die Z3 überhaupt nicht erwähnen und die Frage der Priorität mit der Würdigung von Aikens Mark I, „the first fully automatic computer to come into operation", erschöpfen, zeigt, daß auch die Ignoranz ihren Platz behauptet hat. Campbell-Kelly, M., W. Aspray, *Computer – A History of the Information Machine*, New York, 1996, S. 75.

[4] Dies machte Paul Ceruzzi in seinem Vortrag bei einem Kolloquium, das im Deutschen Museum zum fünfzigsten Jahrestag der ersten bezeugten Vorführung der Z3 veranstaltet wurde. Ceruzzi, P. E., „Die frühen Arbeiten von Konrad Zuse im Kontext der Erfindung des digitalen Computers: 1935–1950", Deutsches Museum, *Wissenschaftliches Jahrbuch 1992/93*, München, 1993, S. 170–186.

[5] Beschluß des BPG vom 14.7.1967.

Veröffentlichungen und Patentschriften angeführt, in denen Lochstreifen eine Rolle spielten, so daß das BPG zu dem Schluß kam, daß 1941 dem „durchschnittlichen Fachmann" der Bau programmgesteuerter Rechenmaschinen „aus zahlreichen Vorbildern geläufig war". Für den die weltweit erschienene Fachliteratur kennenden fiktiven „Fachmann" spielte es keine Rolle, daß die angeführten Schriften von Babbage bereits 1864 in London, die von Ludgate 1909 in Dublin erschienen waren, daß noch in den 50er Jahren im Verlauf des Patentverfahrens Schwierigkeiten auftauchten, die Schrift Couffignals zu beschaffen und daß unter den angeführten Patentschriften amerikanische, italienische und englische waren. Auch die Probleme, die die Kriegszeit von 1941 für einen deutschen Einzelerfinder brachte, durften diesen „Fachmann" nicht stören. Die Vorgehensweise beim Bau einer dem Zuseschen Konzept entsprechenden Maschine ergab sich „im Rahmen seiner normalen Tätigkeit", urteilte das BPG, erforderte also „keine über das erlernbare Wissen hinausgehende schöpferische Intuition".

Die Beurteilung der Patentanmeldung Zuses mündete in der Feststellung: „Die Neuheit und Fortschrittlichkeit des mit dem Hauptantrag beanspruchten Gegenstands sind nicht zweifelhaft. Indessen kann auf ihn mangels Erfindungshöhe kein Patent erteilt werden." Als enttäuschend für den Erfinder und geradezu provokativ für viele, für die die patentjuristische Sichtweise keine Selbstverständlichkeit war, mußte die Begründung der Ablehnung des Anspruchs auf Patentierung der Zuseschen Rechenvorrichtung für Gleitkommazahlen empfunden werden, für die es nach Ansicht des BPG keiner „erfinderischen Eingebung" bedurft habe.

Die Entscheidung des Patentgerichts kann hier nicht unter patentrechtlichen Gesichtspunkten kritisiert werden. Statt dessen sollen die Entgegenhaltungen und Abgrenzungen und damit der mit großem Aufwand ermittelte „Stand der Technik" von 1941 dokumentiert werden, wobei gleichzeitig die Materialbasis aufgezeigt wird, auf deren Grundlage das Patent zweimal verweigert wurde. Dabei wird trotz der Vielfalt der aufgezeigten technischen Aspekte erkennbar, wie selektiv ein Patentverfahren einen historischen Sachverhalt wiedergibt und wie wenig es letztlich dem breiteren Interesse der historisch Interessierten gerecht werden kann.

Die Ablehnung eines Patents basiert auf einer Entscheidung, die von juristischen Kategorien ausgeht. Ein Patent wird dann erteilt, wenn die Erfindung als Leistung anerkannt wird, für die eine „erfinderische Kraft" notwendig war, um bei der Lösung einer technischen „Aufgabe" über den „Stand der Technik" hinauszugehen. Ebenfalls berücksichtigt werden müssen die „Neuheit", der „Fortschritt" und die „Erfindungshöhe" der Anmeldung. Der „Stand der Technik" wird für das deutsche Patentrecht durch all das gebildet, „was in öffentlichen Druckschriften aus den letzten hundert Jahren bereits derart beschrieben oder im Inland bereits so offenkundig benutzt ist, daß danach die Benutzung durch andere Sachverständige möglich erscheint."[6]

Zur Ermittlung des „Standes der Technik" ist demnach das Studium von Schriften notwendig, nicht das von konkret existierenden und funktionierenden Maschinen. Für den Erfinder und Konstrukteur Zuse hatte jedoch die tatsächlich gebaute Maschine im Vordergrund gestanden.[7] Er lud den bearbeitenden Ausschuß des Patentamtes mehrfach zur Besichtigung seiner Maschine ein, um die Berechtigung seiner Patentansprüche zu demonstrieren, worauf dieser jedoch nie einging.

Das Patentrecht geht bei der Prüfung der „Neuheit" und des „Fortschritts" einer Erfindung vom getrennten Vergleich der Erfindung mit jeder der einzelnen Vorveröffentlichungen aus. Dagegen werden zur Prüfung der „Erfindungshöhe" die einzelnen Vorveröffentlichungen „mosaikartig" zum „Stand der Technik" zusammengefaßt. Vom so ermittelten „Stand der Technik" geht das Patentrecht aus und fragt, ob für die Erfindung eine „erfinderische Kraft" nötig war. Der Erfinder wird dem erwähnten „Durchschnittsfachmann" gegenübergestellt, der den „Stand der Technik" fachmännisch zu nutzen weiß und auch neuartige Dinge entwickeln kann, jedoch nichts hervorbringen kann, wofür eine „erfinderische Kraft" notwendig ist. Für das deutsche Patentrecht zählt dieser „Durchschnittsfachmann" zu den „ausfüllungsbedürftigen Rechtsbegriffen" wie zum Beispiel auch die Begriffe der „guten Sitten" oder der „Sorgfalt eines ordentlichen Kaufmanns". „Ein solcher Begriff ist nicht durch eine einfache logische Subsumtion, sondern durch eine am Zweck orientierte rechtspolitische Wertung auszufüllen."[8]

---

[6] Bernhardt, W., *Lehrbuch des deutschen Patentrechts*, 3. Aufl., München 1973, § 7.

[7] Möglicherweise steht die 1961/62 in der Zuse KG entstandene Rekonstruktion der im Krieg zerstörten Z3 im Zusammenhang mit dem Patentverfahren. Sie wurde an vielen Stellen öffentlich vorgeführt und steht seit 1968 im Deutschen Museum in München. Einen konkreten Beweis für diesen Zusammenhang scheint es bisher allerdings nicht zu geben. Dafür spricht jedoch, daß 1956 bei der Erteilung des wichtigen Patents auf den Magnettrommelspeicher an den im Patentgeschäft sehr erfolgreichen Gerhard Dirks das Patentamt mit einer Rekonstruktion eines Trommelspeichers nach dem Stand der Technik von 1943 überzeugt werden konnte. Dieser Erfolg hatte Zuse beeindruckt. Zuse, K., *Der Computer – mein Lebenswerk*, (überarbeitete Neuauflage der ersten Fassung mit gleichem Titel, München, 1970) Berlin, 1984, S. 99f. Vgl. zu Dirks Patenten: Zellmer, R., *Die Entstehung der deutschen Computerindustrie*, Dissertation, Köln 1990, pass. Auch diese Rekonstruktion befindet sich heute im Deutschen Museum.

[8] Bernhardt, op. cit., S. 49.

2. Die Anmeldungen von 1936

Eine Liste der Zuseschen Patentanmeldungen aus dem Zeitraum von 1936 bis 1947 wurde 1959 bei der Zuse KG, Bad Hersfeld, zusammengestellt.[9] Die Anmeldungen können in zwei Gruppen eingeteilt werden:

1. Einzelne Mechanismen, die Teilfunktionen zum Gegenstand hatten; dazu gehören die mechanischen Schaltglieder und das Oberflächenabtastverfahren für die Flügelvermessung; diese Patente wurden 1953/54 erteilt.
2. Die umfassenden Anmeldungen, mit denen der Rechenautomat insgesamt angemeldet werden sollte; dazu gehören:
   - Z23139, „Verfahren zur selbsttätigen Durchführung von Rechnungen", angemeldet am 11.4.1936, wurde nicht bekanntgemacht, im August 1940 zurückgezogen.
   - Z23624, „Rechenmaschine-Rechenanlage", angemeldet am 24.12.1936, nicht bekanntgemacht, im Februar 1943 zurückgezogen.
   - Z26476, „Rechenvorrichtung", angemeldet am 16.6.1941, bekanntgemacht am 4.12.1952, späteres Aktenzeichen Z391.
   - Z28780, „Vorrichtung zum Ableiten von Resultatangaben mittels Grundoperationen des Aussagenkalküls" = „(Logistische) Rechenvorrichtung", angemeldet am 11.10.1944, bekanntgemacht am 12.3.1953, später Z394.[10]

Die beiden nicht zurückgezogenen Patentanmeldungen wurden 1967 vom Bundespatentgericht in zweiter Instanz zurückgewiesen.

2.1 Die Anmeldung Z23139

Die Anmeldung unter dem Aktenzeichen Z23139, die Zuse am 11.4.1936 über einen Patentanwalt einreichte, hatte die Bezeichnung „Verfahren zur selbsttätigen Durchführung von Rechnungen mit Hilfe von Rechenmaschinen".[11] Zum „Stand der Technik", der im Beschreibungsteil einer Anmeldungsschrift skizziert werden soll, um daran den Erfindungsgedanken zu messen, machte er keine Aussage. Die Erfindung hatte den Zweck, „häufig wiederkehrende Rechnungen beliebiger Länge und beliebigen Aufbaues, die sich aus elementaren Rechenoperationen zusammensetzten, mit Hilfe von Rechenmaschinen selbsttätig durchzuführen". Der Hauptanspruch, auf den sich alle anderen Ansprüche bezogen, betraf gerade dieses Verfahren. Er war dadurch gekennzeichnet, „daß einerseits die im Verlaufe der Rechnung auftretenden

---

[9] Siehe Anhang zu diesem Beitrag.

[10] „Patentanmeldungen von Dipl.-Ing. Dr. K. Zuse", (Zeitraum 1936–1947), ZuP 020/003 (siehe Anhang zu diesem Beitrag).

[11] Mit Briefkopf des Patentanwalts K. Wolf, 9.4.1936, angemeldet 11.4.1936, AZ: Z23139, ZuP 005/021.

Zahlen gespeichert werden und mittels eines Wählwerks jederzeit einer Rechenvorrichtung zur Verfügung stehen, andererseits die erforderlichen Operationen ausgelöst und gesteuert werden durch das Abtasten eines Rechenplanes, der für jede Operation die auszuführende Grundrechenart, die Nummern der die jeweils erforderlichen Zahlen enthaltenden Speicherzellen und die Nummern der das Resultat speichernden Zellen fortlaufend und selbsttätig angibt".

Die Ansprüche 2 bis 5 brachten weitere Kennzeichen des „Verfahrens": Der Rechenplan sollte Formelkonstanten, Befehle zur Steuerung und Zahlen zur Verrechnung so an die Maschine geben, daß ein entsprechender Steuerbefehl bei Zahlen den Abtaster umstellt und die richtige Weiterleitung der Zahlen im Gegensatz zum Steuerbefehl ermöglicht. Außerdem sollten die halblogarithmische Darstellung in den Formen $y = B^a \cdot b$ und $y = B^a \cdot b'$ mit $b' = b - 1$ sowie das binäre Zahlensystem ($B = 2$) verwendet werden. Der Anspruch bezog sich auf halblogarithmische Zahlendarstellung in Zahlensystemen beliebiger Basis. Das Dualsystem wurde als bevorzugter Fall angeführt. Dagegen bezogen sich die Ansprüche 6 bis 11 auf die Maschine für das Verfahren und Teile davon. Anspruch 6 kennzeichnete die Rechenmaschine dadurch, „daß sie sich aus einer Rechenvorrichtung, einem Verteiler, einem Speicherwerk, einem Wähler, einem Abtaster für den Rechenplan, einem Abtaster für die Ausgangswerte und einem Locher für das Resultatwerk zusammensetzt."

Die Ansprüche 7–11 betrafen das Wählwerk, die Umwandlung von Fest- in Gleitkomma, das Erkennen der ersten von Null verschiedenen Ziffer, den binären Addierer und die Speicherschaltung. Das Wählwerk wurde in den Skizzen als elektromechanisches Relais bezeichnet, während die Darstellung der Addierschaltung eine mechanische Ausführung vermuten läßt. In der Beschreibung heißt es einmal: „sei es auf elektrischem oder mechanischem Wege". Zuse ließ die Technologie offen und gab nur das Prinzip an.

Die Beschreibung teilte sich in Erläuterungen zum Rechenplan und solchen zur Arbeitsweise der Maschine. Die Maschine sollte in 4 Takten je „Arbeitsgang" arbeiten: 2 Takte zur Überführung der beiden Operanden in die Rechenvorrichtung, 1 Takt für die Rechenoperation und 1 Takt für die Überführung des Resultats ins Speicherwerk. Einige Vorschläge gaben Möglichkeiten an, wie das Verfahren verfeinert und erweitert werden konnte:

„Soll das Resultat im nächsten Rechenschritt weiterverwendet werden, können die beiden Takte für 'Resultat speichern' und 'Operanden holen' entfallen.

Installiert man zwei Verbindungen zwischen Rechenwerk und Speicher, dann kann gleichzeitig hin- und rückbefördert werden. Die Arbeitstakte lassen sich ineinander schachteln.

Es lassen sich mehrere Rechenwerke, Speicherwerke, Verteiler, Abtaster, Locher und so weiter einbauen und somit mehrere Operationen zugleich ausführen.

Feste Zahlenspeicher für $\sqrt{2}, \pi, g$.
Anstelle des Abtasters und Lochers für die Ausgangs- und Resultatwerte
können Einstell- und Ablesevorrichtungen treten.
Auch der Rechenplan läßt sich speichern, wobei die Befehle im Takt der
Rechnung den Steuervorrichtungen zugeführt werden.
Die Rechenpläne lassen sich entsprechend in fester Form speichern, falls
die Maschine oft dieselbe Rechnung ausführen soll.
Alle diese Abwandlungen fallen unter das Grundprinzip."

Warum er für dieses System die Verwendung des Binärsystems für günstig
hielt, erklärte Zuse so: „Da die Maschine längere Rechnungen selbsttätig
ausführt, kann man menschliche Gewohnheit übergehen und das einfachste
Zahlensystem wählen. Bereits Leibniz hat als einfachstes System die Dyadik, das System mit der Basis 2 erkannt. [...] Der Gedanke, Zählwerke und
dergleichen im Zweiersystem zu bauen, ist nicht neu. [...] Die Kombination
des oben beschriebenen Verfahrens mit dem Zweiersystem bedeutet jedoch
einen wesentlichen Fortschritt, eine Arbeitsgemeinschaft, die gegenseitig die
praktische Durchführung beider Methoden ermöglicht. Die Zahlen sind 'unter sich', es können Resultate über Tausende von Zwischenwerten abgeleitet
werden, ohne daß eine einzige Zahl in das Dezimalsystem übersetzt zu werden
braucht."
    Die „Aufstellung eines Rechenplans" wurde als „Voraussetzung für jede
Art der auszuführenden Rechnung" bezeichnet. Darin wurden „die aufeinanderfolgenden Rechenoperationen dem Charakter und der Reihe nach aufgezeichnet und die im Verlauf der Rechnung auftretenden Zahlen fortlaufend
numeriert oder nach einem anderen Schema geordnet [...], ohne sie zunächst
der Größe nach zu bestimmen". Der Rechenplan sollte in einer Form festgehalten werden, „die sich zur Steuerung der einzelnen Vorrichtungen eignet,
beispielsweise auf einem Lochstreifen". Über die Verarbeitung des Rechenplans hieß es: „Der Rechenplan wird nun abschnittsweise von der Maschine
abgetastet und gibt für jede einzelne Rechenoperation folgende Angaben: die
Nummern der die Operanden enthaltenden Speicherzellen; die Grundrechnungsart; die Nummern der das Resultat speichernden Zelle. Die Angaben
des Rechenplans lösen selbsttätig die erforderlichen Operationen aus."
    Der Rechenplan sollte so aufgestellt werden, daß er möglichst wenig Spei-
cherzellen benötigte. „Um den Rechenplan nach einem Schema aufbauen zu
können, wird eine Zahl, die zur nächsten Operation gleich in der Rechenvorrichtung bleibt, so betrachtet, als sei sie auf Speicherzelle 0 gespeichert."
Zum Beginn der Rechenarbeit wurden der Maschine getrennt vom Rechenplan „Ausgangswerte" zugeführt, die bei verschiedenen Durchläufen variiert
werden konnten. Dagegen wurden Konstanten, die bei diesen Variationen
gleich blieben, in den Rechenplan eingebaut. Dabei mußte der Abtaster „in
der Lage sein, die Angaben des Rechenplans sowohl als Befehl zur Steuerung
als auch als Zahlen zur Verrechnung an die Maschine zu geben."

Im August 1940 zog Zuse die Anmeldung Z23139, die wegen mangelnder Offenbarung nicht bekanntgemacht wurde,[12] wieder zurück. Dabei dürften die ungenauen Angaben zum „Stand der Technik" eine Rolle gespielt haben. Damals waren die Arbeiten an der Maschine Z2 beendet und die Z3 nahm konkrete Formen an. In dieser Zeit wurde auch das Flügelvermeßgerät gebaut. Zuse befand sich also in einer Phase, in der das Basteln der vorangegangenen Jahre beendet war. Er baute jetzt funktionierende Maschinen, deren Fertigstellung erwartet wurde. Die praktischen Erfahrungen brachten zahlreiche Detailentwicklungen, die 1936 noch nicht durchdacht waren.

2.2 Die Anmeldung Z23624

Die Anmeldung Z23624 vom 24.12.1936 mit der Bezeichnung „Rechenmaschine"[13] nahm Bezug auf das „Hauptpatent" Z23139. Das dort beschriebene und angemeldete „Verfahren" machte eine Rechenmaschine erforderlich, die sich von „den üblichen Ausführungen" durch die Verwendung des Dualsystems und durch die Zahlendarstellung in der halblogarithmischen Schreibweise unterschied. Damit reichte Zuse acht Monate nach der „Verfahrens"-Anmeldung, deren Ansprüche 6 bis 11 bereits auf die Maschine eingegangen waren, erneut eine Anmeldung ein, die eine für das Verfahren besonders geeignete Rechenmaschine betraf: „Man kann mit ihrer Hilfe die 5 Rechenoperationen Addition, Subtraktion, Multiplikation, Division und Quadratwurzelziehen ausführen, ferner können Dezimalzahlen ins Sekundalsystem und umgekehrt übersetzt werden, ohne daß hierzu besondere 'Übersetzer' oder 'Wandler' erforderlich sind."

Die Arbeitsweise wurde so charakterisiert: „Sämtliche Rechenvorgänge werden in einfache Additionen aufgelöst. Bei Multiplikation und Division geschieht dies in bekannter Weise durch wiederholte Addition des Multiplikanden bzw. des Divisorsupplements. Das Wurzelziehen geschieht nach dem Verfahren der quadratischen Ergänzung, das bekanntlich große Ähnlichkeit mit der Division hat." Zuse erwähnte hier bereits bekannte Übersetzer für die Umwandlung von Dezimal- in Dualzahlen und umgekehrt, die „zum Beispiel für die Übersetzung aus dem Dezimalsystem 9 Glieder besitzen, die den Wert der Ziffern 1–9 für die betreffende Stelle im anderen System angeben". Damit gab er eine Andeutung zum „Stand der Technik". Seine Maschine sollte aber wenigstens mit 20 Dezimalstellen arbeiten – „um technische Rechnungen durchführen zu können" – und hätte dann 180 derartige Glieder benötigt. Deshalb hatte er ein System entwickelt und angemeldet, das mit weniger Gliedern auskam, indem man „die Zahl ziffernweise aufbaut und periodisch mit 10 multipliziert". Für diesen Übersetzer genügten 9 Glieder, die die Ziffern 1 bis 9 im Dualsystem darstellten.

---

[12] *Lebenswerk* 1970, S. 97.

[13] Zuse, K., „Rechenmaschine", Patentanmeldung vom 24.12.1936, AZ: Z23624, undatiert mit Begleitbrief, Goldbach an Weber-Schäfer, 9.11.1964, ZuP 006/001.

Zuse beschrieb hier auch die dualen Rechenvorgänge. Bei der Verarbeitung von Zahlen, die in halblogarithmischer Darstellung $y = 2^a \cdot b$ verarbeitet wurden, wurde die Rechenmaschine in zwei Teile geteilt, so daß der eine Teil den Wert a, der andere den Wert b verarbeitete. Während im ersten Teil nur addiert und subtrahiert werden mußte, fanden die eigentlichen Rechenoperationen im anderen Teil statt. Da b immer zwischen 1 und 2 lag, waren nur wenige Stellen vor dem Komma notwendig. Alle diese Vorgänge beschrieb Zuse zunächst mathematisch und ging erst dann auf die technische Ausführung ein: Weil alle Vorrichtungen weitgehend aus Relaisschaltungen bestanden, betonte er, daß, „entsprechend dem Hauptpatent die Relais elektrisch oder mechanisch sein können. In den Ausführungsbeispielen sind meistens elektrische Relais gewählt. Entsprechende Schaltungen lassen sich mit mechanischen Relais aufbauen." Danach beschrieb er anhand der Skizzen, wie die Rechenvorgänge mit Schaltungen aus elektromechanischen Relais realisiert werden sollten.

Die Anmeldung enthielt 16 Patentansprüche mit dem Hauptanspruch: „Im Sekundalsystem arbeitende Rechenmaschine, dadurch gekennzeichnet, daß sowohl die eigentlichen Rechenoperationen wie Addition, Subtraktion, Multiplikation, Division und Quadratwurzelziehen als auch die Übersetzung der Dezimalzahlen in Sekundalzahlen und umgekehrt nach Auflösung in einzelne Additionen auf derselben Rechenvorrichtung durchgeführt werden, indem die Übersetzung durch ziffernweisen Auf- und Abbau der Zahl mit dazwischenliegender Multiplikation mit 10 erfolgt." Die weiteren Ansprüche bezogen sich auf die Umwandlung von Dual- in Dezimalzahlen und umgekehrt, auf die Verarbeitung von Zahlen in halblogarithmischer Darstellung, auf die Verfahren für Division, Wurzelziehen und Multiplikation, Additionsvorrichtungen und den Verteiler der Rechenvorrichtungen. In der gesamten Schrift Z23624 wurde der Rechenplan überhaupt nicht erwähnt.

2.3 Die amerikanische Anmeldung

Ebenfalls 1936 oder 1937 reichte Zuse eine entsprechende Anmeldung beim amerikanischen Patentamt ein. Hier wurde ihm die „Analytical Engine" von Babbage entgegengehalten, die er bisher nicht kannte.[14]

---

[14] *Lebenswerk* 1970, S. 97; in den Zuse-Papieren konnte ich keine Unterlagen für diese Anmeldung oder die Babbage-Entgegenhaltung entdecken; Babbage, Ch., *Passages from the Life of a philosopher*, London 1864, S. 117f. Die folgende Übersetzung eines Abschnitts ist enthalten in: Bemerkungen zur Patentanmeldung „Rechenvorrichtung", 23.12.1953, undatierte Anlage zum Schreiben des Patentamts an Zuse vom 14.12.1955, vgl. Fußnote 37.
„Die Analytical Engine besteht aus zwei Teilen:
1. aus dem Speicher, in den alle zu verarbeitenden Veränderlichen sowie alle jene Größen gesetzt werden, die aus dem Ergebnis anderer Operationen entstanden sind;
2. aus dem Rechenwerk (englisch *mill*, im Sinne von Räderwerk), in das immer die zu verarbeitenden Größen gebracht werden.

3. Der Entwurf von 1940

Aus dem Jahre 1940 existiert der Entwurf einer Patentanmeldung mit dem Titel „Rechenmaschine"[15], in dem die Anmeldungen von 1936 neu aufgegriffen wurden. Die Schrift bezog sich auf das Hauptpatent Z23624 und bestand nur aus einer detaillierten Beschreibung. Ansprüche wurden nicht formuliert. Der Text enthielt keinen Hinweis zum „Stand der Technik": „Die Hauptanmeldung ist auf die Probleme der eigentlichen Zahlenrechnung beschränkt, wobei offen bleibt, ob die zur Durchführung der Rechnungen erforderlichen Einstellungen an der Maschine von Hand oder ebenfalls durch maschinelle Organe betätigt werden. Gegenstand der vorliegenden Anmeldung ist es nun, das der Hauptanmeldung zugrundeliegende Prinzip so zu entwickeln, daß die Vorrichtung alle Einstellungen selbsttätig ausführt und die Steuerung durch einen Rechenplan erfolgen kann (vgl. Anmeldung Z23139). Hierzu müssen die Anschlüsse so ausgebildet sein, daß die Verbindung mit einem Speicherwerk entsprechend der angeführten Anmeldung möglich ist." Die Möglichkeit der schrittweisen Eingabe von Hand sollte jedoch bestehen bleiben.

Zuse wies darauf hin, daß die Prinzipien des Hauptpatents beliebig kombiniert werden konnten: man konnte mit oder ohne halblogarithmische Zahlendarstellung arbeiten; das Übersetzerprinzip ließ sich auch für andere Systeme als das Dezimalsystem einsetzen, beispielsweise für die englische Währung. Um die Zusammenhänge theoretisch richtig zu erfassen, verwies der Anmeldungsentwurf auf die logischen Formeln des Aussagenkalküls, wie sie in den „Grundzügen der theoretischen Logik" von Hilbert und Ackermann dargestellt wurden: „Durch die Verknüpfung der Leiter durch Relais ist der Spannungszustand neuer Leiter gegeben und man kann für jede Schaltung eine entsprechende logische Formel aufstellen." Während diese Darstellung an elektrischen Relaisschaltungen festhielt, führte Zuse, „da neben dem elektrischen Relaisprinzip auch andere Konstruktionen möglich sind", eine neutrale Symbolik zur Beschreibung der Schaltungen ein: „Das Relais wird durch einen Kreis angedeutet, durch den der gesteuerte Angabenträger (Leiter) hin-

---

Jede Formel, deren Berechnung von der Analytical Engine gefordert werden kann, besteht aus gewissen auf gegebene Ausdrücke auszuübenden algebraischen Operationen und aus gewissen anderen Abänderungen, die von den diesen Ausdrücken zugeteilten Zahlenwerten abhängen. Es gibt deswegen zwei Kartensätze, den ersten, um die Art der auszuführenden Operationen zu dirigieren – diese heißen Operationskarten; den anderen, um die einzelnen Veränderlichen zu dirigieren, mit welchen jene Karten operieren sollen – diese letzten heißen Variablen-Karten."

In einem vom 6.8.1840 datierten Plan von Babbage ist dargestellt, daß sowohl die Operationskarten als auch die Variablenkarten sowie weitere „Zahlenkarten" in Form eines Bandes miteinander verbunden wurden. Die Zeichnung wurde vom Sohn von Ch. Babbage 1889 veröffentlicht in: Babbage, H. P., *Babbage's calculating engines*, London 1889.

[15] Zuse, K., „Rechenmaschine", mit handschriftlicher Bemerkung: „Nicht angemeldet, Vorläufer Z391, 1940", ZuP 005/019.

durchgeführt wird, während der steuernde Pol nur an den Kreis herangeführt wird."

Zuse unterschied „einschrittige" und „mehrschrittige" Schaltungen. Bei der „mehrschrittigen" Schaltung sprechen die Relais nacheinander an. Zuse nannte das eine „Relaiskette".

Die Addition erfolgte in drei Phasen: 1. Bildung der Ziffernsumme, d. h. Addition ohne Berücksichtigung der Stellenübertragung, 2. Stellenübertragung, 3. Resultatbildung. Im Anmeldungsentwurf von 1940 beschrieb Zuse alle Teilvorrichtungen anhand konkreter Schaltungen. Die Kombination der beschriebenen Teile zu „Mehrspeziesmaschinen" sollte „durch einfache Überlagerung" geschehen.

Er beschrieb zwei Kombinationsbeispiele genauer: eine Mehrspeziesmaschine zur Durchführung der Operationen Addition, Subtraktion, Multiplikation mit Übersetzungsvorrichtungen Dezimal-Dual, Pfundsystem-Dual, Dual-Dezimal, Dual-Pfundsystem; die Kombination bestand aus einem Zahleneinstellwerk mit Tastenreihen, von denen eine für das Pfundsystem 11 Tasten aufwies, aus einem „oberen Verteiler", einer Vorrichtung zum Abtasten des Multiplikators, einer Vorrichtung zur Verschiebung des Multiplikanden, einer Rechenvorrichtung mit Additionswerk, einem Resultatanzeiger mit Anzeige für englische Währung und einem Leitwerk. Außerdem beschrieb er das für die englische Währung erweiterte Übersetzungsprinzip. Während diese Maschine nur mit Ganzzahlen rechnete, arbeitete ein zweites Kombinationsbeispiel in halblogarithmischer Form mit zusätzlicher Divisions- und Wurzelziehvorrichtung. Beide Beispiele waren für Handbetrieb vorgesehen. Der Entwurf enthielt jedoch eine Ergänzungsschaltung für das Leitwerk, mit der man „den Prozeß von der Einstellung der Zahlen im Dezimalsystem bis zum zurückübersetzten Resultat selbsttätig ablaufen lassen" konnte.

Der Entwurf, der mit 39 Abbildungen versehen war, wurde nicht eingereicht. Er enthielt die bis dahin konkreteste Darstellung der Zuse-Maschine und kann wohl auch als Konzept für das Produktionsprogramm einer geplanten Firma angesehen werden. So stellte ja das Spezialgerät zur Flügelvermessung eine Variante dieses Systems dar.

4. Das Verfahren Z26476 bis 1944

16.7.1941   Zuse meldete über Patentanwalt Kuno Wolf unter dem Aktenzeichen Z26476 ein Patent „Rechenvorrichtung" an.[16] Die Patentbeschreibung führte die Anmeldung von 1936 und den Entwurf von 1940 „Rechenmaschine" weiter. Zuse meldete jetzt kein „Verfahren" mehr an, sondern einen Apparat, der dieses Verfahren verkörperte. Er hatte zu diesem

---

[16] Zuse, K., „Rechenvorrichtung", Anmeldungsschrift ohne Datum; im Verzeichnis der Zuse-Papiere auf 1941 datiert, mit offensichtlich später angebrachter handschriftlicher Notiz: „Z391", ZuP 005/011.

Zeitpunkt die später als „Z3" bekannt gewordene Maschine fertiggestellt und wußte, daß sein theoretisches System in der Praxis mit Erfolg angewendet werden konnte. Der charakterisierende einleitende Satz der Anmeldung deutete auch gleich die Einspruchsmöglichkeiten des späteren Patentverfahrens an: „Vorliegende Erfindung bedeutet die Kombination zum größtenteil bekannter Einzelvorrichtungen zu einem Aggregat, das ermöglicht, häufig wiederkehrende Rechnungen beliebiger Länge und beliebigen Aufbaues, die sich aus elementaren Rechenoperationen zusammensetzen, mit Hilfe von Rechenmaschinen selbsttätig durchzuführen." Die Beschreibung führte dann in allgemeiner Form fünf „Vorrichtungen" an, die für dieses „Aggregat" kombiniert werden konnten:

1. Ein „vollautomatisches Rechenwerk, z. B. eine 4-Spezies-Rechenmaschine". Es heißt hier explizit: „So kann man als Rechenwerk bekannte Vollautomaten benutzen". Anschließend beschrieb er jedoch ein Rechenwerk mit binärer halblogarithmischer Technik mit den zugehörigen Relaisschaltungen, auf die sich die folgenden Patentansprüche bezogen.
2. Vorrichtungen zum Speichern von Zahlen.
3. Vorrichtungen zum Übertragen von Zahlen vom Rechenwerk auf das Speicherwerk und umgekehrt.
4. Eine Vorrichtung zum Verbinden einer bestimmten Speicherzelle mit dem Rechenwerk (Wählwerk).
5. Vorrichtungen zum Steuern der Anlage durch Lochstreifen (Abtaster).

Zum „Stand der Technik" wurde angeführt: „Im einzelnen sind alle diese Vorrichtungen bekannt; ferner ist die Kombination Rechenwerk-Speicherwerk bekannt. [...] Bekannt ist ferner, beliebige Organe einer Rechenmaschine durch Lochstreifen oder Lochkarten zu steuern." Der Text enthielt keine Angaben, auf welche Veröffentlichungen Bezug genommen wurde. Die eigentliche Erfindung sah Zuse in der bestimmten Kombination der bekannten Teile: „Neu ist die Kombination der Elemente derart, daß von einem Abtaster aus Befehle an die Gesamtanlage gegeben werden, indem an das Wählwerk die Nummern der Speicherzellen, an das Speicherwerk die Angaben, ob gespeichert oder abgelesen werden soll, und an das Rechenwerk die Art der Rechenoperationen gegeben wird. Mit einer derartigen Kombination ist es im Gegensatz zu bestehenden Vorrichtungen möglich, jede beliebige Formel zu rechnen, die sich aus Elementaroperationen zusammensetzt." Erst 1955 sollten auch in Deutschland die Arbeiten von Babbage entgegengehalten werden! Hatte Zuse 1936 ein neues Verfahren mit bekannten Elementen realisiert, so wurde 1941 das Verfahren durch das „Aggregat", das sich nach einer neuartigen Kombination aus bekannten Teilvorrichtungen zusammensetzte, impliziert. Er unterschied 1941 zwischen einer „Grundform" des Aggregats, das „sich aus gebräuchlichen Mitteln aufbauen läßt", und der in der „Z3" praktisch durchgeführten Lösung, die mit „Neuerungen" beziehungsweise „neuen Kombinationen [...] besonders vorteilhaft" ist. Er sah damals als den in der

technischen Entwicklung folgerichtigen Schritt den Einsatz eines der hochent-
wickelten Vierspezies-Rechenautomaten vor – wobei „Automat" sich bei den
damals üblichen Maschinen auf die ohne Zwischenhandgriffe durchzuführende
Multiplikation und Division zweier Zahlen bezog!

Wie schon 1936 war auch in der Anmeldung von 1941 die Berechnung
einer Determinante als Standardbeispiel des Statikers Zuse im einzelnen ausgeführt. Auch jetzt wurde der Rechenplan wieder vollständig dargestellt. Dabei war die Schreibweise verbessert worden. Wurden 1936 die 9 Elemente
der Determinante einfach als fortlaufende Zahlen bezeichnet, so wurden 1941
die indizierten Buchstaben V_1 bis V_9 verwendet. Die Bezeichnung V_i wurde
für die Zwischenergebnisse weitergeführt, so daß als letztes V_{26} das Resultat darstellte. Die Anmeldung von 1941 enthielt neben einer Beschreibung
der Gesamtmaschine in mathematischer Form eine detaillierte Erklärung der
einzelnen Baugruppen, der Rechenvorgänge für die vier Grundrechenarten
sowie der Verarbeitung und Umwandlung der binär und halblogarithmisch
dargestellten Zahlen.

Die Anmeldung führte insgesamt 51 Patentansprüche an. Der Hauptanspruch bezog sich auf eine „Rechenvorrichtung" ähnlich dem Anspruch 6 in
Z23139 von 1936. Dabei wurde die einfache Aufzählung der Teilgeräte 1941
durch Einzelheiten der Funktionsweise des „Verfahrens" von 1936 näher beschrieben. So enthielt der Anspruch 1 von 1941 die selbsttätige Resultat-
bestimmung, den Rechenplan und die Zahlenverarbeitung im Dualsystem.
Die halblogarithmische Zahlendarstellung war Gegenstand des zweiten Anspruchs. Auch dieser bezog sich 1941 auf die „Rechenvorrichtung", was in dem
Patentanspruch darin zum Ausdruck kam, daß „jede Speicherzelle sämtliche
zur Kennzeichnung einer solchen Zahl erforderlichen Angaben wie das Vorzeichen, den ganzzahligen Teil des Logarithmus der Zahl [...] und den zwischen
1 und der Basis des Zahlensystems liegenden Faktor [...] aufnimmt".

Gegenüber dem Entwurf von 1940 beschrieb Zuse jetzt nicht mehr eine Maschine, die auch automatisch betrieben werden konnte, jedoch für die
Eingabe von Hand konzipiert war, sondern die bisher als „Rechenverfahren"
apostrophierte Methode der automatischen Rechnung wurde zum Bestandteil der automatisch arbeitenden „Rechenvorrichtung". Die Beschreibung der
Maschine war möglichst allgemein gehalten. Der Rechenplan sollte in irgend-
einer Form festgehalten werden, „die sich zur Steuerung der einzelnen Vorrichtungen eignet, beispielsweise auf einem Lochstreifen". Er sollte für jede
einzelne Rechenoperation neben der Grundrechnungsart die Nummern der
die Operanden enthaltenden Speicherzellen und die Nummer der das Resultat speichernden Zelle angeben, um die fünf Vorrichtungen richtig steuern zu
können.

Die fünf Vorrichtungen ließen sich „aus gebräuchlichen Mitteln" aufbauen.
Zuse nahm auch jetzt keine scharfe Abgrenzung des „Standes der Technik"
vor. Eine besonders vorteilhafte Lösung der in allgemeiner Form gestellten

Aufgabe sah er in der Verwendung bestimmter „Neuerungen bzw. neuer Kombinationen":

- Die Durchführung der vollständigen Rechnung im Dualsystem. Da längere Rechnungen selbsttätig ausgeführt werden, „kann man menschliche Gewohnheit übergehen und das einfachste Zahlensystem wählen." Jedoch sei auch der Gedanke, Rechenmaschinen im Dualsystem zu bauen, nicht neu. Zuse stellte erneut als entscheidend heraus: „Die Kombination des oben beschriebenen Verfahrens mit dem Sekundalsystem bedeutet jedoch einen wesentlichen Fortschritt, eine Arbeitsgemeinschaft, die gegenseitig die praktische Durchführung beider Methoden ermöglicht. Die Zahlen sind 'unter sich'; es können Resultate über Tausende von Zwischenwerten abgeleitet werden, ohne daß eine einzige Zahl in das Dezimalsystem übersetzt zu werden braucht."
- Die „Kommakennzeichnung". Bei den „bekannten Maschinen" waren alle Zahlen auf das Komma fest ausgerichtet, was bei technischen Rechnungen oft Probleme brachte, da hier „ständig wechselnde Operationen zwischen Größen wie Wärmeausdehnungszahl $\epsilon = 0,000\,012$ und Elastizitätsmodul $E = 2100\,000$ kp/cm^2 in derselben Formel vorkommen". Feste Speicherzellen wären meist mit Null besetzt und sehr umfangreich, jedoch nur teilweise genutzt. Deshalb sah er in der Verwendung der halblogarithmischen Zahlendarstellung einen besonderen Vorteil für das Gesamtsystem.

In der Anmeldung von 1941 war das Rechenwerk gegenüber dem 1936 beschriebenen so erweitert, daß es nach Einstellung von Operanden und Operationsart „alle weiteren Einstellungen selbsttätig durchführt, so daß das Rechenwerk im Rahmen der beschriebenen Gesamtanlage eingesetzt werden kann". Die Beschreibung wurde weitgehend aus dem Entwurf von 1940 wörtlich übernommen. Die einzelnen Rechenoperationen wurden anhand von Schaltskizzen erklärt. Die Rückübersetzung vom Dual- ins Dezimalssystem erfolgte nach dem bereits in Z23624 angegebenen Prinzip. Die Rechenvorrichtung fragte zuerst, ob das Resultat undefinierbar ist. Bei Addition oder Multiplikation mit und bei Quadratwurzel aus Unendlich wurde Unendlich als Resultat festgelegt. Null mal Unendlich wurde gesondert angezeigt.

Der Hauptanspruch lautete: „Rechenvorrichtung, bestehend aus einem eigentlichen Rechenwerk, welches nach Einstellung der Operanden und der auszuführenden Rechenoperation selbsttätig das Resultat bestimmt, einem Speicherwerk mit mehreren Zellen, wobei jede Zelle zwecks gegenseitiger Zahlenübertragung über ein Wählwerk mit dem Rechenwerk verbunden werden kann, und einem Planwerk zum Steuern der Gesamtanlage durch einen Rechenplan, dadurch gekennzeichnet, daß der Rechenplan dem gewünschten Ablauf der Operationen entsprechend am Rechenwerk die Art der Operation, am Speicherwerk die Ablese- oder Speicherkommandos und am Wählwerk die Nummern der Speicherzellen fortlaufend und selbsttätig angibt, wobei die Rechenvorrichtung im Sekundalsystem arbeitet und die Zwischenwerte der Rechnung als Sekundalzahlen gespeichert werden." Die halblogarithmische Darstellung war nicht Bestandteil des Hauptanspruchs. Sie wurde erst im zweiten Anspruch angeführt. Zahlreiche Ansprüche bezogen sich auf elektrische Relaisschaltungen, nach denen die einzelnen Teilvorrichtungen ausgeführt waren.

Eine zweite Schrift der Anmeldung Z26476[17] unterschied sich von der ersten durch eine Erweiterung des Hauptanspruchs. Die interne Darstellung im Dualsystem wurde hier in einem vom Hauptanspruch getrennten neuen Anspruch übernommen. Diese Anmeldungsschrift hatte dementsprechend 52 Ansprüche. Damit bezog der Hauptanspruch auch die Kombination mit den in der Beschreibung erwähnten dezimal arbeitenden bekannten Vollautomaten ein.

9.2.1942   Das Patentamt teilte unter dem Aktenzeichen Z26476 das Prüfungsergebnis mit, zu dem sich Zuse innerhalb von fünf Monaten äußern und die Mängel beseitigen sollte. Zuses „Rechenvorrichtung" wurde als „eine Maschine zur Berechnung von Determinanten" aufgefaßt. Da dem Patentamt eine „vollautomatisch arbeitende Determinantenmaschine" – die von Weygandt[18] – bereits bekannt war, wurde Zuse aufgefordert, den „Stand der Technik" richtigzustellen. Das Patentamt stellte fest, daß der Anmeldungstext sich zuviel über die „im Sekundalsystem arbeitende Rechenmaschine" auslieẞe, die bereits Gegenstand seiner älteren Anmeldung sei. Es bemängelte außerdem: „Der Anmelder scheint seine Erfindung vor allem in der Verwendung einer in Sekundalsystem und halblogarithmischer Schreibweise arbeitenden Rechenmaschine zu erblicken. Dann müßte der mit der Verwendung gerade einer solchen Maschine verbundene technische Fortschritt nachgewiesen werden." Zuse sollte die Beschreibung kürzen und seine Ansprüche auf die Merkmale einer Determinantenmaschine umstellen. Die Bekanntmachung der Anmeldung wurde vom Patentamt „nicht in Aussicht gestellt."[19]

---

[17] Zuse, K., „Rechenvorrichtung", Anmeldungsschrift ohne Datum, handschriftliche Notiz: „Z26476", ZuP 006/001.

[18] A. Weygandt griff Anfang der dreißiger Jahre die Möglichkeit auf, mit den standardisierten Bauelementen der Telefontechnik eine Rechenmaschine zu bauen. „Um sich das Prioritätsrecht zu sichern", veröffentlichte er seine Konzeption anhand der Beschreibung eines Prototyps 1933 („Die elektromechanische Determinantenmaschine", *Zeitschrift für Instrumentenkunde*, Bd. 53, 1933, S. 114–121). Weygandt verwendete keine einfachen Relais mit zwei Zuständen, sondern Drehwähler. Für die Multiplikation schaltete er einen Einmaleinskörper fest zusammen. Er wurde 1938 mit seinem Determinantenrechner an der Technischen Hochschule Hannover zum Dr.-Ing. promoviert (*Der Drehzählautomat für die Ausrechnung von Determinanten*, Dissertation, TH, Hannover 1938). Die fertige Maschine berechnete in 5 Sekunden eine Determinante zweiter Ordnung. Für die Berechnung einer Determinante sechster Ordnung benötigte sie 1,6 Stunden. Die Determinantenberechnung verlief vollständig automatisch. Als Steuereinheit verwendete Weygandt einen als „Regler" bezeichneten 26-teiligen dreiarmigen Wähler, der auch die einzelnen Ziffern zum Rechenwerk übertrug.

[19] Reichspatentamt an Zuse, 9.2.1942, ZuP 006/001.

30.3.1942   Zuse bat seinen Anwalt, mit dem Patentamt einen Termin für
eine Vorführung seiner Maschine zu vereinbaren. Er betonte, daß
er kein Determinantenrechengerät anmelden wollte, sondern eine Maschine
mit universellem Charakter, um „sämtliche algebraischen Formeln, die in expliziter Form gegeben sind, sofern sie sich überhaupt mit Hilfe der Grundoperationen beschreiben lassen", zu berechnen. Gegenüber der früheren sei
diese Anmeldung wesentlich erweitert, so um die Rechenpläne und den vollautomatischen Ablauf. Gerade der vollautomatische Ablauf bilde den Hauptgegenstand der Anmeldung. Dagegen sei die entgegengehaltene Maschine von
Weygandt ein reines Spezialgerät.[20]

5.11.1942   Das Patentamt teilte seine Auffassung mit, daß die angemeldete
Vorrichtung „die Verwendung von Einrichtungen [...], welche Gegenstand noch schwebender Anmeldungen sind", voraussetze. Es sei deshalb
zweckmäßig, „die Prüfung der vorliegenden Anmeldung bis zur Bekanntmachung oder sonstigen Erledigung der älteren Anmeldungen auszusetzen."[21]

4.3.1943   Zuse zog daraufhin die Anmeldung von Z23624 zurück und beantragte die Fortsetzung von Z26476.[22]

19.12.1943 In der Antwort des Patentamts wurde der Anmeldungsgegenstand jetzt als „lochkartengesteuerte Rechenmaschine" bezeichnet und darauf hingewiesen, daß derartige Maschinen bekannt seien. Dabei
wurden die deutschen Patentschriften 688393 und 695055 angeführt:

– Die deutsche Patentschrift 688393 enthält ein Patent der Deutschen Hollerith „Multiplikationsmaschine mit elektrisch überwachtem Kraftantrieb
für die Zählräder des Resultatwerks". Es wurde 1940 bekanntgemacht und
galt von 1933 an mit Priorität in USA 1932.[23]

---

[20] Zuse an Wolf, 30.3.1942, ZuP 006/001.
[21] Reichspatentamt an Wolf, 5.11.1942, ZuP 006/001.
[22] Wolf an Reichspatentamt, 27.3.1943, ZuP 006/001.
[23] Der Hauptanspruch lautete: „Multiplikationsmaschine mit elektrisch überwachtem Kraftantrieb für die Zählräder des Resultatwerks und in den den Zählrädern
zugeordneten Stromkreisen liegenden Kontakten von Vielfachkontaktrelais zur
Beherrschung der Zählwerksschaltung und der Stellenverschiebung bei aufeinanderfolgenden Multiplikationsmaschinenspielen, dadurch gekennzeichnet, daß die
Erregerstromkreise für die Erreger der Multiplikationsrelais zur Beherrschung
der Zählwerksschaltungen so geführt sind, daß im Stromkreis eines durch die
Abfühlung einer Multiplikatorstelle erregten Multiplikationsrelais jedesmal auch
die Wicklung des der Multiplikatorstelle zugeordneten Steuermagneten eines
Stellenverschiebungsrelais in Reihenschaltung zum Magneten des Multiplikationsrelais liegt, und daß die Erregung des Steuermagneten die Umschaltung auf
die nächste wirksam zu machende Multiplikatorstelle veranlaßt, zum Beispiel
durch Schließung eines Kontakts, der einen Stromkreis für ein Umschaltrelais
herstellt."

– Die deutsche Patentschrift 695055 enthält ein Patent der Deutschen Hollerith „Multiplikationsmaschine". Es wurde 1940 bekanntgemacht und galt
seit 1929 mit Priorität in USA 1928.[24]

Auch könnten mit bereits „bekannten Einrichtungen [...] längere Rechnungen
selbsttätig durchgeführt werden". Maschinen im Sekundalsystem seien ebenfalls bekannt. Angeführt wurde das britische Patent 410129 von Valtat.[25] Ein
erneuter Hinweis auf Weygandt wurde vom Patentamt zur Aussage verwendet: „Übrigens war es auch nicht mehr neu, verschiedene Rechenoperationen

---

[24] Es handelte sich um eine Maschine, „bei welcher unter dem Einfluß von
Stellkörpern, die entsprechend den Faktoren der Aufgabe eingestellt werden,
Schaltverbindungen für den Antrieb der Zahlenscheiben des Resultatwerks vor-
bereitet werden, für welche ein Kraftstoßsender vorgesehen ist, der unter dem
Einfluß der Stellkörper für jede Zahlenscheibe in bestimmter zeitlicher Begren-
zung derart wirksam wird, daß die erfolgende Schaltung der Zahlenscheibe des
Resultatwerks der jeweilig in diese einzuführenden Zahlengröße entspricht".

[25] Das 1932 angemeldete britische Patent 410129 mit Priorität von 1931 in Frankreich entspricht dem deutschen Patent 664012 von R. L. A. Valtat, das 1934
angemeldet und 1938 erteilt wurde:
„Die Erfindung bezieht sich auf eine Rechenmaschine, und zwar soll erfindungs-
gemäß die Rechenmaschine eine im System der Basis 10 gegebene Zahl in ein
System von wesentlich kleinerer Basis (vorzugsweise der Basis 2) übertragen,
die Rechenoperationen in letzterem System durchführen und das Ergebnis in
das System der Basis 10 zurückübertragen. Man kennt bereits Maschinen, die
die Umwandlung von Zahlen bestimmter Basis in solche einer anderen Basis
ermöglichen, wobei jedoch die eine Basis der anderen sehr nahe liegt, zum Beispiel 12 und 10. Diese bekannten Maschinen dienen ausschließlich diesen Um-
wandlungszwecken und sind infolgedessen keine eigentlichen Rechenmaschinen.
Das von der Erfindung angestrebte Ergebnis, [...] erreichen diese älteren Maschinen nicht. Das Problem, das sich die Erfindung gestellt hat, besteht darin, eine
Rechenmaschine zu erstellen, deren Aufbau so einfach wie möglich ist und in
welcher die Zahlen, mit welchen arithmetische Operationen durchgeführt werden sollen und die im Dezimalsystem gegeben sind, im entstehenden Ergebnis
ebenfalls im Dezimalsystem erscheinen. Um dieses Problem zu lösen, geht die
Erfindung davon aus, daß eine Rechenmaschine für arithmetische Operationen
für Zahlen sehr niedriger Basis, zum Beispiel der Basis 2 oder 3, viel einfacher ist
als die üblichen bekannten Rechenmaschinen. Da jedoch die Zahlen des sekundalen Systems im Gebrauch nicht geläufig sind, muß man übliche Zahlen, zum
Beispiel diejenigen des Dezimalsystems, umwandeln in Zahlen des sekundalen
Systems, sodann die auf der Rechenmaschine im sekundalen System erhaltene Resultat wieder umwandeln in eine Zahl des Dezimalsystems. Demgemäß
besteht die Erfindung in der Ausnutzung einer Vereinigung von drei Einrichtungen, von denen die erste die Umwandlung von Zahlen des Dezimalsystems
in Zahlen des sekundalen Systems ermöglicht, die zweite eine Rechenmaschine
im sekundalen System darstellt und infolgedessen äußerst einfach und vor allem
viel einfacher als die bekannten Rechenmaschinen ist, und die dritte Einrichtung die Rückwandlung des aus der zweiten Einrichtung im sekundalen System
erhaltenen Resultats in Zahlen des Dezimalsystems gestattet. Diese Vereinigung
ergibt eine Rechenmaschine, die sehr viel einfacher ist als die bis jetzt benutzten, wobei hervorzuheben ist, daß der Benutzer das gesuchte Resultat erhält,
ohne zu erkennen, daß die Rechenmaschine im sekundalen System arbeitet."

selbsttätig durchführende Rechenmaschinen zu bauen [...] und sich hierbei eines anderen als des Dezimalsystems [...] zu bedienen." Für das Patentamt war 1943 „der in der Kombination einer im Sekundalsystem arbeitenden lochkartengesteuerten Rechenmaschine liegende technische Fortschritt nicht aufgezeigt", da „die Kombination selbst [...], mit Rücksicht auf das Bekannte, noch keine erfinderische Tätigkeit" erfordere. Das Patentamt vermutete jetzt, daß das Neue in der halblogarithmischen Arbeitsweise liege. Die entsprechenden Vorteile müßten jedoch erst explizit angeführt werden, da auch das halblogarithmische Rechnen allgemein bekannt sei.

Charakteristisch für die Schwierigkeiten war es offensichtlich, daß die Trennung zwischen der „Konstruktion" und der „Arbeitsweise" nicht mehr aufrechterhalten werden konnte. So monierte das Patentamt: „Die Ansprüche enthalten auch zum Großteil die Arbeitsweise der Maschine, welche in die Beschreibung gehört, und werden auf das Konstruktive eingeschränkt werden müssen. Die Konstruktion soll dann nur das für die Maschine wesentliche festhalten." Auch jetzt stellte das Patentamt eine Patenterteilung noch nicht in Aussicht.[26]

16.10.1944 Die Antwort Zuses wurde mit neuen Patentansprüchen vom Anwalt an das Patentamt abgeschickt. Es ist das letzte Dokument des Verfahrens vor der Neugründung des Patentamtes 1949. Entsprechend der vorangegangenen Korrespondenz mit dem Patentamt hieß es jetzt: „Die vorliegende Erfindung stellt sich die Aufgabe, eine Rechenvorrichtung zu bauen, mit der jede beliebige Formel beliebiger Länge und beliebigen Aufbaues, die sich aus Elementaroperationen zusammensetzt, selbsttätig gelöst werden kann." Das Schreiben charakterisierte den „technischen Fortschritt", den Zuse nicht als juristische Kategorie behandelte: „Außerdem bringt die Erfindung in dem obenstehenden Umfang bedeutende technische und wirtschaftliche Fortschritte mit sich. Es besteht in der gesamten Industrie, insbesondere im Flugzeugbau, ein Bedürfnis danach, häufig wiederkehrende Rechnungen beliebiger Länge und beliebigen Aufbaues, die sich aus elementaren Operationen zusammensetzen, mit Hilfe von Rechenmaschinen selbsttätig lösen zu können. Bisher waren hierzu Rechenbüros notwendig, in denen wohl Teilaufgaben mittels Rechenmaschinen gelöst werden; die richtige Zusammensetzung und Weiterverarbeitung solcher Teillösungen mußte aber dann durch Personen durchgeführt werden. Mit dem Gegenstand der Erfindung ist es im Gegensatz zu den bekannten Einrichtungen möglich, dieses Rechenpersonal zu sparen. Außerdem arbeitet die selbsttätige Rechenvorrichtung schneller, und es sind Irrtümer, wie sie bei Menschen stets vorkommen, ausgeschlossen."

Zuse wies die entgegengehaltenen Patente zurück, da hiermit nur Multiplikationen und nicht „jede beliebige Formel [...], die sich aus Elementaroperationen zusammensetzt," zu berechnen war. Gegen das angeführte britische Patent von Valtat, nach dem im Dualsystem „kurze Multiplikationen und Additionen" durchgeführt werden konnten, führte er an, daß es danach unmöglich

---

[26] Reichspatentamt an Wolf, 19.12.1943, ZuP 006/001.

sei, „Rechnungen beliebiger Länge und beliebigen Aufbaues selbsttätig zu lösen." Valtats Maschine enthielt weder ein Wahl- noch ein Planwerk. Er wies das Gerät von Weygandt erneut als Spezialrechner zurück.

Dann stellte er erneut den besonderen Vorteil der Rechenvorrichtung im Dualsystem heraus, der darin liege, daß derartige Rechenvorrichtungen „in ihrem Aufbau verhältnismäßig einfach und so auch betriebssicher" seien. Es könnten „in vorteilhafter Weise [...] zum Beispiel handelsübliche elektrische Relais [...] Verwendung finden". Dazu hielt er dem Patentamt entgegen: „Die beiden Merkmale 'Selbsttätig arbeitende Rechenvorrichtung im Sekundalsystem' ergeben durch Funktionsverschmelzung zusammenwirkend einen technischen und wirtschaftlichen Effekt, der größer ist als die Summe der Einzeleffekte."[27]

5. Neuaufnahme des Verfahrens (1951–1956)

14.11.1951 Neuaufnahme des Anmeldungsverfahrens unter dem Aktenzeichen Z391. Anmelder war jetzt die Zuse K.G., Neukirchen.[28]

4.12.1952 Bekanntmachung der Anmeldung.[29]

2.4.1953 Einspruch der Firma Triumph. Der Einspruch umfaßte den Antrag auf teilweise Versagung des Patents. Er wurde damit begründet, daß „soweit es sich um die Formulierung des Hauptanspruchs handelt, die Tatsache der Nichtneuheit gegeben" sei, „da ja der Anmelder das, was als neu beansprucht werden soll, schon im Oberbegriff des Hauptanspruches selbst als bekannt voraussetzt." Im Hauptanspruch war als wesentliches Kennzeichen des Erfindungsgedankens angegeben worden, „daß der Rechenplan (von einem Abtaster aus) den gewünschten Ablauf der Operationen fortlaufend und selbsttätig angibt". Dabei – so wurde festgestellt – „wird jedoch dort sehr richtig die Verwendung eines Planwerkes zum Steuern der Gesamtanlage durch einen Rechenplan als bekannt vorausgesetzt, wie dies zum Beispiel auch aus den deutschen Patentschriften 414823[30], 458481[31],

---

[27] Wolf an Reichspatentamt, 16.10.1944, ZuP 006/001.
[28] Datum erwähnt in: *Bemerkungen*, vgl. Fußnote 37.
[29] Siehe Anhang zu diesem Beitrag.

[30] DRP 414823: Deutsches Patent des Erfinders Rolf Hofgaard aus Ljan, Norwegen, bei der Firma O. Collett & Co.A/S. in Oslo mit der Bezeichnung „Elektrisch betriebene Rechenmaschine" von 1923. Gegenstand der Erfindung war ein „neues Prinzip zur Ausführung der Rechenoperationen [...], welches Berechnungen in sämtlichen Rechenarten auf elektrischem Wege ausführt und die ständige Registrierung (das Niederschreiben) der ausgeführten Rechenoperationen ermöglicht. [...] Das Prinzip beruht in der Hauptsache darauf, daß zwecks Verbindung jeder Zifferntaste mit einem beliebigen Registrierorgan eine entsprechende Anzahl von Kupplungen (zum Beispiel von elektrischen Verbindungskontakten) vorgesehen ist, deren Einschaltung von dem von der vorher niedergedrückten Taste betätigten Registrierorgan gesteuert wird." Die Maschine registrierte den über eine Zehnertastatur eingegebenen ersten Summanden oder Faktor über einen elektromechanischen Schaltvorgang auf einem Papierband. Der zweite eingegebene Summand oder Faktor wurde automatisch mit der registrierten Zahl verrechnet und das Ergebnis wiederum in das Papierband abgelocht. Die Maschine ermöglichte alle vier Grundrechenarten.

[31] DRP 458481: Die Patentschrift „Elektrische Rechen- und Schreibmaschine" des Erfinders Bernhard Weiner in Prag-Dejvice von 1923 ist außerordentlich umfangreich, enthält 104 Patentansprüche und dürfte eine der ersten grundlegenden Anmeldungen für Rechenmaschinen, die vollständig mit elektromechanischen Relais ausgeführt sind, darstellen.
„Die meisten bisher bekannten Rechenmaschinen führen die Rechnungen mittels verhältnismäßig komplizierter Bewegungen von Triebwerksteilen aus, was einerseits zu häufigen Störungen im Betrieb führt und andererseits die Automatisierungsmöglichkeit beschränkt. Die Maschine gemäß der vorliegenden Erfindung enthält nichts als eine Reihe von Elektromagnetgruppen (Relais), welche durch ihr elektrisches Zusammenspiel jede Rechnung innerhalb des reellen Zahlengebietes durchführen. Einige der Relais stehen mit der Tastatur in Verbindung, das heißt, sie können von der Tastatur aus in Tätigkeit gesetzt werden, während andere Relaisgruppen Stromkreise über einen Schreibapparat schließen, in welchem das Schreiben des Resultates ausgelöst wird. In die Relaisgruppen sind alle grundlegenden Rechenoperationen (die Addition, die Subtraktion, die Multiplikation aller einstelligen Zahlen, die Division aller ein- und zweistelligen Zahlen durch alle einstelligen Zahlen) derart als elektrische Verbindung eingebaut, daß mit der Einstellung einer Zahl alle diese Resultate latent eingestellt sind und mit dem Drücken der Durchführungstaste die in Betracht kommenden Resultate ausgewählt werden und in der Maschine durch Hilfsrelais als Teilresultate zum Gesamtresultat vereinigt werden."
Als wesentliche Vorteile wurden angegeben: „Da keinerlei Maschinenelemente außer den Ankern und Kontakten in Bewegung zu setzen sind, arbeitet diese Maschine nahezu geräuschlos (!) und mit einer von keiner der bisher bekannten Maschinen erreichbaren Schnelligkeit. [...] Bei der Konstruktion der Rechenmaschine ist die räumliche Anordnung der einzelnen Magnete sowohl relativ zueinander als auch im Gesamtbilde der Maschine vollkommen unwesentlich. Wesentlich allein ist die Schaltung. [...] Vollkommen gleichgültig für das Wesen der Maschine ist es, ob Elektromagnete oder Solenoide verwendet werden."

476688[32], 575290[33], alle Klasse 42m Gruppe 14, zu entnehmen ist". Dagegen anerkannte der Einspruch den „zweifellos neuen Erfindungsgedanken", bemängelte jedoch „eine gewisse Unklarheit in der Auslegung des Schutzumfanges", die „nach erfolgter Patenterteilung entstehen könnte". Der Einspruch empfahl eine „klarere Abgrenzung des Schutzbegehrens und eine einwandfreie Herausstellung des zweifellos neuen Erfindungsgedankens in einem neuen, schärfer gefaßten Hauptanspruch"[34].

Das Interesse von Triumph bestand zu diesem Zeitpunkt vermutlich in einer Absicherung der damals aktuellen Registrierung und Zwischenspeicherung von Zahlen und Angaben etwa auf Lochstreifenstücken, wie sie für die Kombinationsanlagen aus Buchungsmaschinen, Schreibmaschinen, Registrierkassen und so weiter für die Einrichtung komplexer Buchungssysteme in Frage kamen. Zuses „Rechenplan" und die rechenplangesteuerte Maschine wurden offensichtlich nicht unbedingt mit den inzwischen entstandenen und vieldiskutierten, später als „Computer" bezeichneten elektronischen Rechenanlagen gleichgesetzt. Immerhin hatte er ja auch Kombinationen mit üblichen Vierspeziesmaschinen als Recheneinheit in seinen Anspruch einbezogen.

29.6.1953   In seiner Entwicklung wies Zuse die Darstellung seines Hauptanspruchs durch den Einspruch zurück: „Aus der Angabe, daß ein Planwerk zum Steuern der gesamten Anlage durch einen Rechenplan vorgesehen sei, kann noch nicht auf die Art der Steuerung geschlossen werden." Das im Dualzahlensystem arbeitende Rechenwerk nach Anspruch 2 stelle „eine

---

[32] DRP 476688 (vgl. Fußnote 30): Deutsches Patent von R. Hofgaard von 1927 – eine Firma wird nicht mehr erwähnt – auf eine Verbesserung der Rechenmaschine (414823). Die neue Maschine basierte auf den gleichen Prinzipien wie die alte. Die Registrierung fand jedoch anstatt auf dem Papierband in einer „Anzahl von Mehrfachkontaktrelais [...], welche je durch einen Strom in den Leitungen des einen Satzes von Ziffernleitungen erregt werden", statt. Neu war auch eine „Vorrichtung, um selbsttätig die Reihenfolge der in die Maschine eingeführten Ziffern umzutauschen, wenn die Maschine für mehrstellige Zahlen bestimmt ist [...], um zu ermöglichen, daß die Zahlen, mit denen gerechnet werden soll, mit der Ziffer der höchsten Größenordnung anfangend eingeführt werden können, während die letzteingeführte Ziffer, das heißt die Ziffer der kleinsten Größenordnung, bei der Bildung des Resultats zuerst zur Wirkung gelangt und so weiter, wodurch die Tabulierarbeit in großem Maße erleichtert wird".

[33] DRP 575290: Auf der Patentschrift „Rechenmaschine" der zu IBM gehörenden Tabulating Machine Company New York von 1928 wurde kein Erfinder genannt. Die Erfindung „bezieht sich auf eine Rechenmaschine zur Ausführung von Rechnungen mit zwei Zahlengrößen nach den vier Grundrechenarten, welche zu diesem Zweck Systeme von Einstellkörpern enthält, deren jedes soviel Elemente enthält, als die Anzahl der Grundzahlen beträgt, und welche in beliebiger Weise, je nach den in der Rechenaufgabe kombinierten Zahlen, in Beziehung zueinander gesetzt werden können, wobei die Einstellkörper des einen Systems durch ihre Einstellung bei der Herstellung der Beziehung mit einem Einstellkörper des anderen Systems bestimmen, welches Resultat von der Maschine angezeigt wird."

[34] Triumph an Patentamt, 2.4.1953, ZuP 006/001.

vorteilhafte Ausbildung der Erfindung nach Anspruch 1" dar und sei „keineswegs notwendiger Bestandteil des allgemeinen Erfindungsgedankens". Bei den entgegengehaltenen Patentschriften handle es sich in keinem Fall „um Rechenmaschinen, deren einzelne Werke von einem Rechenplan gesteuert werden, der die einzelnen Rechenangaben und Rechenoperationen in Form eines Aufzeichnungsträgers enthält".[35] Trotzdem reichte Zuse eine Neufassung seines Anspruchs 1 ein.[36]

14.12.1955 Das Patentamt teilte der Firma Zuse mit, daß ein weiterer Einspruch eingelegt worden war, der jedoch als „nicht erhoben" galt, da er erst am 5.12.1953 eingegangen, die Einspruchsfrist aber bereits am 4.4.1953 abgelaufen war und außerdem die Gebühren nicht bezahlt worden waren.[37] Da jedoch bereits ein gültiger Einspruch vorlag, so teilte das Patentamt mit, sollte das entgegengehaltene Material „von Amts wegen berücksichtigt werden". Demnach war nach Ablauf der Einspruchsfrist von praktisch unbeteiligter Seite das sich schnell als entscheidend herausstellende Material in das Verfahren eingebracht worden. Dieses Material enthielt das in London 1864 erschienene Buch von Charles Babbage, *Passages from the Life of a Philosopher*. Hier war mit der *Analytical Engine* eine Rechenvorrichtung beschrieben, „bei der der Rechenplan in Form von Angabeträgern enthaltenden Kommandofolgen vorliegt und bei der Speicher und Rechenwerk auf Grund dieser Kommandofolgen zur Durchführung von Rechenoperationen zusammenarbeiten". Da dies mit dem Anspruch Zuses in „allen wesentlichen Einzelheiten" übereinstimme, sah das Patentamt den Anspruch nicht als gewährbar an. Bei Aufrechterhaltung des wichtigen Anspruchs „in der jetzigen oder einer dieser ähnlichen Fassung" würde das Patent „voraussichtlich in vollem Umfange versagt werden." Das Patentamt forderte Zuse auf, die Ansprüche entsprechend zu ändern und erneut einzureichen.

Das über den verspäteten Einspruch in das Patentverfahren eingebrachte „Material" wurde Zuse in einer nicht unterzeichneten Schrift „Bemerkungen zur Patentanmeldung 'Rechenvorrichtung' " offensichtlich erst 18 Monate nach dessen Eingang im Patentamt mitgeteilt. Gleich der erste Satz zeigte die neue Qualität der Entgegenhaltung: „Durch Anspruch 1 soll nach der heute üblichen Sprechweise im wesentlichen die Programmsteuerung bei Rechenautomaten patentiert werden." Damit wurde im Verlauf des Patentverfahrens der Zusesche „Rechenplan" erstmals im Dezember 1953 mit dem bereits üblichen Begriff „Programm" bezeichnet. Weiter hieß es in den Bemerkungen: „Dieser Gedanke ist bereits lange vor dem ersten Zuse-Patentanmeldedatum mehrfach verwirklicht oder zumindest in einer Weise vorgeschlagen worden, daß er an Hand dieser Vorschläge von einem Fachmann verwirklicht werden konnte." Als Beleg wurde die Literatur zur *Analytical Engine* von Charles

---

[35] Zuse an Patentamt, 29.6.1953, ZuP 006/001.

[36] Vermutlich in den Zuse-Papieren nicht enthalten.

[37] Patentamt an Zuse, 14.12.1955, mit Anlage: Bemerkungen zur Patentanmeldung „Rechenvorrichtung" von Dipl.-Ing. Konrad Zuse, ZuP 006/001.

Babbage angeführt. Nach Babbage wurde – so die „Bemerkungen" – der Gedanke eines programmgesteuerten Rechenautomaten auch von Torres y Quevedo[38] und Louis Couffignal[39] geäußert und veröffentlicht. Bei letzteren wurde bereits 1938 „der Gedanke eines programmgesteuerten Rechenautomaten im Zweier-Zahlensystem in einer technisch realisierbaren Weise angesprochen, zumal recht ausführliche Angaben über schaltungstechnische Realisierungsmöglichkeiten der Rechenwerke selbst mit Hilfe von Relaisschaltungen gemacht werden".

Für die in Zuses drittem Anspruch angeführte halblogarithmische Zahlendarstellung wurde die Bezeichnung „Rechnen mit gleitendem Komma (englisch: floating point)" angeführt und eingewandt, daß die Methode „in der Physik seit jeher üblich" sei „und beim Rechenschieber ständig angewandt" würde. Weitere technische Realisierungen konnten dafür nicht angeführt werden.

Die Einwendungen hatten den Charakter von Mitteilungen und Aufforderungen an das Patentamt, bestimmte Literatur heranzuziehen; so hieß es: „Wieweit die Relaisschaltungen für Rechen- und Steueroperationen etwa mit denjenigen bei Couffignal oder Valtat verwandt sind oder wieweit sie über

---

[38] Torres y Quevedo, „Arithmomètre electromécanique", *Bulletin de la société d'encouragement pour l'industrie nationale*, Bd. 119, 1920, S. 588–599; englische Übersetzung in: Randell, op. cit., S. 109–120.

[39] Couffignal, L., *Sur l'analyse mécanique – Application aux machines à calculer et aux calculs de la mécanique celeste*, Thèses Faculté Sciences Paris, 1938; abgedruckt in: *Bulletin Astronomique*, 2. ser., 10.1937, Paris, S. 139–270; auszugsweise übersetzt in: Randell, op. cit.; eine Zusammenfassung der von Couffignal beschriebenen Maschine gibt ein Memorandum, Anlage zum Schreiben Hagen an Patentamt, 20.3.1961, ZuP 006/001:
„Faßt man die hauptsächlichen Merkmale des logischen Aufbaues der von Couffignal zum Vorschlag gebrachten Maschine zusammen, so sieht man folgendes:
1. Es handelt sich um eine vollständig binär arbeitende Maschine, die ein auf einem Lochstreifen festgelegtes willkürlich wählbares Programm durcharbeitet und Zahlenwerte verarbeitet, die ebenfalls auf Lochstreifen festgelegt sind. Die Lochstreifen sind binär gelocht.
2. Die Maschine hat ein schnell arbeitendes, in der Kapazität begrenztes Speicherwerk und dieses Speicherwerk wird gegebenenfalls durch während der Rechenoperation entstehende Lochstreifen ergänzt, indem Zahlen vom Hauptregister einem Locher zugeführt werden, der einen neuen Lochstreifen erzeugt, der dann einen Zwischenspeicher zur Einführung gewonnener Zwischenresultate in die Maschine bildet.
3. Die Maschine ist so ausgebildet, daß durch den Lochstreifen der Programmsteuerung eine Tabelle aufgesucht werden kann, die ebenfalls aus einem Lochstreifen besteht und in jeder Zeile verschiedene Gruppen von Binärlochungen aufweist; eine Gruppe dient zum Auffinden der Zeilen (Argumentwert), und die anderen Gruppen enthalten die entsprechenden Funktionswerte (beispielsweise die zu dem Argument gehörenden trigonometrischen Funktionen).
4. Die Einzelbefehle des Programmstreifens bestehen aus mindestens einer Operation (Rechenoperation oder Übertragungsbefehl) und aus mehreren Adressen, die charakterisieren, wo der Operand zu entnehmen ist und wo das Ergebnis der Rechenoperation hingelangen soll."

Relaisrechenautomaten im Zweiersystem mit gleitendem Komma hinaus anderweitig vorkommen, kann hier nicht im einzelnen geprüft werden." Auf alle Fälle wurde noch der Bericht von G. R. Stibitz über den „Bell Complex Number Computer" aus dem Jahre 1940 angegeben.[40]

7.5.1956   Zuse formulierte sieben Ansprüche neu. Er bemühte sich, die entscheidenden Merkmale, die seine arbeitende Maschine gegenüber den Beschreibungen von Babbage und Couffignal aufwies, in den Hauptanspruch einzuarbeiten. Dieser lautet jetzt:

„Rechenvorrichtung bestehend aus einem eigentlichen Rechenwerk, welches nach Einstellung der Operanden und der auszuführenden Rechenoperation selbsttätig das Resultat bestimmt, einem Speicherwerk mit mehreren Zellen, wobei jede Zelle die zur Kennzeichnung einer Zahl erforderlichen Angaben (Ziffern, Vorzeichen und so weiter) aufnehmen kann und wobei jede Zelle mit den Einstellgliedern für die Operanden – beziehungsweise Resultatgliedern des Rechenwerkes – zwecks gegenseitiger Zahlenübertragung verbunden werden kann, und einem durch Befehl gesteuerten Planwerk zur Steuerung der Gesamtanlage, dadurch gekennzeichnet, daß die die Steuerung bewirkenden Befehle, welche sowohl die Bedeutung von Operationsbefehlen als auch von Übertragungsbefehlen haben können, nacheinander an gemeinsamen Einstellgliedern beziehungsweise auf ein gemeinsames Befehlsregister eingestellt werden, von wo aus über Entschlüsselungseinrichtungen am Rechenwerk die Art der Operation, am Speicherwerk die Ablese- oder Speicherkommandos und an einem Wählwerk die Nummern der Speicherzellen fortlaufend und selbsttätig eingestellt werden."

Auch eine Reihe weiterer Ansprüche wurde von Zuse präzisiert und umgestellt. Die Tendenz bei der Abgrenzung ging zu einer genaueren, differenzierteren Erfassung der Einzelheiten, die den von Babbage und Couffignal beschriebenen und von Zuse auch verwendeten Prinzipien zugrunde lagen, das heißt, vom allgemeinen Prinzip der Programmsteuerung zu einer bestimmten Maschine, die das Prinzip realisierte. Im Beschreibungsteil berücksichtigte Zuse jetzt den mittlerweile ermittelten „Stand der Technik" mit dem Hinweis, daß der Gedanke der Rechenautomaten „an sich nicht neu" sei, „jedoch wurden bisher vollständige konstruktive Lösungen für dieses Problem weder beschrieben noch ausgeführt."

Auch jetzt, 1956, führte Zuse in der Beschreibung die Möglichkeit an, für das vollautomatische Rechenwerk „zum Beispiel eine 4-Spezies-Rechenmaschine" zu verwenden.[41]

8.5.1956   Zuse schickte seine Antwort mit Änderungen und den neuen Ansprüchen an das Patentamt.[42] Er stimmte zu, daß Babbage den

---

[40] Es wurde auf den Artikel in *Bulletin of the American Mathematical Society*, Bd. 46, 1940, S. 861, verwiesen. Die Arbeiten von Stibitz spielten im Verfahren Z391 sonst keine Rolle.

[41] Neue Anmeldungsschrift Z391 vom 7.5.1956, ZuP 005/007.

[42] Zuse an Patentamt, 8.5.1956, ZuP 006/001.

grundsätzlichen Gedanken der Programmsteuerung zuerst ausgesprochen habe. Die angeführten Literaturstellen enthielten jedoch „nur sehr allgemeine Angaben über konstruktive Lösungen des Problems". Babbage sei „konstruktiv über Teile des Rechenwerkes nicht hinausgekommen". Ähnlich habe Couffignal zwar „spezielle Anordnungen und Schaltungen beschrieben, welche zwar die selbsttätige Lösung gewisser Rechenabläufe zum Thema haben; aber eine konstruktive Lösung einer programmgesteuerten Rechenmaschine im Sinne der Anmeldung" sei auch dort nicht beschrieben. In seiner Anmeldung dagegen werde „die erste vollständige Lösung des Problems" dargestellt. Die hier beschriebene Maschine entspräche in fast allen Einzelheiten dem durch den Erfinder in den Jahren 1938 bis 1941 gebauten Modell „Z3". Dabei habe er „erstmalig das Prinzip der Programmsteuerung mit einer Konsequenz durchgeführt, die auch in den späteren ersten amerikanischen Geräten dieser Art noch nicht erreicht wurde." Eine Reihe von Merkmalen habe sich „inzwischen allgemein durchgesetzt". Diesen Umstand wertete Zuse als Kriterium für den „technischen Fortschritt" seiner Erfindung.

Er führte dann die wichtigsten Probleme an, die bei ihm im Gegensatz zu Babbage und Couffignal gelöst waren: „Eine möglichst einfache und knappe Darstellung der Befehlsfolge" war bei Babbage nur „roh" gelöst, bei Couffignal „überhaupt nur ganz allgemein angedeutet". Die konsequente Form, „sämtliche Befehle nur über gemeinsame Einstellglieder über ein gemeinsames Befehlsregister laufen zu lassen", hatte Babbage noch nicht erreicht. Daß darin ein „wesentlicher technischer Fortschritt" bestand, belegte Zuse damit, „daß sie sich heute fast allgemein bei derartigen Geräten durchgesetzt hat".

Als vollständig neu gegenüber Babbage erklärte Zuse „die Verwendung verschlüsselter Befehle im Zusammenhang mit Entschlüsselungseinrichtungen (Wahlpyramide), welche es gestatten, die heute als 'Adresse' bezeichnete Nummer der Speicherzelle und die Operation selbst in konzentrierter Form auf dem Rechenplan festzuhalten".

19.11.1956 Das Patentamt schrieb an Zuse, daß der neue erste Patentanspruch nicht gewährbar sei, da Rechenvorrichtungen, bei denen „die die Steuerung bewirkenden Befehle sowohl für die Operations- als auch für die Übertragungsbefehle an gemeinsamen Einstellgliedern eingestellt werden, [...] am Tage der vorliegenden Anmeldung allgemein bekannt" waren. Dafür wurde „zum Beispiel" die amerikanische Patentschrift 2244241[43] an-

---

[43] US-Patent 2244241 vom 1.10.1937 mit der Bezeichnung „Cross-Adding Accounting Machine and Programing Means Therefor" angemeldet von James W. Bryce, Glen Ridge, N. J., „assignor to International Business Machines corporation, New York, N. Y., a corporation of New York."
Die vom Patentamt gegen Zuse angeführten Stellen lauteten: „A further object of the present invention resides in the provision of novel programming means for cross-adding machines. Such programming means will enable the operator to program the sequence of transfers and to selectively route the transfers from any selected accumulator to any other selected accumulator and to also permit the selective transfer of such amounts either additively or subtractively. A

geführt. Ebenso seien „bandartige Aufzeichnungsträger zur Einstellung der Befehle" und auch „die Übertragung von binär verschlüsselten Zahlen mittels Lochkarten auf Einstellregister" (US-Patent 2191567[44]) allgemein bekannt gewesen. Damit würde das Patent auch mit den neu formulierten Ansprüchen „jedenfalls voraussichtlich" in vollem Umfang versagt werden. Auch ein mündliches Gespräch, wie es Zuse vorgeschlagen hatte, erschien „zunächst nicht sachdienlich zu sein."[45]

6. Fortsetzung des Verfahrens bis Ende 1957

7.5.1957   Zuse schickte seine Erwiderung zum Bescheid des Patentamtes vom 19.11.1956 an seine Anwälte.[46] Er setzte einen neuen Akzent. Gegen die Vorhaltung der Erfindung von Babbage erwiderte er, es sei „zwar festzustellen, daß die Aufgabenstellung für alle in Frage stehenden Anlagen im Grunde seit Charles Babbage dieselbe geblieben ist, diese Anlage oder Maschine so auszubilden, daß mit ihr Berechnungen in Form eines sogenannten Programmablaufs mehr oder weniger selbsttätig durchgeführt werden können". Dagegen unterscheide sich die Lösung in seinem Patentanspruch wesentlich von den bisher bekannten Lösungen. Der technische Fortschritt bei seiner Erfindung bestehe darin, „daß gerade die Verwendung verschlüsselter (verkodeter) Befehle in Verbindung mit der Auswahleinrichtung gemäß der Erfindung die Vielseitigkeit, das heißt die sehr große Vielfalt der Kombinationsmöglichkeiten bedingt".

Das ebenfalls entgegengehaltene US-Patent 2244241 schütze eine Maschine, „bei der die die Steuerung bewirkenden Befehle sowohl für die Operations-

---

further object of the present invention resides in the provision of controls to automatically terminate transfer cycles selectively after any cycle at the will of the operator and without manual intervention and to provide other machine controls which will thereupon come into action to re-initiate a new calculation pertaining to a new record.

[44] US-Patent 2191567: „Calculating machine". Patent erteilt am 27. Februar 1940 an Rolf Hofgaard, Brate Gard, Strommen, Norway. Priorität in Schweden 4. Januar 1936. „The present invention refers to calculating machines operating with electric circuits in conjunction with registering or accumulating members and relays controlling contacts for closing said circuits. Prior machines of this general type operate with digit lines comprising lead groups of ten digit leads or, in other prior machines, the group of leads corresponding to the digit lines of the decimal system occur in a number smaller than 10. These groups of leads, by means of which one-figure numbers of the decimal system are expressed in code form, are connected to registering members for each denominational order. The said registering members have the common feature that a transfer from a lower order to the next higher order takes place when the value registered in the lower order exceeds the capacity of the registering member for the lower order, such as for instance the number 9 in the units order."

[45] Patentamt an Zuse, 19.11.1956, ZuP 006/001.

[46] Zuse an Eder, Lehmann, 7.5.1957, ZuP 006/001.

als auch für die Übertragungsbefehle an gemeinsamen Einstellgliedern eingestellt werden". Dagegen beanspruchte Zuse ein Patent dafür, daß „an der Einstellvorrichtung die auszulösenden Übertragungen in verschlüsselter Form [...] eingestellt werden, daß aber außerdem noch durch die genannte Auswahleinrichtung die Einstellkombination an den Einstellgliedern selbsttätig entschlüsselt [...] und die zugeordneten Datenübertragungen durch die Betätigung zugeordneter Wirkglieder bewirkt wird". Zuse betonte: „Gerade in der Zusammenfassung der genannten verschiedenartigen Funktionen in einem einzigen konstruktiven Element innerhalb der Maschine ist das wesentlich Neue der Erfindung zu sehen".

Die zweite entgegengehaltene US-Patentschrift 2191567 schützte eine Übertragung dualverschlüsselter Zahlen mittels Lochkarten auf Einstellregister. Zuse erwiderte dazu: „Es ist aber zu beachten, daß gerade die Verwendung verschlüsselter Zahlen im Zusammenhang mit dem Gegenstand der Erfindung unter Verwendung von Lochkarten (oder Lochstreifen) erst die besonders vorteilhafte Ausbildung der Maschine gemäß dem neuen Anspruch 3 (neu) aufweist: Die vollständige selbsttätige Lösung beliebiger Rechenprobleme an Hand eines Rechenplanes unter geringstem räumlichen und konstruktiven Aufwand und bei größter Einfachheit der Bedienung, ganz abgesehen von der Erhöhung der Arbeitsgeschwindigkeit."

ca. Juni 1957 Zuses Anwälte reichten neu akzentuierte Patentansprüche ein.

Zu „allen bisherigen Entgegenhaltungen" wurde festgestellt, daß hier im Gegensatz zur Anmeldung Zuses „zwischen den Einstellgliedern und den zu betätigenden Gliedern der Maschine (Wirkglieder) eine direkte Zuordnung besteht. Da [...] keine Wählwerke vorgesehen sind, erfolgt auch keine Ver- und Entschlüsselung im Sinne der vorliegenden Erfindung." Der neue Anspruch 1 wurde „auf eine elektrische Einrichtung zum Speichern und Auswählen von Zahlen, insbesondere für Rechenmaschinen, gerichtet, da diese als ein Grundelement der vorliegenden Erfindung anzusehen ist". Damit hatten Zuse und seine Anwälte jetzt eine deutliche Änderung des Hauptanspruchs vorgenommen. War bisher die universelle „Rechenvorrichtung" mit Programmsteuerung Gegenstand des Hauptanspruchs, so hieß es jetzt: „Allgemein ist die Erfindung in der zweckmäßigen Vereinigung eines speziellen Wählwerks mit einem Speicherwerk zu sehen."[47]

---

[47] Eder, Lehmann an Patentamt, ohne Datum, mit handschriftlicher Notiz: „circa Juni 1957", ZuP 006/001.
Neuer Anspruch 1: „Daten, beispielsweise Zahlen, verarbeitende Maschine, insbesondere Rechenmaschine, mit Einrichtungen zum Verarbeiten von Daten und Einrichtungen zum Speichern von Daten, gekennzeichnet durch die Übertragungen von Daten zwischen den einzelnen Daten abgebenden und Daten empfangenden Stellen, zum Beispiel Speicherzellen, Rechenwerksregistern und so weiter steuernde Auswahleinrichtungen, die ausgangsseitig mehr Wirkglieder enthalten, welche den einzelnen Übertragungsmöglichkeiten zugeordnet sind, als eingangsseitig Einstellglieder vorgesehen sind, derart, daß an den Einstellgliedern die auszulösenden Übertragungen in verschlüsselter Form, zum Beispiel

26.6.1957   Das Patentamt schickte einen neuen Bescheid. Darin wurde die
            „Anwendung von Wählwerken zum Verbinden der aufgerufenen
Speicherzelle" als patentwürdige Erfindung anerkannt. Trotzdem wurde der
Anspruch 1 erneut zurückgewiesen. „Vorsorglich" wies das Patentamt noch
darauf hin, daß die Umsetzung von und ins binäre Zahlensystem – mit Hinweis auf Valtat – als bekannt vorauszusetzen ist.[48]

26.8.1957   Zuse reagierte auf den Bescheid des Patentamtes mit einer er-
            neuten Änderung der Ansprüche. Die Vorrichtungen zum Zah-
lenspeichern, die Eingangsglieder zum Einstellen der zu speichernden Zahlen,
die Ausgangsglieder zum Ablesen der gespeicherten Zahlen und die Einstellglieder zum Steuern der Übertragungseinrichtungen wurden als „an sich bekannte" Merkmale in den Oberbegriff des Hauptanspruchs aufgenommen.
„Der Kennzeichnungsteil des neuen Anspruchs 1[49] wurde auf die Anwendung
eines Wählwerkes zum Verbinden der angerufenen Speicherzellen gerichtet.
In den Kennzeichnungsteil wurde auch aufgenommen, daß am Wählwerk die
anzurufende Speicherzelle in Form von Nummern oder dergleichen eingestellt
wird."[50]

9.10.1957   Triumph forderte das Patentamt auf, Zuse auch die Verbindung
            der Speicherzellen durch Wählwerke nicht zu patentieren. Als
Begründung wurde angeführt, daß die jetzt im Hauptanspruch angeführte
Erfindung „von Wählwerken zum Verbinden der angerufenen Speicherzelle"
bereits im Beschreibungsteil der Anmeldungsschrift als bekannt vorausgesetzt
wird.[51]

29.11.1957   Das Patentamt übernahm den Einwand von Triumph und teilte
            Zuse die Absicht mit, „das nachgesuchte Patent in vollem Um-
fang zu versagen". Das Patentamt führte jetzt die deutsche Patentschrift

---

in Form von Nummern, eingestellt werden, und diese Auswahleinrichtungen die
Entschlüsselung der Einstellkombinationen und durch die Bestätigung zugeordneter Wirkglieder die zugeordnete Datenübertragung bewirken."

[48] Patentamt an Eder, Lehmann, 26.6.1957, ZuP 006/001.

[49] Neuer Anspruch 1 vom 26.8.1957: „Elektrische Einrichtung zum Speichern und
Auswählen von Zahlen insbesondere für Rechenmaschinen enthaltend Vorrichtungen zum Speichern von Zahlen, Eingangsglieder zum Einstellen der zu speichernden Zahlen, Ausgangsglieder zum Ablesen der gespeicherten Zahlen, Einstellglieder zum Anrufen von Speicherzellen, an denen die anzurufende Speicherzelle eingestellt wird, Einstellglieder zum Steuern der Übertragungseinrich-
tung, gekennzeichnet durch die Verwendung eines Wählwerks, an welchem die
angerufene Speicherzelle in Form von Nummern oder dergleichen eingestellt
wird, zum Verbinden der anzurufenden Speicherzelle mit den Eingangs- beziehungsweise Ausgangsgliedern, welches ausgangsseitig mehr Wirkglieder enthält
als eingangsseitig Einstellglieder vorgesehen sind und das die Entschlüsselung
der an den Einstellgliedern eingestellten Nummern vornimmt sowie über zugeordnete Wirkglieder die Verbindung der angerufenen Speicherzellen mit den
Eingangs- beziehungsweise Ausgangsgliedern bewirkt." ZuP 006/001.

[50] Eder, Lehmann an Patentamt, 26.8.1957, ZuP 006/001.

[51] Triumph an Patentamt, 9.10.1957, ZuP 006/001.

643803[52] an, „in der bereits eine elektrische Einrichtung zum Speichern und Auswählen von Zahlen" beschrieben worden war. Auch im bereits mehrfach erwähnten Patent von Valtat DRP 664012 sei eine Wählvorrichtung beschrieben. Das Patentamt griff jedoch nicht den Einwand von Triumph auf, daß in der Einleitung der Zuseschen Anmeldungsschrift das Wählwerk bereits als bekannt vorausgesetzt würde.[53]

Mit dem Bescheid des Patentamtes war der Versuch Zuses, das Patent über eine Modifizierung des Hauptanspruchs auf ein Wählwerk – als Hauptneuheit gegenüber Babbage – zu erhalten, gescheitert. Nach diesem erneuten Scheitern der Bemühungen übergab Zuse die Anmeldung dem Patentanwalt der Firma Telefunken. Zuse wurde von Telefunken über den Verlauf des Verfahrens informiert. Er prüfte die Entgegenhaltungen und formulierte die neu abgegrenzten Texte.

---

[52] Deutsche Patentschrift 643803 von Gustav Tauschek, New York, „Elektromagnetischer Speicher für Zahlen und andere Angaben, besonders für Buchführungseinrichtungen". Das mit Priorität in USA 1932, in Deutschland 1933 angemeldete Patent wurde 1937 erteilt.

„Gegenstand der Erfindung ist eine Speichereinrichtung, insbesondere für Zahlenangaben, wie Kontensalden und dergleichen, die es ermöglicht, eine größere Zahl von Salden auf einem möglichst kleinen Raum aufgespeichert zu halten und im Bedarfsfalle jede einzelne gespeicherte Zahl rasch und nach Belieben ablesen zu können. Die Erfindung besteht darin, daß zur Beeinflussung mehrerer Speicherelemente, von denen jedes eine Zahl oder Angabe darzustellen vermag, ein Organ, zum Beispiel Elektromagnet oder dergleichen, vorgesehen ist, welches durch die Wählvorrichtung oder dergleichen auf ein bestimmtes Speicherelement eingestellt und nach erfolgter Einstellung relativ zu dem Speicherelement bewegt werden kann, wobei in bestimmten Abschnitten der Relativbewegung das Speicherelement durch den Magneten entsprechend der zu speichernden Zahl oder Angabe beeinflußt wird.

Im nachstehend beschriebenen Ausführungsbeispiel werden die Speicherelemente durch Stromimpulsreihen im Wege magnetischer Induktion (Punktmagnetisierung nach Poulsen) beeinflußt, und zwar ist dabei die Anzahl der Impulse dem Zahlenwert der zu speichernden Zahl gleich. Soll zum Beispiel die Zahl 7 gespeichert werden, dann werden zunächst durch eine Vorrichtung sieben aufeinanderfolgende Stromstöße hervorgerufen. Diese Stromstöße erregen einen Elektromagneten siebenmal hintereinander. Bewegt sich im Bereich des Magneten eine Stahlfläche, so induzieren die nacheinander entstehenden Felder magnetische Abschnitte oder Punkte auf der Stahlfläche. Diese magnetischen Abschnitte der Stahlfläche stellen die gespeicherte Zahl dar, und zwar ist die Anzahl der Abschnitte gleich dem Zahlenwert. Soll die gespeicherte Zahl von der Stahlfläche abgetastet werden und in einer für die menschlichen Sinne wahrnehmbaren Weise angezeigt werden, dann wird der umgekehrte Vorgang durchgeführt. Die Stahlfläche wird an einem Elektromagneten vorbeibewegt, und die magnetischen Abschnitte der Stahlfläche induzieren in der Wicklung des Magneten bei ihrem Vorbeigang Stromstöße von der gleichen Anzahl der vorhandenen Abschnitte. Diese Stromstöße schalten die Anzeigevorrichtung so, daß sie die entsprechende Zahl anzeigt."

[53] Patentamt an Eder, Lehmann, 29.11.1957, ZuP 006/001.

7. Fortsetzung des Verfahrens bis Mitte 1959

9.5.1958   Zuse entwarf neuformulierte Ansprüche.[54] Die bekannten Merkmale, die im vorherigen Hauptanspruch lediglich im Oberbegriff enthalten waren, während als Kennzeichen der Erfindung das Wählwerk angegeben worden war, wurden jetzt erneut in einem Kombinationsanspruch zusammengefaßt. Die entgegengehaltenen Patentschriften betrafen „lediglich ein Speicherwerk, das jedoch nicht geeignet ist, in Rechenmaschinen mit Programmsteuerung verwendet zu werden" und eine Rechenmaschine, „bei der in einem Zahlensystem, dessen Basis kleiner als 10 – vorzugsweise 2 – ist, gerechnet werden soll und behandelt besonders die [...] Umcodierung". Er verwies darauf, daß er auf die letztere bereits am 26.8.1957 eingegangen war.[55]

12.5.1958   Neuformulierung der Beschreibung und der Ansprüche. In der Beschreibung wurde auf die Abgrenzung gegenüber Babbage eingegangen: „Ziel der damaligen Arbeiten (von Babbage, H.P.) war, eine programmgesteuerte Rechenmaschine unter Benutzung der damals zur Steuerung von Webstühlen bekannt gewordenen Lochkarten als Programmträger zu konstruieren. Dabei war jedem der verschiedenen Operationsbefehle beziehungsweise Speicherplätze ein bestimmtes Loch auf einer Lochkarte zugeordnet, wobei für die Operationen und für die Speicherplätze gesonderte Lochkarten vorgesehen waren. Demgegenüber verwendet die Erfindung ein nach Operations- und Übertragungsvorgängen entwickeltes Programm, das als geordnete Folge einzelner in Form von Nummern oder dergleichen verschlüsselter Befehle abläuft. Damit ist die Möglichkeit gegeben, ein Wählwerk zur Entschlüsselung der eingestellten Befehle und zur Auslösung der zugeordneten Rechenoperationen und Übertragungen zu verwenden, welches ausgangsseitig wesentlich mehr Wirkglieder enthält, als eingangsseitig Einstellglieder vorhanden sind. Auf diese Weise vereinfacht sich der Befehlscode

---

[54] Neuer Anspruch 1 (Entwurf): „Rechenmaschine, gekennzeichnet durch die Vereinigung der folgenden, zum Teil an sich bekannten Merkmale:
I.   Mindestens ein Speicherwerk zum Speichern der Zahlen in bestimmten Speicherzellen,
II.   mindestens ein Rechenwerk,
III. ein Planwerk zum Steuern von Operationsabläufen gemäß einem vorgegebenen Programm, das mit einer zur Abgabe von Zeichenkombinationen geeigneten Einrichtung derart zusammenarbeitet, daß das nach Operations- und Übertragungsvorgängen entwickelte Programm nacheinander als geordnete Folge einzelner, in Form von Nummern oder dergleichen verschlüsselter Befehle abläuft.
IV. und mindestens ein Wählwerk zur Entschlüsselung der eingestellten Befehle und Auslösung der zugeordneten Rechenoperationen und Übertragungen durch Verbinden der angerufenen Speicherzellen mit Einstell- beziehungsweise Resultatgliedern des Rechenwerks, wobei ein solches Wählwerk ausgangsseitig mehr Wirkglieder enthält als eingangsseitig Einstellglieder vorhanden sind."

[55] Entwurf von Johannesson in Gegenwart von Zuse diktiert, an Patentamt, 9.5.1958, ZuP 006/001.

gegenüber der Lösung von Babbage ganz erheblich, indem die als Adresse bezeichnete Nummer der anzurufenden Speicherzelle und die durchzuführende
Operation in konzentrierterer Form in dem Rechenplan (Programm) festgehalten werden kann."[56]

30.7.1959   Das Patentamt bejahte die Patentfähigkeit. Im Prüfungsbescheid
führte es zu den Entgegenhaltungen aus: „Die entgegengehaltenen Patentschriften betreffen somit zwar einzelne Teile der den Gegenstand
der vorliegenden Anmeldung bildenden Rechenmaschine, in keiner dieser Patentschriften ist jedoch eine Maschine beschrieben, die alle diese Teile in einer
solchen Verbindung erhält, wie sie durch den neuen, am 13. Mai 1958 ein-
gegangenen Hauptanspruch angegeben wird. Ferner werden bei keiner der
in den vorstehend genannten Patentschriften beschriebenen Maschinen und
Einrichtungen die Befehle in Form von Nummern angegeben, so daß auch keine Befehlsverschlüsselung beziehungsweise Befehlsentschlüsselung sowie kein
Wählwerk für die abwechselnde Verbindung einzelner Maschinenteile miteinander erforderlich sind." Auch aus den Schriften von Babbage, Couffignal,
Torres y Quevedo oder Stibitz konnte die Prüfungsstelle Klasse 42m des Patentamts „keine programmgesteuerte Rechenmaschine [...] entnehmen, deren
Aufbau und Arbeitsweise mit der den Gegenstand der vorliegenden Anmeldung bildenden Maschine übereinstimmen". Keine der Schriften stand demnach der Anmeldung „patenthindernd entgegen". Die Patentfähigkeit wurde
bestätigt und die Prüfungsstelle beabsichtigte das Patent zu erteilen.

Der Bescheid würdigte die Anmeldung Zuses: „Es kann anerkannt werden,
daß durch den Gegenstand der Erfindung eine programmgesteuerte Rechenmaschine geschaffen wird, die insofern besonders vorteilhaft ist, als sie ein
nach Operations- und Übertragungsvorgängen entwickeltes Programm, das
als geordnete Folge einzelner, in Form von Nummern oder Buchstabenkombi-
nationen verschlüsselter Befehle abläuft, zu verarbeiten gestattet. Hierdurch
kann für die Entschlüsselung der eingestellten Befehle und für die Auslösung
der zugeordneten Rechen- und Übertragungsoperationen ein Wählwerk verwendet werden, das ausgangsseitig mehr Wirkglieder enthält, als eingangsseitig Einstellglieder. Hierdurch wiederum vereinfacht sich der Befehlscode,
indem die als Adresse bezeichnete Nummer der anzurufenden Speicherzelle
und die durchzuführende Operation in konzentrierter Form in das Programm
eingefügt werden können. Eine derart programmgesteuerte Rechenmaschine
wird weder durch die entgegengehaltenen Patentschriften und Literaturstellen noch durch den Stand der Technik auf dem Gebiet der Rechenmaschinen
nahegelegt."[57]

Das war die Meinung der zuständigen Prüfungsstelle des Patentamtes am
30.7.1959, zu einer Zeit, als in der Bundesrepublik die nachrichtentechnische
Großindustrie die erste Generation ihrer Rechenanlagen zum Teil noch ent-

---

[56] Weber-Schäfer an Patentamt, 12.5.1958, ZuP 006/001.
[57] Patentamt an Johannesson, 30.7.1959, ZuP 006/001.

wickelte, zum Teil bereits auslieferte und der Bedarf an Rechnern gar nicht abzuschätzen war.

8. Die Versagung der Anmeldung

11.1.1960   Triumph, vertreten durch einen neuen Anwalt, legte erneut Einspruch ein. Er basierte auf der Schrift von Ludgate „On a proposed analytical machine", die 1909 in Dublin erschienen war.[58] Darin sei der Anspruch 1 von Zuse identisch vorweggenommen und deshalb seien auch die Ansprüche 2 bis 5 nicht erfinderisch.

Ludgate hatte 1909 eine programmgesteuerte Rechenmaschine ähnlich der von Babbage beschrieben. Auch er hatte die Steuerung von der Jacquard-Maschine übernommen. Die Maschine hatte ein Rechenwerk für die vier Grundrechenarten und außerdem ein Speicherwerk für die Zahlen. Im Einspruch wurde besonders darauf hingewiesen, daß in der von Ludgate beschriebenen Maschine „nur eine Rolle perforierten Papiers verwendet wird, auf der sowohl die Operationen als auch die Adressen der Operanden, die im Verlaufe des Rechnungsganges verarbeitet werden sollen und sich im Speicher gespeichert befinden, aufgezeichnet sind". Ludgate bezeichnete die Papierrolle als „formula-paper".

Neben der Schrift von Ludgate wurden eine Reihe weiterer Patentschriften entgegengehalten. Die Patentschriften von Couffignal, französisches Patent 819695[59] und US-Patent 2318591,[60] enthielten Beschreibungen eines binären Rechenwerkes für die vier Grundrechenarten und das Wurzelziehen. Ein ähnliches Rechenwerk, das jedoch im 1-, 2-, 4- und 8-System arbeitete, wurde im US-Patent 2191567[61], eine dezimal elektromechanisch arbeitende Re-

---

[58] Ludgate, P. E., „On a proposed analytical machine", *Sci. Proc. Roy. Dublin Soc.*, 12, 1909, S. 77–91; abgedruckt in: Randell, op. cit., S. 73–87.

[59] Französisches Patent 819695: „Perfectionnements apportés aux appareils comportant une représentation matérielle de nombres, notamment aux appareils à calculer fonctionnant électriquement", Société dite: L'Outillage R. B. V. résidant en France (Seine), angemeldet am 24. März 1937, veröffentlicht am 23. Oktober 1937. Priorität in Belgien, 27. März 1936. „L'invention due à M. Couffignal, Louis, est relative aux appareils tels que télécommandes, télétype, téléphone automatique etc. [...]".

[60] US-Patent 2 318 591: „Apparatus calling for a material representation of numbers". Patent erteilt am 11. Mai 1943 an Pierre Louis Couffignal, Brest, Finistere, France; vested in the Alien Property Custodian. Priorität in Belgien, 27. März 1936. „The present invention relates to apparatus such as telecontrol devices, etc., calling for a material representation of numbers, and it is more especially, although not exclusively, concerned, among these apparatus, with calculating apparatus, and in particular such devices of the electric type, that is to say all apparatus capable of solving operations or problems of an arithmetic nature, or of an algebraic nature, the data of which are introduced either automatically or not into said apparatus."

[61] US-Patent 2191567, siehe Fußnote 44.

chenmaschine im DRP 458481,[62] beschrieben. Gegen die binär verschlüsselte Darstellung auf dem Lochstreifen führte der Einspruch neben der amerikanischen Patentschrift 2199541[63], in der eine lochstreifengesteuerte Schreibmaschine beschrieben wurde, die Schweizer Patentschrift 181926[64] mit einem der Lochstreifensendeverfahren an, bei dem in den übertragenen Zeichen neben Buchstaben und Ziffern auch Auswahlvorgänge codiert waren. Dieser neue Einspruch forderte eine Zurückweisung von Zuses Anmeldung im vollen Umfang.[65]

28.1.1960   Der Anwalt schickte die neue Eingabe mit dem Hinweis an Zuse, er glaube, daß „eine ganz neue Situation geschaffen" worden sei, da es sich „um eine ernst zu nehmende Entgegenhaltung handelt".[66]

2.3.1960   Zuse schickte Notizen für die Zurückweisung der Ludgate-Entgegenhaltung an Telefunken. Nach seiner Meinung brachte

---

[62] DRP 458481, siehe Fußnote 31.

[63] US-Patent 2199541: Das amerikanische Patent „Data Transcribing Machine" wurde 1937 von L. S. Harrison, Hartsdale und E. J. Rabenda, Binghampton, N. Y., assignors to IBM, angemeldet und 1940 erteilt. „This case relates to a machine for automatically transcribing information, and particularly to a typewriter controlled by a perforated record tape. The general object of the invention is to provide improved means for controlling a transcribing apparatus, such as a typewriter, by means of coded designations as by representations on a record tape".

[64] Schweizer Patent 181926: Das Patent „Verfahren zum Senden von Telegrammen über eine Telegraphenanlage" wurde, mit Priorität in USA 1933, 1933 in der Schweiz angemeldet und 1936 erteilt. Erfinder war E. E. Kleinschmidt, Chicago. Die Anmeldung enthält 2 Hauptansprüche:
„I. Verfahren zum Senden von Telegrammen über eine Telegraphenanlage, welche mit Fernschreibern ausgerüstete Teilnehmerstationen und selbsttätige Vermittlungsämter umfaßt, dadurch gekennzeichnet, daß der sendende Teilnehmer die Adresse des gewünschten Teilnehmers und das Telegramm immer an eine auf seinem Amt angeordnete Registriereinrichtung übersendet, welche außer dem Verbindungsaufbau auch die Weitergabe des Textes selbsttätig veranlaßt, wobei nach Aufbau der Verbindung die Adresse des gewünschten Teilnehmers selbsttätig wiederholt wird, und daß ferner der sendende Teilnehmer sofort nach Absetzung des Telegrammes an das Amt von diesem abgeschaltet wird, so daß die Apparate der beiden Teilnehmer niemals miteinander verbunden sind.
II. Telegraphenanlage zur Durchführung des Verfahrens nach Patentanspruch I, mit einem oder mehreren mit selbsttätigen Wählern und Registriereinrichtungen ausgestatteten Ämtern und Teilnehmerstationen, die mit Fernschreibern ausgerüstet sind, dadurch gekennzeichnet, daß jeder Registriereinrichtung, Lochstempel, Fühler und selbsttätige Einrichtungen zur Steuerung der Wähler und zur Weitergabe des Telegrammtextes und weiterhin selbsttätige Einrichtungen zugeordnet sind, welche nach durch die Adressenlochung bewirkte Einstellung der Wähler ermöglichen, daß sowohl Adresse als auch Telegrammtext zusammen weitergeleitet werden und daß die Registriereinrichtung mit Schaltern ausgerüstet ist, welche die Fortbewegung der Lochstreifen veranlassen."

[65] Hagen an Patentamt, 11.1.1960, ZuP 006/001.
[66] Weber-Schäfer an Zuse, 28.1.1960, ZuP 006/001.

Ludgate „keinerlei neue Gesichtspunkte in bezug auf den Anspruch". Er sah das wesentlich Neue bei Ludgate gegenüber Babbage in der Einführung des Lochbandes, das jedoch in der Anmeldung Z391 nicht als wesentliches Merkmal beansprucht wurde. Zuse wies vollständig zurück, daß bei Ludgate bereits die Adressenvercodung vorgesehen war. Entsprechend der Jacquard-Karte, die jedem am Webstuhl zu betätigenden Element ein Lochfeld zuordnete, sollte bei Ludgate jedem Speicherplatz ein Lochfeld zugeordnet sein. Demnach bot die Schrift von Ludgate keine neuen Gesichtspunkte in bezug auf die Adressenvercodung, Befehlsregister und Wählwerk.[67]

29.3.1960   Zuses Anwalt formulierte den Entwurf für das Schreiben an das Patentamt. Die erneut abgegrenzte Anmeldung erhielt den neuen Titel „Programmgesteuerte Rechenmaschine". Als wesentliches Erfindungsmerkmal wurde erneut die Verwendung eines Wählwerkes „bei einer elektrischen Rechenmaschine" angegeben, „welches ausgangsseitig mehr Wirkglieder als eingangsseitig Einstellglieder enthält [...]. Der der Erfindung zugrunde liegende neue Gedanke besteht in der Verwendung eines verschlüsselten Befehlscodes zur Programmsteuerung einer elektrischen Rechenmaschine, und die Durchführung dieses Gedankens wird erst durch das Vorhandensein des erwähnten Wählwerkes ermöglicht."

Die Entgegenhaltung der Lochstreifensteuerung bei Fernschreibern ist für die Anmeldung ohne Bedeutung, „da in der Anmeldung nicht die verschlüsselte Darstellung von Nachrichten und Daten an sich, sondern die Verwendung eines entschlüsselnden Wählwerkes in Verbindung mit einer elektrischen Rechenmaschine unter Schutz gestellt werden soll."[68]

28.4.1960   Der Anwalt schickte einen neuen Anspruch 1[69] und eine neue Beschreibungseinleitung an das Patentamt, worin auch die geforderten Änderungen berücksichtigt waren.[70]

---

[67] Zuse an Weber-Schäfer, 2.3.1960, ZuP 006/001.

[68] Entwurf Weber-Schäfer an Patentamt, 29.3.1960, ZuP 006/001.

[69] Neuer Anspruch 1 vom 29.3.1960: „Programmgesteuerte Rechenmaschine mit mindestens einem Speicherwerk zum Speichern von Zahlen in bestimmten Speicherzellen, mindestens einem Rechenwerk und mit einem Planwerk zum Steuern von Operationsabläufen nach einem vorgegebenen Programm, dadurch gekennzeichnet, daß bei einer elektrischen Rechenmaschine mindestens ein Wählwerk vorgesehen ist, welches ausgangsseitig mehr Wirkglieder enthält als eingangsseitig Einstellglieder vorhanden sind und dessen Einstellgliedern das nach Operations- und Übertragungsvorgängen in an sich bekannter Weise entwickelte Programm nacheinander in Form von aus elektrischen Zeichenkombinationen verschlüsselten Befehlen vom Planwerk zugeführt wird, und welches zur Entschlüsselung der Befehle und über seine Wirkglieder zur Auslösung der den Befehlen zugeordneten Rechenoperationen und Übertragungen durch Verbinden der elektrisch angerufenen Speicherzellen mit Einstell- beziehungsweise Resultatgliedern des Rechenwerkes dient." ZuP 006/001.

[70] Johannesson an Patentamt, 24.4.1960, ZuP 006/001.

20.3.1961   Der einsprechende Anwalt ergänzte die Entgegenhaltungen durch die Couffignal-Dissertation von 1938.[71] Hier würde der Hauptanspruch Zuses vollständig vorweggenommen. Dazu wurde ein Memorandum mitgeschickt, das die binäre Daten verarbeitende programmgesteuerte Maschine Couffignals zusammengefaßt beschrieb. „Es bedarf keiner näheren Erörterung, daß die von Couffignal geplante binäre datenverarbeitende Maschine die mit I bis III gekennzeichneten Merkmale aufweist. [...] Das Merkmal IV des Patentanspruchs ergibt sich zwangsläufig dadurch, daß der Programmstreifen der von Couffignal geplanten Maschine binär verschlüsselt ist, und dadurch, daß das Programm in einem Befehl sowohl Operation als auch Adressen aufweist. Es muß also die Steuerstufe, die von dem Programmstreifen gesteuert wird, notwendigerweise ein Wählwerk zur Abgabe der Operationsbefehle und ein Wählwerk zur Adressenauswahl haben."[72]

5.6.1961   Der Anwalt der einsprechenden Partei reichte beim Patentamt zur Untermauerung seines Einspruchs als neues Material das italienische Patent 385130[73] von 1941 ein. Darin würde eine Lochbandsteuerung bei einer Programmrechenanlage beschrieben, die eine Ja-Nein-Schaltelemente aufweisende Schaltungsanordnung besitzt. Er forderte außerdem eine Stellungnahme zu Couffignal an.[74]

2.8.1961   Zuse formulierte den Entwurf einer Eingabe an das Patentamt, der am 15.8.1961 an den Anwalt geschickt wurde. Nachdem Zuse die vollständige Couffignal-Dissertation gelesen hatte, erwiderte er den Einspruch: Couffignal befaßte sich nur mit der prinzipiellen Möglichkeit einer Programmsteuerung und ging auf die Technik nicht weiter ein. Er ließ offen, ob und in welcher Form Befehlsver- und -entschlüsselungen vorgesehen waren. Dagegen hätten die Einsprechenden die allgemeinen Ausführungen Couffignals mit mittlerweile verbreiteten Begriffen aus der aktuellen Datenverarbeitung modernisiert.[75]

18.8.1961   Der Anwalt schickte die Stellungnahme an das Patentamt.[76] Am 15.11.1961 teilte das Patentamt mit, daß der Anspruch 1 nicht gewährt werden könne, da er bereits in der Beschreibung als bekannt vorausgesetzt würde.[77]

---

[71] Vgl. Fußnote 39.

[72] Hagen an Patentamt, 20.3.1961, ZuP 006/001 (vgl. Fußnote 54).

[73] Italienisches Patent 385130. Es handelt sich um die Erfindung von Boni aus dem Jahr 1941. Gegenstand ist eine programmgesteuerte Rechenmaschine besonders für ballistische Rechnungen, bei der mehrere Operanden magnetisch auf einem Stahldraht oder Stahlband gespeichert sind. Verschiedene Hinweise in ZuP 006/001.

[74] Hagen an Patentamt, 5.6.1961, ZuP 006/001.

[75] Weber-Schäfer an Zuse, 2.8.1961, ZuP 006/001.

[76] Weber-Schäfer an Patentamt, 18.8.1961, ZuP 006/001.

[77] Patentamt an Johannesson, 15.11.1961, ZuP 006/001.

8.12.1961   Der Anwalt benachrichtigte Zuse von dem Bescheid. Er führte die unerwartete Entscheidung darauf zurück, daß wegen der gerade in Kraft getretenen Neufassung des Patentgesetzes eine neue Patentabteilung die Entscheidung traf, die „im Gegensatz zum bisherigen Prüfer" der Anmeldung „zunächst" ablehnend gegenüberstehe, „weil sie Widersprüche zwischen der letzten Anspruchsformulierung und den ausgelegten Unterlagen sieht."[78]

25.1.1962   Zuses Anwalt reichte eine Neufassung des Patentanspruchs ein. Die erneute Abgrenzung setzte den Schwerpunkt so: „Der zentrale Erfindungsgedanke besteht darin, wie bereits mehrfach in früheren Eingaben ausgeführt, bei einer programmgesteuerten Rechenmaschine einen in Ja-Nein-Wert-Kombinationen verschlüsselten Befehlscode zu verwenden. Entsprechend ist das Kennzeichen des Anspruchs 1 auf die technischen Mittel gerichtet, die zur Durchführung dieses Gedankens erforderlich sind. Diese sind im wesentlichen die im Programmwerk vorgesehenen Entschlüsselungsmittel [...], denen eingangsseitig von dem Planwerk in Form von Ja-Nein-Wert-Kombinationen verschlüsselt das in an sich bekannter Weise nach Operations- und Übertragungsvorträgen entwickelte Programm zugeführt wird. Zur Vervollständigung der gegebenen technischen Anweisung ist in den weiteren Merkmalen des Anspruchs 1 die Funktion der Entschlüsselungsmittel [...] in der Weise angegeben, daß sie einerseits zur Entschlüsselung der Speicheradresse sowie zum Verbinden der ausgewählten Speicherzelle mit Einstellbeziehungsweise Resultatgliedern des Rechenwerks und andererseits zur Entschlüsselung der Operationsbefehle sowie über das Leitwerk zur Auslösung der den Befehlen zugeordneten Operationen im Rechenwerk dienen."[79]

29.6.1962   Das Patentamt lehnte den neuen Hauptanspruch wieder als bekannt ab. Der Bescheid berief sich auf die Arbeit von Couffignal: „Durch diese Vorveröffentlichung ist somit eine Rechenmaschine bekannt geworden, bei der der Rechenplan nach Operations- und Übertragungsvorgängen in symbolischer Schreibweise und unter Beachtung der Maschinenorganisation entwickelt und der so gewonnene Rechenplan auf Lochband umgesetzt der Rechenmaschine als Steuerprogramm zugeführt wird. [...] Von dieser bekannten programmgesteuerten Rechenmaschine mit Lochstreifeneingabe unterscheidet sich der Anmeldungsgegenstand zunächst lediglich dadurch, daß besonders hervorgehoben wird, daß auf dem Programmlochstreifen ein Kombinationscode (Ja-Nein-Wert-Kombination) verwendet wird. [...] In der Auswahl einer bestimmten Codierung kann aber keine patentwürdige Erfindung gesehen werden."[80]

---

[78] Weber-Schäfer an Zuse, 8.12.1961, ZuP 006/001.

[79] Weber-Schäfer an Patentamt, 25.1.1962, ZuP 006/001.

[80] Patentamt an Johannesson, 29.6.1962, ZuP 006/001.

8.8.1962   Zuses Anwalt entwarf einen Antrag auf einen beschwerdefähi-
           gen Beschluß des Patentamtes, da er eine weitere Diskussion der
Patentfähigkeit in der ersten Instanz für zwecklos hielt.[81]

20.9.1962   Das Patentamt beschloß die Versagung des Patents.[82]

9. Die Zurückweisung durch das Bundespatentgericht

14.11.1962 Zuses Anwalt reichte die Beschwerde[83] und am 19.12.1962 die
           Begründung dazu ein. Die Begründung führte als den „die Erfin-
dung tragenden Gedanken" an, daß bei programmgesteuerten Rechenmaschinen ein in Ja-Nein-Wert-Kombinationen verschlüsselter Befehlscode verwendet wurde, was in keiner der Arbeiten von Babbage, Ludgate oder Couffignal
ausdrücklich ausgesprochen war.[84]

7.8.1963   Der einsprechende Anwalt stellte einen Antrag auf Zurückwei-
           sung der Beschwerde. „Die angebliche Erfindung, die in dem An-
spruch vom 25. Januar 1962 und an der genannten Stelle des Schriftsatzes
vom 19. Dezember 1962 nicht richtigerweise gekennzeichnet wird, entbehrt
der Neuheit gegenüber der Doktorarbeit von Couffignal und dem italieni-
schen Patent 385130. Sie entbehrt auch der Erfindungshöhe im Hinblick auf
die allgemeine Lochstreifen-Steuertechnik in Verbindung mit den klassischen
Vorläufern der programmgesteuerten Rechenmaschine (Babbage, Ludgate).
[...] Die Behauptung der Anmelderin, daß es einen erfinderischen Schritt dar-
stelle, die rein duale und damit binäre Darstellung nicht nur für Zahlen, die
einem Lochstreifen entnommen werden, sondern auch für Operationsbefehle,
die dem Lochstreifen entnommen werden, anzuwenden, kann in keiner Weise
aufrecht erhalten werden, denn sowohl die vorstehend erörterte italienische
Patentschrift 385130 als auch der in der amerikanischen Patentschrift 2199541
dargestellte Lochstreifen zeigen ausdrücklich und zweifelsfrei, daß auf den
dort zur Anwendung gelangenden Lochstreifen Operationsbefehle und Adressen als Ordnungszahlen behandelt werden, und zwar in dual-verschlüsselter
Form. Es wäre auch widersinnig, in dieser Beziehung etwas anderes aus der
Couffignal-Veröffentlichung entnehmen zu wollen."[85]

6.3.1964   Zuses Anwalt teilte dem Bundespatentgericht (BPG) mit, daß
           der Antrag auf Zurückweisung keine wesentlich neuen Gesichts-
punkte gebracht habe.[86]

---

[81] Johannesson an Patentamt, 8.8.1962, ZuP 006/001.
[82] Beschluß, Patentamt 20.9.1962, ZuP 006/001.
[83] Weber-Schäfer an Patentamt, 14.11.1962, ZuP 006/001.
[84] Johannesson an Patentamt, 19.12.1962, ZuP 006/001.
[85] Hagen an BPG, 7.8.1963, ZuP 006/001 (vgl. Fußnoten 73 und 63).
[86] Johannesson an BPG, 6.3.1963, ZuP 006/001.

22.5.1964   Zuses Anwalt schlug vor, „eventuelle Rückzugsmöglichkeiten bei Nichtgewährung des Hauptanspruchs" vorzubereiten. Dabei könne man neben der Befehlsverschlüsselung auch auf die Gleitkommarechnung eingehen. Auch der Anspruch 16[87] könne jetzt für „die heute vielfach verwendete Mikroprogrammsteuertechnik durch Fortschalteketten" wichtig sein. Die entsprechenden Ansprüche sollten zu selbständigen Ansprüchen umformuliert werden, für die Befehlsverschlüsselung nicht mehr Voraussetzung sei.[88]

12.6.1964   Der einsprechende Anwalt erwiderte die Stellungnahme vom 6.3.1964: „Das kennzeichnende Merkmal des neuen Patentanspruches 1, von überbestimmenden Scheinmerkmalen bereinigt, läßt sich dahingehend zusammenfassen, daß das zur Eingabe gelangende Programm in einer Bit-sparenden Weise codiert ist [...]. Die Bit-sparende codierte Verschlüsselung des Programms bringt einen Vorteil lediglich für den gewöhnlichen Programmträger, nicht für die Anlage insgesamt. Es ist ein Vorteil, wenn der Programmträger Bit-sparend in seinen Programmteilen ausgebildet ist. Dieser Vorteil hat mit den Rechenfunktionen der Rechenmaschine selber nichts zu tun [...]. Da somit die Bit-sparende Codierung des Programmstreifens nur dem Zwecke der Bit-Ökonomie des Programmstreifens dient, besteht die durch den neuen Patentanspruch 1 gekennzeichnete angebliche Erfindung nur darin, was in der Technik programmgesteuerter Buchungsmaschinen bereits seit langem bekannt ist."[89]

22.6.1964   Zuse formulierte die Patentschrift neu. Die Beschreibungseinleitung begann: „Die Erfindung betrifft eine programmgesteuerte Rechenmaschine mit einem Speicher, bestehend aus einzeln aufrufbaren, jeweils einen Operanden als mehrstellige Binärzahl speichernden Speicherzellen mit einem zur Ausführung verschiedener Rechenoperationen einstellbaren Rechenwerk und mit einem Programmwerk zum Einstellen der Operationsabläufe im Rechenwerk und der Operanden- und Resultat-Transporte zwischen Rechenwerk und Speicherwerk nach einer vorgegebenen, auf einem Programmträger aufgezeichneten Folge von nacheinander automatisch abgelesenen Operations- und Transportbefehlen. Derartige Maschinen sind mehrfach beschrieben worden, jedoch war es bisher nicht gelungen, eine funktionsfähige programmgesteuerte Rechenmaschine zu bauen." Die Einleitung erwähnte auch Couffignal und meinte zu dessen Schrift: „Über die technischen Mittel zur Programmsteuerung ist diesem Vorschlag jedoch nicht mehr zu entnehmen als den älteren Arbeiten von Babbage und Ludgate."

Der „Stand der Technik" wurde weiter abgegrenzt: „Es waren zwar schon elektrische Einrichtungen zum Speichern und Auswählen von Zahlenangaben bekannt, bei denen durch Verwendung eines Wählwerks, an dem die anzuru-

---

[87] Anspruch 16 bezog sich auf „Relaisketten"-Schaltungen im Rechenwerk.
[88] Johannesson an Zuse, 22.5.1964, ZuP 006/001.
[89] Hagen an BPG, 12.6.1964, ZuP 006/001.

fenden Speicherzellen eingestellt werden können, die Verbindungen der angerufenen Speicherzellen mit den Ausgangs- beziehungsweise Eingangsgliedern hergestellt werden. Hierbei handelt es sich jedoch um eine nach Art eines Hebdrehwählers aufgebaute Anordnung, die durch Stromstoßreihen angesteuert wird. Relaiskontaktpyramiden und ähnliche Anordnungen zur Auswahl einer Leitung aus einer Vielzahl von Leitungen sind an sich für verschiedene Zwecke bekannt geworden. Ihre Verwendung in der angegebenen Weise in programmgesteuerten Rechenmaschinen bringt den besonderen Vorteil, daß als Ja-Nein-Wert-Kombinationen verschlüsselte Befehle verwendet werden können, die bei der Aufzeichnung, zum Beispiel auf einem Lochstreifen, ein Minimum an Raum beanspruchen und daß für die Befehlsregister und Übertragungselemente ein Minimum an Aufwand, zum Beispiel an Relais, erforderlich ist."[90]

15.9.1964   Der einsprechende Anwalt reichte seine Stellungnahme zur neuen Patentformulierung ein. Er bemängelte den neuen Hauptanspruch, „der eine unzulässige Veränderung und Erweiterung des Gegenstandes der bekanntgemachten Anmeldungsunterlagen darstellt. In diesen Unterlagen ist weder ein Adressenregister [...] noch ein Operationsbefehlsregister [...] offenbart."[91]

22.10.1965   Zuses Anwalt reichte an das BPG als Material zur Klärung der Frage des technischen Fortschritts einen Aufsatz von Dr. Ganzhorn[92] (IBM) ein, der Zuse als Erfinder würdigte.[93]

---

[90] Neuer Anspruch 1 vom 22.6.1964: „Programmgesteuerte Rechenmaschine mit einem *Speicher*, bestehend aus einzeln anrufbaren, jeweils einen Operanden als mehrstellige Binärzahl speichernden Speicherzellen mit einem zur Ausführung verschiedener Rechenoperationen einstellbaren *Rechenwerk* und mit einem *Programmwerk* zum Einstellen der Operationsabläufe im Rechenwerk und der Operanden- und Resultat-Transporte zwischen Rechenwerk und Speicherwerk nach einer vorgegebenen, auf einem Programmträger aufgezeichneten Folge von nacheinander automatisch abgelesenen Operations- und Transportbefehlen, *dadurch gekennzeichnet*, daß im Programmwerk zwei Kontaktfelder mit einzeln steuerbaren Schaltergruppen und mehr Ausgangswirkleitungen als Eingangssteuerleitungen (Relaiskontaktpyramiden, [...]) vorgesehen sind, deren eines [...], gesteuert von einem durch die abgelesenen Transportbefehle eingestellten, aus Umschaltgliedern [...] gebildeten Adressenregister, die Verbindung der im Adressenregister eingestellten Speicherzellen mit den Operandeneinstell- und Resultatgliedern des Rechenwerks [...] bewirkt und deren anderes [...], gesteuert von einem durch die abgelesenen Operationsbefehle eingestellten, aus Umschaltgliedern [...] gebildeten Operationsbefehlsregister, die Einschaltung von den Operationen im Rechenwerk einleitenden Operationsschaltern (Operationsrelais [...]) bewirkt." ZuP 006/001.

[91] Hagen an BPG, 15.9.1964, ZuP 006/001.

[92] Ganzhorn, K., „Historische Entwicklung der Informationsverarbeitung", *IBM-Nachrichten*, Bd. 14, 1994, S. 2152–2156.

[93] Johannesson an BPG, 20.12.1965, ZuP 006/001.

2.12.1965   Der einsprechende Anwalt zeigte in seiner Antwort das zentrale Problem der grundlegenden Anmeldung des Erbauers der Z3 auf: „Der genannte Artikel gibt eine Zusammenfassung über die Historie des Baues datenverarbeitender Maschinen aus der Sicht eines praxisorientierten Fachmannes. In dem Artikel werden daher in erster Linie Entwicklungsbeiträge dargelegt, die im Bau von mehr oder weniger einsatzfähigen Maschinen bestanden, während zahlreiche grundlegende theoretische Beiträge nicht erwähnt werden. Als Beispiel hierfür seien die Namen von Ludgate, Couffignal, Turing, Shannon und Dirks genannt, die weniger als Konstrukteure von fertigen Maschinen, sondern vielmehr als Schöpfer von Maschinenstrukturen und -konzeptionen in die Geschichte der Rechenmaschinenentwicklung eingegangen sind. Eine Betrachtungsweise, die nur in der Praxis realisierte Dinge berücksichtigte, ist für die Würdigung patentrechtlicher Zusammenhänge nicht maßgeblich, da das Patentgesetz weder für die Erteilung eines Patentes für eine neue Erfindung noch für die Gültigkeit einer druckschriftlichen Vorveröffentlichung als neuheitsschädliches Material die Bedingung vorsieht, daß der Gegenstand der Erfindung beziehungsweise Vorveröffentlichung in der Praxis verwirklicht worden ist."[94]

20.12.1965   Zuses Anwalt schickte eine Erwiderung: „Nach Ansicht der Anmelderin ist jedoch nach wie vor ein wesentliches Indiz für die Patentfähigkeit einer Erfindung darin zu sehen, daß die Lehre dieser Erfindung unmittelbar zur Konstruktion einer einsatzfähigen Maschine geführt hat, während die sich im wesentlichen auf Systemfragen beziehenden Beiträge früherer Autoren im Theoretischen erschöpften. [...] Wenn Ganzhorn in seinem Artikel darauf hinweist, daß die Z3 'bereits nach einem lochstreifengesteuerten Programm' arbeitete, so ist die Bedeutung dieser Feststellung im Zusammenhang mit seiner Bemerkung [...] in ihrer vollen Tragweite zu verstehen, indem er auf die erstmalige Anwendung der der Technik angepaßten und überlegenen binären Logik zum Bau von Rechenmaschinen durch Zuse hinweist. Betrachtet man weiterhin die [...] getroffene Feststellung, daß einer der wesentlichen Punkte der von J. v. Neumann in die Technik der elektronischen Rechenautomaten eingeführten Konzeption darin besteht, 'das Programm eines Rechenautomaten als Information so zu kodieren, daß es in seinem Informationsspeicher gespeichert werden kann', so erkennt man, daß die Vorbedingung für dieses Konzept durch die kodierte Befehlsverschlüsselung gegeben ist, die erstmalig für die zweckmäßige Ausgestaltung des Programmwerkes in der vorliegenden Anmeldung offenbart wurde. Wie wenig naheliegend diese Gedanken zur damaligen Zeit (1946) noch waren, zeigen die im vorangehenden Absatz [...] gemachten Angaben für den seinerzeit aufsehenerregenden, ersten elektronischen Rechenautomaten ENIAC, der noch mit dekadischen Ringzählern im Rechenwerk wie in den Registern und mit einem auf einer Schalttafel gesteckten Programm arbeitete."

---

[94] Hagen an BPG, 2.12.1965, ZuP 006/001.

Der Anwalt zog aus diesen historischen Tatsachen die Schlußfolgerung: „Obwohl also einzelne Merkmale der Erfindung für sich, teils aus theoretischen Betrachtungen über programmgesteuerte Rechenmaschinen, teils aus der Technik der tastengesteuerten Rechenmaschine, schon bekannt waren, kann doch ihre Kombination, die erstmals zur Realisierung einer programmgesteuerten Rechenmaschine in Form der Z3 führte, nicht so naheliegend gewesen sein, wie die Einsprechende glauben möchte, wenn die unabhängige Entwicklung in dem für diesen Zweig der Technik führenden Land noch solche Umwege gehen mußte."[95]

7.1.1966   Auf die entgegengehaltene deutsche Patentschrift 664012[96] erwiderte der Anwalt Zuses: „Auch hat die Verwendung des binären Zahlensystems in der deutschen Patentschrift 664012 nicht in der Weise wie bei der Erfindung stattgefunden, daß die binären Zahlen als solche auch im Speicher gespeichert wurden; vielmehr wurde bei der bekannten Anordnung vor jeder Einzelrechnung vom dezimalen System in das binäre System umgerechnet und nach jeder Einzelrechnung wieder in das Dezimalsystem zurückübertragen."[97]

31.1.1966   Zuses Anwalt schickte an das BPG ein Ergänzungsschreiben mit dem Hinweis: „Im Nachgang zur Eingabe vom 7.1.66 wird mitgeteilt, daß Herr Dr. Zuse den Unterzeichneten darauf aufmerksam gemacht hat, daß bei der Verleihung der 'Harry Goode Memorial Award' gerade darauf hingewiesen worden ist, daß mit der Verwirklichung des 'Gleitkomma'-Prinzips in Binär-Computern die moderne Computer-Technik maßgebend befruchtet worden ist."[98]

6.4.1966   Zuses Anwalt reichte einen neu formulierten 1. Anspruch ein: „Programmgesteuerte Rechenmaschine mit einem *Speicher*, bestehend aus einzeln anrufbaren, jeweils einen Operanden als mehrstellige Binärzahl speichernden Speicherzellen mit einem zur Ausführung verschiedener Rechenoperationen einstellbaren *Rechenwerk* und mit einem *Programmwerk* zum Einstellen der Operationsabläufe im Rechenwerk und der Operanden- und Resultat-Transporte zwischen Rechenwerk und Speicherwerk nach einer vorgegebenen, auf einem Programmträger aufgezeichneten Folge von nacheinander automatisch abgelesenen Operations- und Transportbefehlen, *dadurch gekennzeichnet*, daß im Programmwerk zwei Kontaktfelder mit einzeln steuerbaren Schaltergruppen und mehr Ausgangswirkleitungen als Eingangssteuerleitungen (Relaiskontaktpyramiden, [...]) vorgesehen sind, deren eines [...], gesteuert von einem durch die abgelesenen Transportbefehle eingestellten Satz von Adressenaufnahmegliedern [...], die Verbindung der in diesen Aufnahmegliedern eingestellten Speicherzellen mit den

---

[95] Johannesson an BPG, 20.12.1965, ZuP 006/001.

[96] DRP 664012, siehe Anmerkung 22.

[97] Johannesson an BPG, 7.1.1966, ZuP 006/001.

[98] Johannesson an BPG, 31.1.1966, ZuP 006/001.

Operandeneinstell- beziehungsweise Resultatgliedern des Rechenwerks [...] bewirkt und deren anderes [...], gesteuert von einem durch die abgelesenen Operationsbefehle eingestellten Satz von Operationsbefehlsaufnahmegliedern [...], die Einschaltung von die Operationen im Rechenwerk einleitenden Operationsschaltern [...] bewirkt."[99]

19.4.1966   Der einsprechende Anwalt wies das BPG darauf hin, daß in dem entgegengehaltenen US-Patent 2141598[100] von Bryce „das Prinzip der Gleitkommarechnung offenbart ist", da hier Mantissen- und Exponentenwerte nach diesem Prinzip gebildet und gespeichert werden.

Dann nahm er zu den Würdigungen Zuses Stellung: „Die Einsprechende erkennt die Verdienste von Dr. Zuse voll an; sie betrachtet die ihm zuteil gewordenen Ehrungen als verdiente Belohnung für seine überragende Leistung, als erster eine Programmrechenmaschine in der Praxis verwirklicht zu haben. Die Einsprechende kann aber nicht anerkennen, daß diese Verdienste als Ersatz für das Fehlen der rechtlichen Voraussetzungen für die Erteilung eines Patentes auf vorliegende Anmeldung dienen können. Für ein Urteil über die Patentfähigkeit eines Anmeldungsgegenstandes kann allein der als erfindungswesentlich offenbarte Inhalt der Anmeldungsunterlagen, der in Betracht zu ziehende Stand der Technik und der sich dabei allenfalls ergebende erfinderische Überschuß, nicht aber die Person des Erfinders maßgebend sein"[101].

23.5.1966   Der einsprechende Anwalt stellte fest, daß mit dem neuen Anspruch 1 „auf die weitere Geltendmachung einer Speichereigenschaft für die Lochstreifenabfühlrelais [...] verzichtet" wurde.[102]

vor 21.7.1966   Der einsprechende Anwalt forderte das BPG auf, das Patent wegen mangelnder Erfindungshöhe nicht zu erteilen. Er wandte sich erneut dagegen, daß „die Codierung von Befehlen und Adressen bei einer programmgesteuerten Rechenmaschine ungeachtet der am Anmel-

---

[99] Johannesson an BPG, 6.4.1966, ZuP 006/001.

[100] US-Patent 2141598: Das amerikanische Patent „Automatic Decimal Point Selecting Device for Accounting-Machines" wurde 1934 von J. W. Bryce, Bloomfield, N. J., assignor to IBM Corp. N. Y., angemeldet und 1938 erteilt. Der Hauptanspruch lautet: „A record controlled accounting machine, including record controlled entry receiving means, record analyzing means for reading designations of amounts to be entered there in, shiftable connections between said entry receiving means and the analyzing means, presenting means for presenting amount designations on the records to determine the denominational magnitude thereof and means controlled by said last named means for controlling the shiftable connections and effecting a columnar shift go vary denominationally the entries into the receiving means depending upon denominational magnitudes of amounts."
1935 meldete IBM ohne Erfinderangabe das entsprechende Patent 667044 in Deutschland an. Es wurde ebenfalls 1938 erteilt und hatte den Titel „Multiplikationsmaschine mit Einrichtung zur Produktregistrierung".

[101] Hagen an BPG, 19.4.1966, ZuP 006/001.

[102] Hagen an BPG, 23.5.1966, ZuP 006/001.

detag für die verschiedensten Zwecke üblichen Zahlen-, Befehls- und Adressenverschlüsselungen für schutzfähig" gehalten werden könnte, und führte die deutschen Patentschriften 641105[103], 535888 [104] und die englische Patentschrift 525330 [105] an.[106]

3.10.1966   Zuses Anwalt bat das BPG um möglichst baldige Beschlußfassung. [107]

17.11.1966   Der einsprechende Anwalt wies darauf hin, daß die entgegengehaltenen deutschen Patentschriften 535888 und 641105 „im Zusammenhang mit dem übrigen als bekannt nachgewiesenen Stand der Technik zu werten sind". Dazu gehörte vor allem die Schrift von Couffignal, wo „von der Methode des wahlweisen Abspeicherns und Wiederaufsuchens von Daten in Speicherplätzen, die durch die Programmbefehle adressierbar sind, in vollem Umfang Gebrauch gemacht wird."[108]

14.7.1967   Das BPG wies die Beschwerde zurück, mit der Begründung:
„Die Beschwerde ist zulässig, konnte jedoch keinen Erfolg haben.

1. Die Anmeldung geht im Oberbegriff der Patentansprüche von programmgesteuerten Rechenmaschinen mit einem Speicher, einem Rechenwerk

---

[103] DRP 641105: Das Patent „Buchungsmaschine" wurde 1927 von der National Cash Register Company, Dayton, Ohio, USA, angemeldet und 1936 bekanntgemacht. „Durch gelochte Streifen oder Karten gesteuerte Buchungs- oder statistische Maschine, bei der mittels Einstellglieder eine von mehreren einem Addierwerk zugeordneten Lochkombinationen wahlweise wirksam gemacht werden kann und gewisse Lochreihen je nach der Stellung des einen Einstellgliedes einen Teilgang der Maschine, bei dem im wesentlichen nur die Streifenvorschubeinrichtung arbeitet, oder einen Totalgang, bei dem auch die Abfühl-, die Addierwerkauswahl- und die Additionsvorrichtung arbeitet."

[104] DRP 535888: Das Patent „Registriermaschine" wurde 1926 von der National Cash Register Company, Dayton, Ohio, USA, angemeldet und 1931 bekanntgemacht. Es handelt sich um eine „Registriermaschine mit der Anzahl von Addierwerken, die durch Lochkarten ausgewählt und auf die ebenfalls durch die Lochungen des Lochstreifens bestimmten Beträge übertragen werden."

[105] Britisches Patentamt 525330: „Improvements in or relating to Electrically Operated Calculating Apparatus", 1938 von dem Ungarn Ladislas Kozma und dem Holländer Jakob Kruithof für die Standard Telephones and Cables Limited, London, angemeldet und 1940 erteilt. „This invention relates to electrically-operated calculating apparatus. The equipment is conceived as a central calculating equipment accessible from a number of different positions, from any one of which the equipment can be seized and provided with a calculating problem to be performed, the answer being transmitted back to the station and printed or otherwise indicated to the operator at the station. [...] can be applied to equipment in which the key set and calculating equipment are built as a unit, or to any desired calculating problem, for instance accounting and banking problems. [...] these and other calculating facilities may be provided in a centralised calculating service for a number of stations or for unitary equipment."

[106] Hagen an BPG, 21.7.1966, ZuP 006/001.

[107] Johannesson an BPG, 3.10.1966, ZuP 006/001.

[108] Hagen an BPG, 17.11.1966 (Eingangsdatum), ZuP 006/001.

und einem Programmwerk aus, das die auf einem Programmträger aufgezeichneten Operations- und Transportbefehle aufnimmt. Nach dem zweiten Absatz der neuen Beschreibungseinleitung vom 22. Juni 1964 liegt
ihr die Aufgabe zugrunde, Maßnahmen für den Bau derartiger bisher
nur beschriebener, aber nicht ausgeführter Maschinen anzugeben.
2. Eine Aufgabenstellung, die selbst erfinderisch ist, liegt hiernach offensichtlich nicht vor [...]. Damit übereinstimmend hat sich auch die Anmelderin bei der Verteidigung des Anmeldungsgegenstandes nicht auf die
Stellung der Aufgabe, sondern auf die im Anspruch gekennzeichneten
Mittel gestützt, mit denen sie die Aufgabe lösen will."[109]

10. Fazit

Es bleiben verschiedene Fragen. Eine davon ist die, inwieweit die Bezeichnung
„Erfinder des Computers" auf Zuse überhaupt zutrifft. Sie wurde in Kenntnis
des Sachverhalts der abgelehnten Patentanmeldung trotzig von Zuse selbst
propagiert, in zahllosen Interviews, journalistischen Publikationen und Fern-
sehfilmen demonstrativ aufgegriffen und wiederholt. Zuse akzeptierte nicht,
daß seine theoretischen Erkenntnisse und deren Umsetzung in technische Anwendungen sich ohne „erfinderische Leistung" allein aus dem zeitgenössischen
Wissen ergeben hätten. Die überwiegende Mehrzahl der Computerfachleute
hat dem nicht widersprochen. Statt dessen wurde mehr oder weniger deutlich
die Autorität und Kompetenz der patentrechtlichen Institutionen in Zweifel
gezogen und nicht selten die Geschichte vom verkannten Erfindergenie, das
gegen ausländische Interessen nicht ankommt, kolportiert. Immerhin bleibt
auch dann, wenn man alle oberflächliche Geschwätzigkeit ignoriert, der Eindruck, daß die Argumentation der Vertreter des Patentrechts außerhalb des
juristischen Kontexts kaum nachvollzogen werden kann. Ganz offensichtlich
ist aber die Bedeutung der „Erfindung des Computers" wesentlicher Bestandteil ganz allgemeiner Vorstellungen von unserer heutigen Welt. Das Patentamt besitzt auch kein Monopol auf die Verleihung eines Titels „Erfinder".
Allerdings ist die Erteilung eines Patents der wirksame Hebel, der finanzielle
Ansprüche rechtlich durchsetzbar macht.

Verfolgt man das Hin und Her von Eingaben, Neuformulierungen, Ein-
wänden und Ablehnungsbegründungen durch die Jahre und Jahrzehnte, so
werden die Schwierigkeiten deutlich, die ein Erfinder bei seinen Bemühungen
um ein Patent überwinden muß. Dies gilt insbesondere dann, wenn die Bedeutung der Ansprüche während dieser Zeit zunimmt. Obwohl Konrad Zuse in
unzähligen Stunden und Tagen seine Erfindungen immer wieder neu in Worte
faßte, sie mit Zeichnungen illustrierte, Ansprüche formulierte und abgrenzte,
blieben seine Bemühungen erfolglos. Man gewinnt den Eindruck, daß die Anleitung durch den Patentanwalt zumindest bis 1944 entweder kaum stattfand

---

[109] Beschluß des Bundespatentgerichts vom 14.7.1967, ZuP 005/009.

oder wenig qualifiziert war. Leider gibt es keine Quellen, die dieses Verhältnis beleuchten. Ohne die juristisch qualifizierte Anleitung ist der Apparat des Patentsystems ebensowenig zugänglich wie jener des Strafrechts.

Kaum beantwortbar ist die Frage, was die Erteilung des Patents 1967 bedeutet hätte. Die „überragende Leistung, als erster eine Programmrechenmaschine in der Praxis verwirklicht zu haben" hatte zu diesem Zeitpunkt nicht nur die einsprechende Partei anerkannt; letztlich ging es aber allein um die juristisch anerkannte „erfinderische Kraft". Von ihrer Anerkennung hingen die finanziellen Konsequenzen ab. Die Annahme, daß die gesamte internationale Computerindustrie Lizenzgebühren an Zuse hätte bezahlen müssen, erscheint nicht sehr realistisch. Offen muß auch bleiben, ob die Erteilung des Patents der Zuse KG in ihrer schwierigen finanziellen Lage Erleichterung verschafft und die Zeit ihrer Eigenständigkeit verlängert hätte. 1994 charakterisierte Zuse das abgelehnte Patent lapidar: „Unter dieses Patent wären alle Computer gefallen." Zu den damals erwarteten Konsequenzen aus der Patenterteilung sagte er nichts.[110]

Anhang

Folgende Aufstellung der Patente von Konrad Zuse wurde am 8.10.1959 von Mitarbeitern der Zuse KG erstellt, ZuP 020/003.
Patentanmeldungen von Dipl.-Ing. Dr. K. Zuse (Zeitraum: 1936–1947)

1. Pat.-Anm. Z23139 IX/42m:
    „Verfahren zur selbsttätigen Durchführung von Rechnungen",
    Tag der Anmeldung: 11.4.1936,
    nicht bekanntgemacht; zurückgezogen August 1940.

2. Pat.-Anm. Z23624 IXb/42m:
    „Rechenmaschine – Rechenanlage",
    Tag der Anmeldung: 24.12.1936,
    nicht bekanntgemacht; zurückgezogen Februar 1943.

3. Pat.-Anm. Z23189 IXb/42m = Z396 IXb/42m:
    „Mechanisches Schaltglied",
    Tag der Anmeldung: 9.5.1936,
    bekanntgemacht: 18.9.1952,
    Patent erteilt: 10.9.1953 Nr. 907948,
    Verzicht vom 23.8.1955.

4. Pat.-Anm. Z23967 IXb/42m = Z397 IXb/42m:
    „Mechanisches Verteilerschaltglied",

---

[110] *Frankfurter Allgemeine Zeitung*, Beilage „Deutsche Wirtschaft", 14.6.1994.

Zusatz zu Z396 IXb/42m,
Tag der Anmeldung: 2.7.1937,
bekanntgemacht: 18.12.1952,
Patent erteilt: 22.7.1954 Nr. 919017,
Verzicht vom 23.8.1955.

5. Pat.-Anm. Z24062 IXb/42m = Z395 IXb/42m:
„Aus mechanischen Schaltgliedern aufgebautes Speicherwerk",
Zusatz zu Z397,
Tag der Anmeldung: 2.7.1937,
bekanntgemacht: 18.6.1953,
Patent erteilt: 29.11.1954 Nr. 924107,
Verzicht vom 23.8.1955.

6. Pat.-Anm. Z26476 IXb/42m = Z391 IXb/42m:
„Rechenvorrichtung",
Tag der Anmeldung: 16.6.1941,
bekanntgemacht: 4.12.1952.

7. Pat.-Anm. Z28222 IXb/42m = Z392 IXb/42m:
„Verfahren zur Abtastung von Oberflächen und Einrichtung zur
Durchführung des Verfahrens",
Tag der Anmeldung: 2.10.1943,
bekanntgemacht: 3.7.1952,
Patent erteilt, bekanntgemacht: 26.2.1953 Nr. 872645.

8. Pat.-Anm. Z28571 IXb/42m = Z393 IXb/42m:
„Verfahren zum Multiplizieren von Zahlen",
Tag der Anmeldung: 16.5.1944,
bekanntgemacht: 28.2.1952,
aufgegeben am 28.12.1956.

9. Pat.-Anm. Z28780 IXb/42m = Z394 IXb/42m:
„Vorrichtung zum Ableiten von Resultatangaben mittels Grundoperationen des Aussagenkalküls " = „(Logistische) Rechenvorrichtung",
Tag der Anmeldung: 11.10.1944,
bekanntgemacht: 12.3.1953.

10. Österreichische Pat. Anm. A1526/47:
„Vorrichtung zum Ableiten von Resultatangaben mittels Grundoperatio-
nen des Aussagenkalküls",
Tag der Anmeldung: 2.4.1947,
Patent erteilt: 1.7.1952 Nr. 172288.

Die Patentanmeldung Z391 von Konrad Zuse

Raúl Rojas und Georg-Alexander Thurm

Anmerkungen zur Edition des Textes

Der nachfolgende Text von Konrad Zuse war bisher nicht veröffentlicht worden. Es handelt sich um die Patentanmeldung, die der deutsche Erfinder am 16.7.1941 über seinen Patentanwalt einreichte. Das ursprüngliche Aktenzeichen war Z26476. Nach der Wiedereröffnung des Patentamts wurde das Anmeldungsverfahren 1951 unter dem Aktenzeichen Z391 neu aufgenommen (siehe Seite 73).

Die Struktur des Textes erklärt sich aus seiner Vorgeschichte. Nachdem das Patentamt wiederholt die Prioritätsansprüche von Zuse in Frage gestellt hatte, meldete er nicht mehr ein abstraktes Verfahren, sondern eine konkrete Rechenmaschine an. Deren Neuigkeit bestand für Zuse in der „Kombination zum größten Teil bekannter Einzelvorrichtungen", die die Abarbeitung von Programmen ermöglichten. Entsprechend der Forderung des Patentamtes legte Zuse hier erstmals die Gesamtstruktur und Algorithmen der Maschine offen, was den heutigen Fachmann ermöglicht, dem Dokument alle wesentlichen Eigenschaften der Z3 zu entnehmen.

Für die Edition des Manuskriptes standen uns Fotokopien aus dem von der GMD geführten Zuse-Archiv zur Verfügung (Zuse Papiere 005/011). Die Qualität der Materialien erlaubte uns eine getreue Wiedergabe des Textes. Wir haben die Satzbildung, die gelegentlich schwerfällig ist, nicht verändert. Die Zeichensetzung entspricht weitgehend dem Original. Um die Struktur des Dokumentes zu verdeutlichen, haben wir Überschriften eingefügt. *Alle* Fußnoten stammen von uns; sie sollen dem Leser an bestimmten Stellen weiterhelfen oder möglichen Mißverständnissen vorbeugen.

Der Originaltext wurde mit einer Schreibmaschine angefertigt. Die Unterstreichungen im Original werden im edierten Text *kursiv* gesetzt, ebenso die Namen von Relais und Variablen.

Die Abbildungen wurden aus dem Original nachgezeichnet. Die Handskizzen der Patentanmeldung hat Zuse selbst gemacht. Bei einigen wenigen Abbildungen waren die Ränder der erhaltenen Fotokopien kaum lesbar, wir konnten aber aus dem Text und aus der Struktur der Schaltung die fehlenden Komponenten ableiten. Uns stand auch eine überarbeitete Fassung der Patentanmeldung zur Verfügung („Beschreibung der Programmgesteuerten Rechenanlage Zuse Z3"), die von Mitarbeitern der Zuse KG in den Jahren 1962–1963 angefertigt wurde. Dabei wurden einige Schaltungen verändert und andere Bezeichnungen verwendet. Wir haben uns an das Original gehalten und auf das zweite Dokument, das eher dem Nachbau der Z3 in München entspricht, nur im Zweifelsfall zurückgegriffen.

Bei allen Abbildungen haben wir *eigene* Anmerkungen hinzugefügt, die dem Leser die Analyse der Schaltungen erleichtern sollen. Die Anmerkungen sind in vielen Fällen redundant in bezug auf den Text der Patentanmeldung und redundant untereinander. Jedoch bieten sie dem Leser wichtige Information über die Kreuzverbindungen zwischen den verschiedenen Schaltungen. Wir wissen aus eigener Erfahrung, wie schwierig und mühsam es ist, die Verknüpfungen zwischen bestimmten Teilen der Maschine zu verstehen, wenn man jedesmal einzelne Relais suchen muß. Auch in den Text der Patentanmeldung haben wir Hinweise auf die Abbildungen eingefügt: wo eine Abbildung besprochen wird, wurde die Abbildungsnummer mit einem Pfeil als Randbemerkung hinzugefügt, damit der Text zu einzelnen Abbildungen schnell gefunden werden kann.

Der Vergleich der Patentanmeldung mit den Schaltungen der Rekonstruktion der Z3 im Deutschen Museum zeigt, daß die Pläne beider Rechner an entscheidenden Stellen voneinander abweichen. Wir haben den Eindruck, daß die Rekonstruktion der Z3, die von Zuse und Mitarbeitern seiner Firma vorgenommen wurde, an bestimmten Stellen verändert wurde, um die Schaltungen zu optimieren oder die Fehlersuche zu vereinfachen. So enthält z. B. der Befehlssatz der Originalmaschine keinen Halte-Befehl. Die Maschine stoppt nur dann, wenn eine numerische Eingabe erwartet wird oder wenn das Resultat angezeigt wurde. Die Z3 in München dagegen sieht einen Halte-Befehl mit einem entsprechenden Befehlscode vor. Ein anderes Beispiel: Die Inhalte der Register der Originalmaschine konnten nicht direkt inspiziert werden, während die Maschine in München Lampen und zwei Tasten besitzt, mit denen die Inhalte der Argumentregister überprüft werden können.

Die Patentanmeldung Z391 verlangt mehr als eine flüchtige Lektüre: der Text lädt zum Selbststudium und zu konzentrierter Auseinandersetzung mit den besprochenen Schaltungen ein. Damit wird aber die Erforschung der Computergeschichte etwas Lebendiges, das Informatiker und Studierende der Informatik neu für unser Fach begeistern kann.

Patentanmeldung Z391 (1941)

Konrad Zuse[*]

1. Rechenvorrichtung

Vorliegende Erfindung bedeutet die Kombination zum größten Teil bekannter Einzelvorrichtungen zu einem Aggregat, das ermöglicht, häufig wiederkehrende Rechnungen beliebiger Länge und beliebigen Aufbaues, die sich aus elementaren Rechenoperationen zusammensetzen, mit Hilfe von Rechenmaschinen selbsttätig durchzuführen.

Bevor auf die konstruktiven Probleme eingegangen wird, soll das Problem mathematisch dargestellt werden. Voraussetzung für jede Art der auszuführenden Rechnung ist die Aufstellung eines Rechenplanes, in dem die aufeinanderfolgenden Rechenoperationen dem Charakter und der Reihe nach aufgezeichnet werden und die im Verlauf der Rechnung auftretenden Zahlen fortlaufend numeriert oder nach einem anderen Schema geordnet werden, ohne sie zunächst der Größe nach zu bestimmen. Man geht von bestimmten „Ausgangswerten" aus, die den Variablen einer Formel entsprechen, und leitet aus diesen durch bestimmte Operationen über eine Reihe von Zwischenwerten die Resultatwerte ab. Ist für eine bestimmte Aufgabe ein solcher Rechenplan einmal aufgestellt, so gilt er für sämtliche Variationen der Ausgangswerte.

Das Verfahren wird nachstehend an einem Beispiel erörtert. Wir wollen den Rechenplan für eine dreistellige Determinante aufstellen.

$$\Delta = \begin{vmatrix} a_{11} & a_{12} & a_{13} \\ a_{21} & a_{22} & a_{23} \\ a_{31} & a_{32} & a_{33} \end{vmatrix}$$

Wir haben neun Ausgangswerte. Um nicht für die im Lauf der Rechnung auftretenden Zahlen dauernd neue Buchstabenbezeichnungen einführen zu müssen, werden die auftretenden Werte fortlaufend mit $V_1, V_2, \ldots$ (Variablen) bezeichnet:

$$\Delta = \begin{vmatrix} V_1 & V_2 & V_3 \\ V_4 & V_5 & V_6 \\ V_7 & V_8 & V_9 \end{vmatrix}$$

---

[*] Kommentierter Originaltext der Fassung von 1941. Überschriften, Fußnoten, Bildunterschriften und Anmerkungen stammen vom Herausgeber.

Rechenplan-(Entwurf)

$$
\begin{array}{llllll}
\text{Operation} & 1.) & V_1 & \times & V_5 & = V_{10} \\
 & 2.) & V_{10} & \times & V_9 & = V_{11} \\
 & 3.) & V_2 & \times & V_6 & = V_{12} \\
 & 4.) & V_{12} & \times & V_7 & = V_{13} \\
 & 5.) & V_3 & \times & V_4 & = V_{14} \\
 & 6.) & V_{14} & \times & V_8 & = V_{15} \\
 & 7.) & V_1 & \times & V_6 & = V_{16} \\
 & 8.) & V_{16} & \times & V_8 & = V_{17} \\
 & 9.) & V_2 & \times & V_4 & = V_{18} \\
 & 10.) & V_{18} & \times & V_9 & = V_{19} \\
 & 11.) & V_3 & \times & V_5 & = V_{20} \\
 & 12.) & V_{20} & \times & V_7 & = V_{21} \\
 & 13.) & V_{11} & + & V_{13} & = V_{22} \\
 & 14.) & V_{22} & + & V_{15} & = V_{23} \\
 & 15.) & V_{23} & - & V_{17} & = V_{24} \\
 & 16.) & V_{24} & - & V_{19} & = V_{25} \\
 & 17.) & V_{25} & - & V_{21} & = V_{26} \quad = \text{Resultat} \\
\end{array}
$$

Die Durchführung der zahlenmäßigen Rechnung ist eine rein mechanische Tätigkeit. Sie läßt sich von Rechenmaschinen mit folgender Zusammenstellung von Vorrichtungen durchführen:

Man verbindet die Rechenvorrichtung über ein Wählwerk mit einem Speicherwerk, das je Zelle eine Zahl aufnehmen kann. Das Wählwerk hat den Zweck, die erforderliche Speicherzelle mit der Rechenvorrichtung zu verbinden, sei es auf elektrischem oder mechanischem Wege, um entweder die gespeicherte Zahl zu einer Rechenoperation zu verwenden oder um in der Zelle eine Zahl zu speichern. Das Speicherwerk dient zur Aufnahme der Ausgangswerte und der im Verlauf der Rechnung auftretenden Zwischenwerte.

Man hält den Rechenplan in einer Form fest, die sich zur Steuerung der einzelnen Vorrichtungen eignet, beispielsweise auf einem Lochstreifen. Der Rechenplan wird nun abschnittweise von der Maschine abgetastet und gibt für jede einzelne Rechenoperation folgende Angaben: die Nummern der die Operanden enthaltenden Speicherzellen; die Grundrechnungsart; die Nummer der das Resultat speichernden Zelle. Die Angaben des Rechenplanes lösen selbsttätig die erforderlichen Operationen aus.

Wir brauchen also folgende Vorrichtungen:

1. Vollautomatisches Rechenwerk, z. B. eine 4-Spezies-Rechenmaschine,
2. Vorrichtungen zum Speichern von Zahlen,
3. Vorrichtungen zum Übertragen von Zahlen vom Rechenwerk auf das Speicherwerk und umgekehrt,
4. Eine Vorrichtung zum Verbinden einer bestimmten Speicherzelle mit dem Rechenwerk (Wählwerk),
5. Vorrichtungen zum Steuern der Anlage durch Lochstreifen (Abtaster).

Im einzelnen sind alle diese Vorrichtungen bekannt; ferner ist die Kombination Rechenwerk-Speicherwerk bekannt, wobei man ein beliebiges Speicherwerk (Zelle) aus den vorhandenen auswählen kann (z. B. auf einer Trommel angebrachte Zählwerke). Bekannt ist ferner, beliebige Organe einer Rechenmaschine durch Lochstreifen oder Lochkarten zu steuern. Es sei auch auf die Anmeldung Z24062 „Mechanisches Speicherwerk" verwiesen,[1] in der eine Kombination Wählwerk-Speicherwerk beschrieben ist.

Neu ist die Kombination der Elemente derart, daß von einem Abtaster aus Befehle an die Gesamtanlage gegeben werden, indem an das Wählwerk die Nummern der Speicherzellen, an das Speicherwerk die Angaben, ob gespeichert oder abgelesen werden soll, und an das Rechenwerk die Art der Rechenoperation gegeben wird. Mit einer derartigen Kombination ist es im Gegensatz zu bestehenden Vorrichtungen möglich, jede beliebige Formel zu 1 ▷ rechnen, die sich aus Elementaroperationen zusammensetzt.[2] Abb. 1 zeigt eine solche Vorrichtung im Grundprinzip. Das Rechenwerk A ist mit dem Speicherwerk C derart verbunden, daß sowohl die Resultate des Rechenwerks auf jede beliebige Zelle des Speicherwerks als auch die gespeicherten Zahlen auf die Einzelorgane des Rechenwerks übertragen werden können. P ist das Planwerk mit dem Abtaster. Von hier aus werden die Operationstasten des Rechenwerks und das Wählwerk Pb gesteuert, welches die erforderlichen Speicherzellen mit dem Rechenwerk verbindet.

1.1 Beispiel eines Rechenplans

Bei dem Beispiel der dreistelligen Determinante treten im Verlauf der Rechnung 26 Zahlen auf. Hat das Speicherwerk genügend Zellen, so wäre es möglich, die Zahlen, ihrer Nummer entsprechend, auf 26 Zellen zu speichern. Man kommt aber mit weit weniger Zellen aus, da viele Zahlen nicht gespeichert zu werden brauchen, sondern gleich in der Rechenvorrichtung bleiben können, und viele Zellen im Verlauf der Rechnung frei werden, weil ihre Zahlen nicht weiter gebraucht werden. Es ist vorteilhaft, den Rechenplan auf Verwendung möglichst weniger Speicherzellen hin aufzubauen. Um den Rechenplan nach einem Schema hin aufbauen zu können, wird eine Zahl, die zur nächsten Operation gleich in der Rechenvorrichtung bleibt, so betrachtet, als sei sie auf Speicherzelle 0 gespeichert. Der maschinenfertige Rechenplan enthält dann für jede Operation vier Angaben. Dem eigentlichen Rechenplan gehen die Befehle für die Speicherung der Ausgangswerte voraus. Am Schluß muß der Befehl gegeben werden, das Resultat anzuzeigen. Bleibt eine Zahl zur nächsten Operation gleich in der Rechenvorrichtung, so können die Takte „Speichern des Resultats" und „Heranbringen des ersten Operanden zur nächsten Rechnung" ausfallen.

---

[1] Alle die in diesem Dokument erwähnten Patentanmeldungen sind ab Seite 107 aufgelistet.

[2] Zuse faßt in diesem Absatz seine Prioritätsansprüche zusammen. Dies wurde später im Laufe des Patentverfahrens ein wichtiger Streitpunkt.

Maschinenfertiger Rechenplan

(Es bedeuten: Sp 1   Speichern auf Zelle 1
                  Ab 1   Ablesen von Zelle 1
                  × + −   Rechenoperationen
                  Res.   Anzeigen des Resultats.)

Befehl	Operation	Befehl	Operation
1	Sp 1	30	×
2	Sp 2	31	Ab 8
3	Sp 3	32	×
4	Sp 4	33	Sp 13
5	Sp 5	34	Ab 2
6	Sp 6	35	Ab 4
7	Sp 7	36	×
8	Sp 8	37	Ab 9
9	Sp 9	38	×
10	Ab 1	39	Sp 14
11	Ab 5	40	Ab 3
12	×	41	Ab 5
13	Ab 9	42	×
14	×	43	Ab 7
15	Sp 10	44	×
16	Ab 2	45	Sp 15
17	Ab 6	46	Ab 10
18	×	47	Ab 11
19	Ab 7	48	+
20	×	49	Ab 12
21	Sp 11	50	+
22	Ab 3	51	Ab 13
23	Ab 4	52	−
24	×	53	Ab 14
25	Ab 8	54	−
26	×	55	Ab 15
27	Sp 12	56	−
28	Ab 1	57	Res.
29	Ab 6		

Der Rechenplan wird als Lochstreifen in die Abfühlvorrichtung von P (Abb. 1) eingesetzt und bewirkt nach Eintasten der Ausgangswerte im Re-   ◁ 1
chenwerk den selbsttätigen Ablauf der Gesamtrechnung.[3]

---

[3] Die ersten neun Befehle des Rechenplans setzen voraus, daß die zu speichernden Zahlen vorher von der numerischen Tastatur in das Rechenwerk geladen wurden. Der Befehl Lu (Tastatur lesen) sollte eigentlich dem Befehl „Sp 1" vorausgehen. Bei der Ausführung des Befehls Lu stoppt die Maschine, der Benutzer gibt eine

1.2 Das binäre Zahlensystem

Das bisher Gesagte betrifft im wesentlichen eine Grundform, die sich aus gebräuchlichen Mitteln aufbauen läßt. Die gestellte Aufgabe ist aber durch folgende Neuerungen bzw. neue Kombinationen besonders vorteilhaft zu lösen: Da die Maschine längere Rechnungen selbsttätig ausführt, kann man menschliche Gewohnheit übergehen und das einfachste Zahlensystem wählen. Bereits LEIBNIZ hat als einfachstes System die Dyadik, das System mit der Basis 2, erkannt. Diese Erkenntnis gilt selbstverständlich auch für Rechenmaschinen. Der Gedanke, Rechenmaschinen im Sekundalsystem zu bauen, ist nicht neu. Jedoch hat es wenig Sinn, Rechenmaschinen, die der dauernden Wartung bedürfen, im Sekundalsystem zu bauen, da die Veranschaulichung der Zahlen ihre dauernde Übersetzung in das Dezimalsystem bedingt, wodurch der Vorteil der einfacheren Operationen des Sekundalsystems wieder aufgehoben wird. Die Kombination des oben beschriebenen Verfahrens mit dem Sekundalsystem bedeutet jedoch einen wesentlichen Fortschritt, eine Arbeitsgemeinschaft, die gegenseitig die praktische Durchführung beider Methoden ermöglicht. Die Zahlen sind „unter sich"; es können Resultate über Tausende von Zwischenwerten abgeleitet werden, ohne daß eine einzige Zahl in das Dezimalsystem übersetzt zu werden braucht.

1.3 Die halblogarithmische Notation

Für die Durchführung des vorliegenden Verfahrens ist ferner die Kommakennzeichnung grundlegend. Die bekannten Maschinen sind nur in der Lage, Zahlen zu verarbeiten, die in bezug auf das Komma ausgerichtet sind. Bei technischen Rechnungen handelt es sich aber um ständig wechselnde Operationen zwischen Größen verschiedenster Dimension und Größenordnung. So können Größen wie Wärmeausdehnungszahl $\varepsilon = 0,000012$ und Elastizitätsmodul $E = 2100000 \text{ kg/cm}^2$ in derselben Formel vorkommen. Es ist sinnlos, den gesamten Stellenbereich für jede Zahl zu verwenden, wenn die meisten Ziffern gleich Null oder unbekannt sind. Die Speicherwerke wären sehr umfangreich und nur teilweise ausgenutzt. Die Schwierigkeit läßt sich durch die „halblogarithmische Schreibweise" beheben. Die Zahl wird in folgender Form geschrieben: $y = B^a \cdot b$, wo B die Basis des benutzten Zahlensystems, a ganzzahlig und b größer als 1 und kleiner als B ist.

Im Sekundalystem und in halblogarithmischer Schreibweise wird z. B. die Zahl 12,75 wie folgt dargestellt:

Zahl ein und drückt auf eine Taste A (für „Automatik"). Der Befehl Lu wird zu Ende ausgeführt und erst dann der Befehl „Sp 1" abgearbeitet. Dasselbe gilt für die Befehle 2 bis 9 des Rechenplans. Vermutlich hat Zuse simplifiziert, um den Anfang des Dokuments übersichtlich zu halten.

$$12{,}75 \;=\; 8+4+0{,}5+0{,}25$$
$$=\; 2^3 + 2^2 + 2^{-1} + 2^{-2} \;=\; \text{LL00,LL}$$
$$=\; \text{L0}^{\text{LL}} \cdot \text{L,L00LL} \qquad =\; 2^a \cdot b$$
$$a = \text{LL}$$
$$b = \text{L,L00LL}$$

(Um Verwechselungen zu vermeiden, wird bei Sekundalzahlen die Ziffer 1 als L geschrieben.)

2. Konstruktiver Aufbau

Nunmehr können die konstruktiven Einzelheiten besprochen werden. Es sind mannigfache Lösungen möglich. So kann man als Rechenwerk bekannte Vollautomaten benutzen, wobei die Einstellung und Übertragung der Zahlen beispielsweise entsprechend der Patentschrift 580675 erfolgen kann. Die im folgenden beschriebene Ausführung arbeitet im Sekundalsystem und in halblogarithmischer Form und baut sich im wesentlichen aus Relaisschaltungen auf. Als Beispiel sind die bekannten elektromagnetischen Relais gewählt. Jedoch sind entsprechende Schaltungen auch in anderer Relaistechnik durchführbar (vgl. die Anmeldungen Z23189, Z23967, Z24062).

Es zeigt Abbildung

1	das Grundprinzip
2	eine Übersichtszeichnung
3	das Stellenschema
4	das Additionswerk (Teil B)
5	die Kontakte der E-Relais
6	die Kontakte der Relais Fp, Fq
7	die Kontakte der Relais Fh, Fi, Fk, Fl, Fm
8	die Selbsthaltekreise der Additionswerke
9	die Steuerung des Relais Bt
10	die Operationseinstellung (Teilschaltung L)
11	die Steuerung der Multiplikation (Teilschaltung M)
12	die Steuerung der Division (Teilschaltung J)
13	die Steuerung des Quadratwurzelziehens (Teilschaltung W)
14	die Steuerung des Relais St
15	die Relaiskette der Sa-Sb-Relais
16	die durch diese Relaiskette bewirkten Einstellungen
17	die Schaltung der ae-Kontakte
18	die Schaltung der be-Kontakte
19	die Zifferneinstellung (Teilschaltung Z)
20	die Kommaeinstellung (Teilschaltung K)
21	die Steuerung der Multiplikation mit 0,1 (Teilschaltung U)
22/23	Einzelheiten der Teilschaltung U

24	die Steuerung der Rückübersetzung (Teilschaltung B)
25	die Betätigung des Steuerschalters *Dd*
26	einen Teil der Schaltung R
27	die Schaltung zum Aufrunden des Resultats
28	die Resultatsanzeigevorrichtung
29	das Kommaanzeigewerk (Teilschaltung Q)
30	das Vorzeichenwerk (Teilschaltung V)
31	das Speicherwerk (Teilschaltung C)
32	das Planwerk (Teilschaltung P)
33	die Steuerung der Rechenoperation durch das Planwerk (Pa-Relais)
34	das Wählwerk (Pb-Relais)
35, 36, 37	Einzelheiten der Teilschaltung P
38, 39, 40, 41	die Teilschaltung N

In der Anmeldung Z23624 IX/42m ist eine im Sekundalsystem arbeitende Rechenmaschine beschrieben, mit der es möglich ist, die fünf Operationen Addition, Subtraktion, Multiplikation, Division und Quadratwurzelziehen, ferner die Übersetzungen vom Dezimal- ins Sekundalsystem und umgekehrt, durchzuführen. Die beschriebene Vorrichtung ist außerdem so aufgebaut, daß sich mit ihr Zahlen, die in halblogarithmischer Form gegeben sind, miteinander verrechnen lassen. Die Anmeldung ist auf die Probleme der eigentlichen Zahlenrechnung beschränkt, wobei offen bleibt, ob die zur Durchführung der Rechnungen erforderlichen Einstellungen an der Maschine von Hand oder ebenfalls durch maschinelle Organe betätigt werden. In dem nachfolgend beschriebenen Rechenwerk sind die Schaltungen dieser Anmeldung so abgeändert und erweitert, daß das Rechenwerk nach Einstellen der Operanden und der Art der Operation alle weiteren Einstellungen selbsttätig durchführt, so daß das Rechenwerk im Rahmen der beschriebenen Gesamtanlage eingesetzt werden kann.

2.1 Relaissteuerung und Takt

Die Rechenoperationen werden in Einzeladditionen aufgelöst. Die Zeit einer Einzeladdition wird als „Spiel" bezeichnet. Jedes Spiel hat mehrere Schritte. Ein „Schritt" ist die Ansprech- bzw. Abfallzeit eines Relais (falls nicht abfallverzögert). In den nachfolgenden Schaltungen hat jedes Spiel fünf Schritte. Die verschiedenen nacheinander ansprechenden Relaisgruppen erhalten Spannung über einen Impulsgeber. Die Impulse sind mit römischen Ziffern I, II, III, usw. bezeichnet und können ein- oder mehrschrittig sein. Trägt ein Pol z. B. die Bezeichnung IV V, so bedeutet das, daß er während der Schritte IV und V an Spannung liegt. G bedeutet den Grundpol, der dauernd an Spannung liegt.

Bei vielen Relais ist der Strom der Ansprechwicklung schon abgeschaltet, während über die Kontakte noch weitere Relais betätigt werden. Bei diesen

Relais muß das schnelle Abfallen verhindert werden. Erstreckt sich die erforderliche Haltezeit nur auf einige Schritte, so muß das Relais abfallverzögert sein. Muß sich das Relais länger halten (z. B. über mehrere Spiele bis zum Schluß der Operation), so ist ein Selbsthaltekreis erforderlich. Auch die kurzzeitige Verzögerung kann durch Selbsthaltekreise (möglichst an einer zweiten Wicklung) bewirkt werden. Derartige Kontruktionen haben mit dem Prinzip der Anmeldung nichts zu tun und sind dem Fachmann geläufig; sie sind in den meisten Fällen der besseren Übersicht wegen aus den Schaltungen fortgelassen.

Die Gesamtschaltung ist in Teilschaltungen zerlegt, welche mit großen Buchstaben bezeichnet sind. Die Relais sind mit einem großen und mit einem kleinen Buchstaben bezeichnet (eventuell mit Index), wobei der erste Buchstabe die Teilschaltung angibt (z. B. Wa). Die durch die Relais betätigten Kontakte tragen die Bezeichnung des Relais mit kleinen Buchstaben (z. B. wa). Abschlüsse tragen die Bezeichnung der Relais, wenn sie direkt an Relaiswicklungen führen. Sie tragen mitunter auch die Bezeichnung von Schließkontakten, wenn sie Spannung erhalten, sobald das zugehörige Relais angesprochen hat (z. B. be). Im übrigen sind die Anschlüsse mit einem der Teilschaltung entsprechenden kleinen Buchstaben und einem Index bezeichnet (z. B. a_{72}).

2.2 Gesamtübersicht der Rechenmaschine

Abb. 2 zeigt die Gesamtübersicht. Wir haben die Teilschaltungen A und B zur Verarbeitung der Werte a und b mit den Verteilerrelais $Ea - i$ und $Fa - q$. Vom Leitwerk L aus werden die Operationen gesteuert. Bei Z werden die Ziffern eingetastet und bei K das Komma eingestellt. R ist die Resultatanzeigevorrichtung und Q die zugehörige Anzeigevorrichtung des Kommas. P ist das Planwerk mit dem Abtaster des Rechenplanes. Pa die Entschlüsselungsrelais für die an das Leitwerk L gehenden Operationsbefehle und Pb das Wählwerk zur Auswahl der Speicherzellen. C ist das Speicherwerk mit den Speicherzellen Ca und den Verteilerrelais Cc.

◁ 2

2.3 Das Rechenwerk

Das Additionswerk A ist achtstellig, das Additionswerk B achtzehnstellig. Abb. 3 zeigt das Schema der Stellenaufteilung mit der Lage des Kommas in Teil B. Der Index der Stellen gibt die Potenz von 2 des zugehörigen Stellenwertes an. Teil A arbeitet nur mit ganzzahligen Werten. Im Teil B liegt das Komma hinter der zweiten Stelle. Die Speicherstellen umfassen für Teil A nur 7 und für Teil B nur 14 Stellen. Für die Werte b gilt die Bedingung $L \leq b < L0$, so daß die Ziffer der Stelle $+1$ stets $= 0$ und die Ziffer der Stelle 0 stets $= L$ ist und nicht gespeichert zu werden braucht. Die beiden letzten Stellen -15 und -16 dienen nur einer zusätzlichen Genauigkeit im Rechenwerk.

◁ 3

4 ▷   Abb. 4 zeigt die Additionsvorrichtung B. Jeder Stelle ist ein Relais Ba, Bb, Bc, Bd, Be zugeordnet. Wir haben ferner ein Relais Bs und ein Relais Bt (in Abb. 4 nur die Kontakte gezeichnet). Durch Bs wird die Additionsschaltung auf Subtraktion umgestellt. An der Relaisreihe Ba wird der erste und an der Relaisreihe Bb der zweite Summand eingestellt. Das Additionswerk arbeitet folgendermaßen: Bei Addition ist Bs nicht eingeschaltet und die Leitung b_1 und b_3 liegen an Spannung. Die Relais Ba, Bb werden auf Schritt V des vorhergehenden Spiels eingeschaltet. Im Schritt I werden die Relais Bc betätigt. Sie sprechen über zwei Umschaltkontakte von Ba und Bb an, wenn die Ziffern der betreffenden Stellen verschieden sind, d. h., wenn entweder Ba an Spannung liegt und Bb nicht, oder umgekehrt. Im Schritt II wird die Stellenübertragung gebildet. Es findet eine Übertragung auf die nächste Stelle statt, entweder wenn beide Ziffern =L oder nur eine Ziffer = L (also Relais Bc angesprochen hat) und von der vorhergehenden Stelle eine Stellenübertragung stattfindet. Dieser Zusammenhang geht aus der Zeichnung ohne weiteres hervor. Bd spricht an, wenn auf die betreffende Stelle eine Stellenübertragung stattfindet. Im Schritt III wird aus der Stellung der Relais Bc und Bd das Resultat gebildet. Die Ziffern des Resultats sind = L, wenn Bc ungleich Bd ist. Die Kontakte bt sind hierbei angesprochen, d. h., sie liegen anders als gezeichnet.

Beispiel:

	OOLLOLL		27
	LOLOLLO	+	86
	LLLOOOL		113

Ba	OOXXOXX
Bb	XOXOXXO
Bc	XOOXXOX
Bd	OXXXXOO
Be	XXXOOOX

„X" bedeutet, daß das betreffende Relais angesprochen ist.

Bei Subtraktion ist Bs eingeschaltet, und es liegen die Leitungen b_2 und b_4 an Spannung. Die Subtraktion erfolgt durch Addition des Supplements. Das Supplement einer Sekundalzahl wird durch Umkehren der Ziffern gebildet, wobei in der letzten Stelle die flüchtige Eins addiert werden muß. Die Schaltung ist so aufgebaut, daß die Relais Bb bei Betätigung des Relais Bs umgekehrt wirken wie bei der Addition.[4] Die Einführung der flüchtigen Eins erfolgt über das Relais Bd der untersten Stelle[5] (-16).

---

[4] In diesem Rechenbeispiel wird ein Bit mehr als vorher verwendet. Die Einstellung von Bc entspricht der Zahl 86, d. h. bevor sie negiert wird.

[5] Das Rechenwerk arbeitet mit der Zweierkomplementdarstellung für negative Zahlen. Die „flüchtige Eins" ist die Eins, die zum Komplement einer Zahl addiert werden muß, um das Zweierkomplement zu erhalten. Dafür wird die Leitung b_{60} auf Spannung gelegt (Abb. 4).

	Beispiel:	113	*Ba*	OXXXOOOX
		−86	*Bb*	OXOXOXXO
			Bc	XXOXXOOO
			Bd	XXOOOOXX
		27	*Be*	OOOXXOXX

Ist *Bt* nicht angesprochen, so ist das Resultat (*Be*-Relais) gleich dem ersten Summanden (*Ba*-Relais). Hierdurch wird der weiter unten besprochene blinde Kreislauf bewirkt. In der Additionsschaltung von A sind die entsprechenden *Ae*-Relais direkt an die Umschaltkontakte *Ad* angeschlossen.[6]

Aus Abb. 2 geht der Verlauf der Zahlenkreisläufe hervor.

2.4 Übertragung von Ergebnissen

Die auf den Relais Ae_6–Ae_0 und Be_0–Be_{-16} erscheinenden Resultate der Einzeladditionen können über Schließkontakte *ae*, *be* und diesen zugeordneten Leitungen ae_6–ae_0 und be_0–be_{-16} abgelesen werden. Verteilerrelais *Ec*, *Ed*, *Fc*, *Fd* bewirken die Rückübertragung dieser Werte auf die Summandeneinstellrelais *Aa*, *Ab* bzw. *Ba*, *Bb*. *Af* und *Bf* sind Speicherrelais (Selbsthalterelais). Es können Zahlen von *Ae* über *Ef* auf *Af* und von *Be* über *Ff* auf *Bf* übertragen werden. Von *Af* und *Bf* können wiederum über *Ea*, *Eb*, *Ee*, *Fa*, *Fb* die dort gespeicherten Zahlen auf *Aa*, *Ab*, *Ba*, *Bb* übertragen werden. Die Relais *Ea*, *Ef*, *Fa*, *Ff* haben soviel Schließkontakte wie Leitungen über sie geführt werden (Beispiel: *Ea*, Abb. 5). Werden sie betätigt, so ist die ◁ 5 betreffende Verbindung hergestellt.

Im Teil B kann der Wert über *Fp*, *Fq* mit Stellenverschiebung von +1, 0, −1, −2 Stellen und über *Fh*, *Fi*, *Fk*, *Fl*, *Fm* mit Stellenverschiebungen von +15 bis −16 Stellen übertragen werden. Die Schaltungen zeigen Abb. 6 und ◁ 6 Abb. 7. An den Relais *Fh* bis *Fm* wird die erforderliche Stellenverschiebung ◁ 7 als Sekundalzahl eingestellt, wobei *Fm* der untersten Stelle entspricht. Negative Zahlen werden als Supplemente dargestellt (*Fh* = L). Dementsprechend werden sämtliche Leitungen durch *Fm* um eine, durch *Fl* um 2, durch *Fk* um 4, durch *Fi* um 8 Stellen aufwärts und durch *Fh* um 16 Stellen abwärts geschaltet. Die Relais *Fq* schalten um eine Stelle aufwärts und die Relais *Fp* um 2 Stellen abwärts.

Vor jeder Rechenoperation steht auf *Af*, *Bf* der erste und auf *Ab*, *Bb* der zweite Operand. Die *Af*, *Bf*, *Ab*, *Bb*-Relais sind als Selbsthalterelais ausgeführt und haben je eine zweite Wicklung. Abb. 8 zeigt die Wicklung der ◁ 8 *Af*- und *Bf*-Relais, die Selbsthaltewicklungen der *Ab*- und *Bb*-Relais und die zur Schaltung der Selbsthaltekreise erforderlichen Relais Ah_1, Ah_2 und *Bh*. Die Selbsthaltekreise der *Af*- und *Bf*-Relais werden über Ah_1, die der *Ab*-Relais über Ah_2 und die der *Bb*-Relais über *Bh* eingeschaltet. Die Relais Ah_1 und Ah_2 und *Bh* sind ebenfalls Selbsthalterelais und können durch Betätigen

---

[6] Im Original steht *Bd*, richtig ist *Ad*.

der Relais Ai, Aj und Bj gelöscht werden, womit dann auch die Relais Af, Bf, Ab, Bb abfallen. Ferner können noch die Af-Relais direkt durch die Relais Al und die Bf-Relais direkt durch Bl gelöscht werden, ohne daß Ah_1 abfällt.[7]

9 ▷   Abb. 9 zeigt die Steuerung des Bt-Relais. Bt ist normalerweise über die Ruhekontakte li, lw und lm eingeschaltet. Die Schaltung wird im einzelnen weiter unten besprochen.

2.5 Ausrichtung des Kommas im Resultat

Während der Rechenoperationen kann das Resultat im Teil B größer als LO (2) werden. In diesem Fall muß der Wert b eine Stelle abwärts verschoben werden und zum Ausgleich in Teil A eine Eins addiert werden. Dieser Vorgang wird durch die Relais Br und Be_1' bewirkt. Die Schaltung ist so aufgebaut,

4 ▷ (Abb. 4) daß bei Auftreten eines b-Wertes, größer als 2, noch im gleichen Additionsspiel die Addition von Eins im Teil A stattfindet und im Anschluß an die Addition die be-Leitungen (vgl. Seite 120) sofort umgeschaltet werden. Sind die Ziffern Ba_0 und Bb_0 beide = L, so findet eine Stellenübertragung auf Stelle 1 statt. Die zum Relais Bd_1 führende Leitung hat dann Spannung. Von hier aus führt eine Leitung über einen Umschaltkontakt ba_1 und einen Schließkontakt br nach a_{60}, d.h. zur untersten Übertragungsleitung im Teil A, wodurch dort die Addition von L bewirkt wird.

Bei Multiplikationen kann der Wert a bereits vor dem letzten Spiel größer als 2 sein, d.h. Ba_1 hat angesprochen. In diesem Falle wird über den Umschaltkontakt ba_1 a_{60} eingeschaltet. Wird Br betätigt, so spricht außer Be_1 auch Be_1' an, falls das Resultat größer oder gleich 2 ist. Be_1' schaltet über Wechselkontakte sämtliche zu den Verteilerrelais laufenden Leitungen be je eine Stelle tiefer, wodurch die Abwärtsverschiebung des b-Wertes bewirkt wird.

3. Arithmetische Operationen

Jeder Operation ist ein Selbsthalterelais Lm, Li, Lw zugeordnet, welches durch Tastendruck oder durch den Rechenplan über Pa eingeschaltet wird

10 ▷ (Abb. 10). Im gleichen Stromkreis mit den Wicklungen der L-Relais liegt Ln. Sobald Ln angesprochen hat, werden die Ansprechwicklungen der Operationsrelais kurzgeschlossen, wodurch verhindert wird, daß durch Drücken weiterer Tasten weitere Relais ansprechen. Durch Lz werden die Relais gelöscht.

---

[7] Abb. 8 und Abb. 23 müssen zusammen betrachtet werden. Wenn das Relais Ah_1 nicht aktiv ist, werden die Relais Ef und Ff aktiviert. Es wird somit eine Gleitkommazahl in das Registerpaar $<Af, Bf>$ geladen. Falls Ah_1 aktiv ist, wird über Ed und Fd das Registerpaar $<Ab, Bb>$ angesprochen. Der Zustand von Ah_1 legt also fest, in welchem von beiden Registern eine Gleitkommazahl gespeichert wird.

Der Ablauf der verschiedenen Operationen wird durch das Leitwerk gesteuert. Dieses besteht im wesentlichen aus Steuerschaltern[8] und Relaisketten, die spielweise fortgeschaltet werden und für die einzelnen Spiele die nöti-
gen Einstellungen am Rechenwerk bewirken, z. B. die Verteilerrelais Ea usw.
steuern.

Die Operationsrelais werden in Schritt I eingeschaltet, die Steuerschalter
schalten auf Schritt II. Während der Schritte III, IV, V werden die Einstellungen für das nächste Spiel vorgenommen.[9]

3.1 Multiplikation

Bei Multiplikation muß im Teil A die Summe der a-Werte gebildet werden
und im Teil B die eigentliche Multiplikation durchgeführt werden. Zwecks
Addition der a-Werte muß der auf Af gespeicherte Wert über Eb auf Ab
übertragen werden.[10] Durch den Steuerschalter Md wird daher im Spiel 1 Eb
eingeschaltet (Abb. 11). Alsdann wird der auf Ab gespeicherte Wert durch Aj ◁ 11
gelöscht (Spiel 2). Während der ganzen Multiplikation ist Ec eingeschaltet,
so daß in den folgenden Spielen die Summe der a-Werte im Teil A über Aa,
Ae, Ec umläuft.

Im Teil B bleibt der zweite Faktor auf den Bb-Relais eingestellt. Das Produkt wird durch Umlaufenlassen des im Laufe der Rechnung aufzubauenden
Resultats über Ba, Be, Fc, Fp, Fq gebildet, wobei Fp und Fq eingeschaltet
sind, so daß der Wert um eine Stelle abwärts verschoben auf Ba eingestellt
wird. Bt wird während der Multiplikation durch Mm gesteuert (s. Abb. 9:   ◁ 9
Lm hat geschaltet). Ein Arm des Steuerschalters Md tastet während der einzelnen Spiele die Kontakte der Bf-Relais ab, auf denen der Multiplikator
gespeichert ist. Ist die betreffende Ziffer = L, so spricht Mm und somit Bt an.
Hierdurch wird bei Ziffer L der Multiplikand zum kreisenden Produkt dazu
addiert. Das abwärtskreisende Produkt entspricht den Schlittenverschiebun-
gen bei üblichen Rechenmaschinen, nur mit dem Unterschied, daß hier der
Multiplikand stillsteht und das Resultat relativ zu ihm verschoben wird. Im
letzten Additionsspiel (15) wird Br eingeschaltet und somit das Resultat in
bezug auf das Komma ausgerichtet (vgl. Seite 121). Im Spiel 16 wird das Resultat auf die Af- und Bf-Relais übertragen (Ef, Ff). Ist das Schlußzeichen Lz

---

[8] Ein Steuer- bzw. Schrittschalter ist ein beweglicher Arm, der in jedem Spiel eine
Stelle weiter rückt und unterschiedliche Leitungen unter Spannung setzt. Siehe
die Beschreibung auf Seite 39.

[9] Eine Operation, die in Schritt I gestartet wird, ist meistens erst bei Schritt
III fertig. In den Schritten IV und V wird das Resultat in einem Register ge-
speichert. Da die Steuerschalter erst in Schritt II vorrücken, verwendet die in
Schritt I gestartete Operation die in den Schritten IV und V des vorherigen
Spiels geladenen Argumente. Für die Interpretation der Diagramme der Z3 ist
es deswegen günstig, die Schrittfolge IV, V, I, II und III mit einem Spiel (einem
Zyklus) zu identifizieren.

[10] Im vorherigen Spiel ist Ab auf Ae und von dort auf Aa übertragen worden.
Siehe Abb. 11.

gegeben, so fällt *Lm* ab, und die Operation ist beendet. Ferner werden noch im Spiel 1 und 2 die Löschbefehle *Aj, Al* und im Spiel 16 *Bj* und *Bl* gegeben. *Pu* ist ein Zeichen an das Planwerk P und wird weiter unten besprochen.

3.2 Division

Bei der Division wird im Teil A die Differenz der *a*-Werte gebildet und im Teil B die eigentliche Division durch Subtraktion des Divisors vom Dividenden gebildet. Die Differenz der *a*-Werte wird entsprechend der Multiplikation durchgeführt. Im Teil B bleibt der Divisor auf den *Bb*-Relais eingestellt, und der Rest macht einen Kreislauf über *Ba Be Fc Fp Fq*, wobei nur *Fq* eingeschaltet ist und somit der Rest um eine Stelle aufwärts verschoben auf die *Ba*-Relais eingestellt wird. Er wandert also aufwärts, der Divisor verschiebt sich relativ dazu abwärts. Die *Bt*-Relais werden bei der Division so gesteuert, daß bei positiver Differenz *Bt* eingeschaltet und bei negativer Differenz *Bt* nicht eingeschaltet ist, so daß der Rest einen blinden Kreislauf ohne Subtraktion des Divisors ausführt. Ist die Differenz positiv, so ist die Übertragungsangabe b_{61} (s. Abb. 4) ebenfalls positiv; das heißt, sie liegt an Spannung, da die vor der ersten Stelle liegenden Ziffern des Divisorsupplements (*Bs* auf Subtraktion geschaltet) = L sind. Soll das Resultat der Subtraktion positiv werden, so müssen die vor der ersten Stelle liegenden Ziffern 0 sein. Hierzu ist eine über sämtliche Stellen laufende Stellenübertragung nötig. Die Schaltung des

9 ▷ *Bt*-Relais zeigt Abb. 9. Durch den Wechselkontakt *li* wird das normalerweise an den Impuls II, III angeschlossene Relais *Bt* an den Abschluß b_{61} umgeschaltet. Das Resultat wird ziffernweise, angefangen von der ersten Ziffer (1. Stelle vor dem Komma), durch die Angabe b_{61} gegeben. Bei positivem Rest, d. h. wenn der Dividend aufgeht, ist die betreffende Ziffer des Resultats = L.

12 ▷ Durch den Steuerschalter *Id* (Abb. 12) wird die Stellung von *Bt* nacheinander auf die Ansprechwicklung (1. Wicklung) der *Bf*-Relais übertragen und so das Resultat aufgebaut. Die weitere Steuerung des Rechenwerks bei der Division geht ebenfalls aus Abb. 12 hervor. Im Spiel 1 werden im Teil A *Ea* (Übertragung *Af* auf *Aa*) und *As* (Subtraktion im Teil A) eingeschaltet. Über *Fa* wird der auf *Bf* gespeicherte Dividend auf die *Ba*-Relais übertragen.

Das Resultat der Division kann kleiner als 1 sein, muß aber größer als 0,L sein, daß heißt, die erste von 0 verschiedene Ziffer kann entweder auf Bf_0 oder auf Bf_{-1} stehen. Im Spiel 17 wird nun das auf *Bf* stehende Resultat über *Fa* auf *Ba* übertragen. Ist $Bf_0 = 0$, so werden über einen Trennkontakt bf_0, Ab_0, Ab_1, *Ei* und *Fq* eingeschaltet. *Ei* ist die Einstellung von −4 (LLLLLL00, Supplement) auf die *Ab*-Relais, so daß, bei gleichzeitigem Einschalten von Ab_0 und Ab_1, die im Teil A kreisende Differenz der *a*-Werte um 1 vermindert wird. Gleichzeitig wird die Einschaltung von *Fq* durch das Relais *Ib* von bf_0 abhängig gemacht, wodurch im Teil B der Wert *b* um eine Stelle aufwärts verschoben auf die *Ba*-Relais eingestellt wird. Im Spiel 18 wird dann über *Ef, Ff* das Resultat auf die Relais *Af, Bf* zurückübertragen. *Lz* ist das Schlußzeichen, *Aj, Bj, Al, Bl* sind Löschbefehle. Über das Relais *Li* ist dauernd im Teil A der Kreislauf über Ec eingeschaltet, ferner der Kreislauf des Restes im Teil B über Fc mit einer Abwärtsverschiebung durch Fq. Teil B ist durch Bs auf Subtraktion gestellt.

3.3 Quadratwurzelziehen

Das Quadratwurzelziehen hat große Ähnlichkeit mit der Division. An Stelle des Divisors wird das im Laufe der Rechnung aufzubauende Resultat vom Radikanden abgezogen (vgl. Anmeldung Z23624, S. 1). Die quadratische Ergänzung besteht durch einfache Addition von 1. Im Teil A muß der auf Af stehende Wert halbiert werden, während im Teil B die eigentliche Wurzel gezogen wird. Ist a ungerade, so muß, damit beim Halbieren wieder eine ganze Zahl entsteht, diese um Eins erniedrigt werden und dafür die Wurzel aus $2b$ gezogen werden. Die Erniedrigung von a um Eins geschieht selbsttätig durch Verlorengehen der letzten Stelle beim Halbieren (Halbieren gleich eine Stelle abwärts verschieben).

Abb. 13 zeigt die Schaltung des Steuerschalters Wd. Im Spiel 1 wird der   ◁ 13 b-Wert des Radikanden über Fa von Bf auf Ba übertragen; ist der a-Wert des Radikanden ungerade, so ist Af_0 gleich L. Es wird dann im Spiel 1 außerdem Fq eingeschaltet und somit der b-Wert, um eine Stelle aufwärts verschoben, auf Ba eingestellt. Ferner ist die erste quadratische Ergänzung auf Bb_0 eingestellt. In dem folgenden Spiel wird die quadratische Ergänzung jeweils eine Stelle tiefer auf die Bb-Relais eingestellt und genau wie beim Dividieren das Resultat auf den Bf-Relais aufgebaut. Hierbei haben wir die Einstellung Fc, Fq (aufwärtslaufender Kreislauf des Restes) und Fb, Fm zur Einstellung des auf Bf stehenden Resultats um eine Stelle aufwärts verschoben (Fm) auf die Bb-Relais. Im Spiel 19 wird der a-Wert über Ee um eine Stelle abwärts verschoben auf Aa übertragen[11] und zugleich das Resultat von Bf über Fa auf Ba übertragen. Im Spiel 20 findet die Übertragung des endgültigen Resultats über Ef auf Af und über Ff auf Bf statt. Zugleich wird das Schlußzeichen Lz gegeben. Bl und Al sind Löschbefehle. Die Einstellungen Fc, Fq, Fb, Fm werden über Lw eingeschaltet, sind aber während der Spiele 1, 18 und 19 durch die Relais Wa, Wb und Wc zum Teil unterbrochen.[12]

3.4 Addition und Subtraktion

Bei Addition und Subtraktion zweier in halblogarithmischer Form gegebener Zahlen muß die Differenz der a-Werte gebildet werden und der dem kleineren a zugeordnete b-Wert um $|a_1 - a_2|$ Stellen abwärts verschoben werden. Aus den Vorzeichen der beiden Werte und der befohlenen Operation ergibt sich die auszuführende Operation. Diese ist gleich der befohlenen Operation

---

[11] Ee shiftet Af eine Stelle nach rechts und behält dabei das Vorzeichen. Es handelt sich also um ein *signed shift right*.

[12] In Abb. 13 ist das Relais Wc nicht vorhanden.

(Addition oder Subtraktion), wenn beide Vorzeichen gleich sind, und entgegengesetzt der befohlenen, wenn beide ungleich sind. Vg ist ein Relais des
weiter unten besprochenen Vorzeichenwerks und spricht bei gleichen Vorzeichen der gegebenen Operanden an. Ls_1 spricht bei befohlener Addition und

14 ▷ Ls_2 bei befohlener Subtraktion an. Abb. 14 zeigt die Schaltung des Relais St.
Es spricht an entweder, wenn Ls_1 und Vg angesprochen werden oder wenn
Ls_2, aber nicht Vg angesprochen hat. Liegt St an Spannung, so bewirkt es,
daß die ausgeführte Operation eine Addition ist, sonst eine Subtraktion. Der

15 ▷   Ablauf der Spiele wird durch eine Relaiskette gesteuert[13] (Abb. 15). Die Kette
läuft von Sa_1 über $Sb_1, Sa_2, Sb_2, Sa_3, Sb_3, Sa_4, Sb_4, Sa_5$, wobei die Sa-Relais
die Einstellungen für das jeweilige Spiel bewirken.

Im Spiel 1 wird die Differenz der a-Werte gebildet. Im Spiel 2 findet die
eigentliche Addition bzw. Subtraktion statt, bei Addition wird dann die Relaiskette sofort auf das Schlußspiel 5 geschaltet. Bei Subtraktion kann der
b-Wert des Resultats negativ werden, das heißt im Additionswerk b als Supplement erscheinen. Dann muß von ihm wieder das Supplement gebildet werden. Das geschieht im Spiel 3. Ist kein Supplement zu bilden, so wird die
Relaiskette gleich von Spiel 2 auf Spiel 4 geschaltet. Bei Subtraktionen kann
die erste von Null verschiedene Ziffer des b-Wertes des Resultats an beliebiger Stelle liegen. In diesem Fall muß der b-Wert „ausgerichtet" werden,
d. h., der b-Wert muß um soviel Stellen aufwärts verschoben werden, daß die
Bedingung $1 \leq b < 2$ erfüllt ist. Dabei muß der a-Wert um den Betrag der
erforderlichen Stellenverschiebungen vermindert werden. Dieses Ausrichten
findet im Spiel 5 statt.

16 ▷   Abb. 16 zeigt die durch die Relaiskette in den einzelnen Spielen bewirkten
Einstellungen an der Maschine. Die Vorgänge sind im einzelnen folgende:

Wird die Addition oder Subtraktion über Relais Ls_1 oder Ls_2 eingeleitet,
so spricht das Relais Sa_1 an. Dadurch wird Su eingeschaltet, und Su schaltet
das Relais Sa_1 ab, so daß die Relaiskette während ihres Arbeitens nicht neu
eingeschaltet werden kann. Im Spiel 1 wird über Ea der auf Af stehende
a-Wert auf Aa übertragen und das Werk A auf Subtraktion gestellt (As).

Ist $a_1 > a_2$, so ist die Übertragungsangabe a_{61} positiv (vgl. Seite 123,
b_{61}). Diese schaltet ein Relais Av (nur die Kontakte gezeichnet). Av steuert
die Einstellungen für das zweite Spiel. Ist Av eingeschaltet, so wird der auf
Ab stehende zweite a-Wert des Operanden über Aj gelöscht und über Ea der
auf Af stehende erste a-Wert auf Aa übertragen. Ist Av nicht eingeschaltet,
so bleibt der zweite a-Wert auf Ab stehen. Während des Additionsspiels wird
dann in jedem Fall der größere a-Wert auf die Ae-Relais übertragen. Er kreist
während der folgenden Spiele über Ec, Aa, Ae. Entsprechend wird im Teil B,
wenn Av eingeschaltet ist, der erste b-Wert von Bf über Fa auf Ba übertragen

---

[13] Bei der Addition und Subtraktion treten logische Verzweigungen auf, so daß
es günstiger ist, eine Relaiskette statt eines Steuerschalters zu verwenden. Die
Anzahl der Operationszyklen ist niedriger als bei Multiplikation, Division oder
Quadratwurzelziehen. Nur bei vielen Zyklen lohnt es sich, einen Steuerschalter
zu verwenden.

und der inzwischen von *Bb* auf *Be* übertragene zweite *b*-Wert von *Fd* auf *Bb* zurückübertragen. Ist *Av* nicht eingeschaltet, so wird umgekehrt der erste *b*-Wert über *Fb* auf *Bb* und der zweite *b*-Wert über *Fc* auf *Ba* übertragen. Es steht also in jedem Fall der dem größeren *a*-Wert zugeordnete *b*-Wert auf den *Ba*-Relais.

Der auf *Bb* einzustellende Wert muß also um die Differenz der *a*-Werte abwärts verschoben werden. Dies erfolgt über die Relais *Fh* bis *Fm*, welche durch die Kontakte ae_3 bis ae_0 entsprechend Abb. 17 gesteuert werden, und zwar nach folgendem Schema: ◁ 17

ae_4	ae_3	ae_2	ae_1	ae_0		Fh	Fi	Fk	Fl	Fm
○	●	●	●	●	15	●	○	○	○	●
○	●	●	●	○	14	●	○	○	●	○
○	●	●	○	●	13	●	○	○	●	●
○	●	●	○	○	12	●	○	●	○	○
○	●	○	●	●	11	●	○	●	○	●
○	●	○	●	○	10	●	○	●	●	○
○	●	○	○	●	9	●	○	●	●	●
○	●	○	○	○	8	●	●	○	○	○
○	○	●	●	●	7	●	●	○	○	●
○	○	●	●	○	6	●	●	○	●	○
○	○	●	○	●	5	●	●	○	●	●
○	○	●	○	○	4	●	●	●	○	○
○	○	○	●	●	3	●	●	●	○	●
○	○	○	●	○	2	●	●	●	●	○
○	○	○	○	●	1	●	●	●	●	●
○	○	○	○	○	0	○	○	○	○	○
●	●	●	●	●	−1	●	●	●	●	●
●	●	●	●	○	−2	●	●	●	●	○
●	●	●	○	●	−3	●	●	●	○	●
●	●	●	○	○	−4	●	●	●	○	○
●	●	○	●	●	−5	●	●	○	●	●
●	●	○	●	○	−6	●	●	○	●	○
●	●	○	○	●	−7	●	●	○	○	●
●	●	○	○	○	−8	●	●	○	○	○
●	○	●	●	●	−9	●	○	●	●	●
●	○	●	●	○	−10	●	○	●	●	○
●	○	●	○	●	−11	●	○	●	○	●
●	○	●	○	○	−12	●	○	●	○	○
●	○	○	●	●	−13	●	○	○	●	●
●	○	○	●	○	−14	●	○	○	●	○
●	○	○	○	●	−15	●	○	○	○	●
●	○	○	○	○	−16	●	○	○	○	○

Links stehen die letzten 4 Ziffern der Differenz der *a*-Werte als Sekundalzahlen, negative Zahlen sind als Supplemente dargestellt, ae_4 entspricht *av*; rechts die erforderlichen Einstellungen an den *Fh*- bis *Fm*-Relais. Sie stellen ebenfalls die Stellenverschiebungen als sekundale Supplemente dar. Ist *Av* negativ, d. h. bei negativer Differenz der *a*-Werte, so kann der auf den *Ae*-

Relais eingestellte Wert direkt auf die Fh–Fm-Relais übertragen werden. Ist Av positiv, so gilt folgende Regel:

Ein beliebiges F-Relais muß ansprechen, entweder wenn das der gleichen Stelle zugeordnete Ae-Relais angesprochen ist, aber keines der Ae-Relais von niederer Stellenzahl, oder wenn das der gleichen Stelle zugeordnete Ae-Relais nicht angesprochen ist, aber dafür mindestens eines der Ae-Relais von niederer Stellenzahl.

17 ▷   Die Lösung dieser Aufgabe geht ohne weiteres aus Abb. 17 hervor. Diese Schaltung gilt nur für den Bereich, in dem $a_1 - a_2$ kleiner als +15 und größer als −16 ist. Anderenfalls würden sich falsche Einstellungen ergeben. In diesem Fall hat auch die Addition keinen Sinn, da der zweite Wert zu klein ist; seine Einstellung muß verhindert werden. Dies erfolgt durch den Teil der Schaltung

16 ▷   von Abb. 16, der über sa_2, $ae_{7,6,5,4}$ die Einstellungen von Fb bzw. Fd bewirkt. Für alle Zahlen des oben genannten Bereiches gilt folgendes: Entweder ist die Zahl größer als +15, dann müssen alle vor Ae_3 liegenden Ziffern gleich Null sein, oder sie ist kleiner als −16, also ein Supplement, dann müssen alle vor Ae_3 liegenden Ziffern gleich L sein.

Im Spiel 2 erfolgt die eigentliche Addition. Ist St nicht eingeschaltet, so wird Bs eingeschaltet, und es erfolgt eine Subtraktion. Ist St eingeschaltet, so wird die Relaiskette über den Umschaltkontakt st sofort auf Sa_5 umgeschaltet. Bei Subtraktion (St nicht eingeschaltet) wird durch die Angabe b_{61} (Abb. 4) angezeigt, ob die Differenz der b-Werte negativ oder positiv ist. b_{61} steuert ein Relais Bv (entsprechend Av, vgl. Seite 125). Hat Bv angesprochen, so ist die Differenz positiv, und die Relaiskette wird von Sb_2 auf Sa_4 geschaltet; hat Bv nicht angesprochen, so wird Sa_3 eingeschaltet. Im Spiel 3 wird im Teil B das Supplement gebildet. Über Fd wird das Resultat von Be auf Bb übertragen und durch Bs der Teil B auf Subtraktion gestellt. Dadurch werden in den Bb-Relais die Ziffern umgekehrt und durch Addition der flüchtigen l das Supplement gebildet. Im Spiel 4 erfolgt die Ausrichtung der b-Werte, denn bei Subtraktionen können die ersten Ziffern Null sein, so daß das Resul-

18 ▷   tat aufwärts verschoben werden muß. Abb. 18 zeigt die Schaltung, durch die, entsprechend der Lage der ersten von Null verschiedenen Ziffern, die Fi–Fm-Relais so geschaltet werden, daß sich die richtige Stellenverschiebung ergibt. Fm muß ansprechen,[14] wenn die Zahl der Stellenverschiebungen ungerade ist, also wenn die erste Ziffer bei der Stelle −1, −3, −5 usw. liegt. Über hintereinander geschaltete Trennkontakte liegen die Leitungen an Spannung, bis sie durch ein Be-Relais abgeschaltet sind. Ist dieses einer ungeraden Stelle zugeordnet, so wird über einen Wechselkontakt Fm eingeschaltet. Entsprechend wird

Fl bei den Stellen −2, −3, −6, −7, −10, −11, −14, -15,

Fk bei den Stellen −4, −5, −6, −7, −12, −13, −14, −15 und

Fi bei den Stellen −8, −9, −10, −11, −12, −13, −14, −15

---

[14] Fi im Original. Es soll aber Fm heißen.

eingeschaltet.[15] Die so gebildete Kombination stellt die Zahl der Stellenverschiebung als Sekundalzahl dar und wird durch die Kontakte des Bm-Relais auf die Fi–Fm-Relais[16] und durch Bn auf die Ab_0–Ab_3-Relais übertragen. Teil A wird über As auf Subtraktion geschaltet und somit der auf Aa stehende a-Wert um die Zahl der Stellenverschiebungen vermindert.

Im Spiel 5 erfolgt die Herausgabe des endgültigen Resultats über die Relais Ef, Ff auf die Relais Af, Bf. Genau wie bei der Multiplikation (vgl. Seite 120) kann das Resultat der Addition größer als zwei sein und muß in bezug auf das Komma ausgerichtet werden. Dies geschieht entsprechend Seite 121 über Br.

3.5 Übersetzung vom Dezimal- ins Sekundalsystem

Beim Übersetzen der auf Z–K (Abb. 2) eingestellten Zahl wird zunächst un-   ◁ 2
abhängig von der Lage des Kommas der auf Z eingestellte vierstellige Dezimalwert als ganze Zahl übersetzt. Dies geschieht im Teil B entsprechend der Anmeldung Z23624, indem die Dezimalziffern für sich ins Sekundalsystem übersetzt werden und als solche, angefangen von der höchsten Stelle, nacheinander auf das Additionswerk übertragen werden und zwischen jeder neueingestellten Ziffer das bisher aufgebaute Resultat mit 10 multipliziert wird.

Die Multiplikation mit 10 geschieht durch Einstellen des doppelten und achtfachen Wertes auf das Additionswerk, also dadurch, daß das Resultat einmal eine Stelle aufwärts und einmal drei Stellen aufwärts verschoben wird.

Beispiel: 835

L000	8
L0000	16
L000000	64
L0L0000	80
LL	3
L0L00LL	83
L0L00LL0	166
L0L00LL000	664
LL00LLLLL0	830
L0L	5
LL0L0000LL	835

Abb. 19 zeigt die Zifferneinstellungsvorrichtung Z für eine Stelle. Sie be-   ◁ 19
steht im wesentlichen aus einer Tastatur mit durch Tasten betätigten Kontakten, durch die die Dezimalziffer ins Sekundalsystem übersetzt wird. Durch

---

[15] Fk, Fl, Fm im Original. Korrekt ist Fl, Fk, Fi.

[16] Fi–Fa im Original, richtig ist Fi–Fm.

die Relais Za, Zb, Zc, Zd werden dann diese Kombinationen auf die Relais Ba_{-10}, Ba_{-11}, Ba_{-12}, Ba_{-13} übertragen. Die durch den Steuerschalter Ud (nicht gezeichnet) bewirkten Einstellungen sind für die einzelnen Spiele folgende:

Spiel	1	1. Ziffer	Za, Fd
	2	× LOLO	Fc, Fd, Fq, Fl, Fm
	3	2. Ziffer	Zb, Fd
	4	× LOLO	Fc, Fd, Fq, Fl, Fm
	5	3. Ziffer	Zc, Fd
	6	× LOLO	Fc, Fd, Fq, Fl, Fm
	7	4. Ziffer	Zd, Fd
	8	Ausrichten	Bm, Bn, As
		+ LLOL	Eg, Uc
		(Teil A)	

Im Spiel 8 muß die so übersetzte ganze Zahl auf die Form $y = 2^a \cdot b$ gebracht werden. Da die Einer auf die Stelle -13 eingestellt werden, muß in Teil A zum Ausgleich $+13$ addiert werden[17] (LLOL). Ferner muß die Zahl entsprechend der Lage der ersten von Null verschiedenen Ziffer ausgerichtet

18 ▷ werden. Dies geschieht, genau wie bei der Subtraktion, durch die in Abb. 18 dargestellte Teilschaltung über die Relais Bm, Bn und As. Uc bewirkt die zur Berücksichtigung des Kommas erforderlichen weiteren Operationen.

20 ▷ Abb. 20 zeigt die Teilschaltung K zur Einstellung des Kommas. Es wird die der Lage des Kommas entsprechende Taste gedrückt. Der den Tasten zugeordnete Index gibt an, mit welcher Potenz von 10 die bei Z eingestellte Zahl zu multiplizieren ist. Ist Tk_0 gedrückt, so ist eine Korrektur der übersetzten Zahl nicht nötig. Liegt das Komma weiter rechts, so muß der übersetzte Wert entsprechend oft mit 10, liegt er weiter links, mit 0,1 multipliziert werden. Die Multiplikation mit 10 bedeutet in halblogarithmischer Form (10 = $LO^{LL} \cdot L, OL$), die Addition von LL im Teil A und im Teil B die Addition von $b + b/4$; sie läßt sich also in einem Spiel erledigen. Die zugehörigen Einstellungen Fc, Fd, Ec^{18}, Ei, Ab_0, As, Fh, Fi, Fk, Fl bewirkt das Relais Ug (nicht gezeichnet). Ug schaltet ferner Br ein, wodurch der Wert ausgerichtet wird (vgl. Seite 121). Die Addition von 3 wird durch Subtraktion von -3 bewirkt, der Grund wird weiter unten angegeben (Einstellung von LLLLL00 über Ei und von Ab_0).

Die Multiplikation mit 0,1 ist etwas komplizierter. 1/10 hat im Sekundalsystem die Periode $0,0\overline{00LL}$ bzw. in halblogarithmischer Form mit 16 Stellen hinter dem Komma:

$$0{,}1 = LO^{-L00} \cdot L, LOOLLOOLLOOLLOOL$$

---

[17] Dies ist die Aufgabe der Eg-Relaisgruppe, die die Konstante $+13$ ins Register Aa lädt.

[18] Bc im Original, richtig ist Ec.

Diese Multiplikation läßt sich in 4 Spielen wie folgt durchführen: Ist x_0 der zu multiplizierende Wert, so wird

- im ersten Spiel $x_1 = \text{L}, \text{L} \cdot x_0$,
- im zweiten Spiel $x_2 = \text{L}, 000\text{L} \cdot x_1$,
- im dritten Spiel $x_3 = \text{L}, 0000000\text{L} \cdot x_2$ und
- im vierten Spiel $x_4 = \text{L}, 000000000000000\text{L} \cdot x_3$

gebildet, womit die Multiplikation für den Bereich der vorhandenen Stellen durchgeführt ist.

Beispiel: $100 \times 0,1$, wobei $100 = \text{LLOOLOO} = \text{LO}^{\text{LLO}} \times \text{L,LOOL}$:

```
L,LOOL   ×    L,   LOOLOOLL ...

     =    L,   LOOL
              LLOOL                          erstes Spiel
         ─────────────────
         LO,   OLOLL
          0,   OOLOOLOLL                      zweites Spiel
         ─────────────────
         LO,   OLLLLLOLL
          0,   000000LOOLLLLLOLL              drittes Spiel
         ─────────────────
         LO,   OLLLLLLLLLLLLLOLL
          0,   00000000000000LOOLLLL          viertes Spiel
         ─────────────────
         LO,   OLLLLLLLLLLLLLLLLLLLL
```

aufgerundet: $\text{LO}, \text{L} \times \text{LO}^{\text{LO}} = \text{L}, \text{OL} \times \text{LO}^{\text{LL}} = 10$.

Die Multiplikation mit $0,1$ erfolgt nun so, daß in jedem der 4 Spiele das Resultat, soweit es bereits aufgebaut ist, einmal ohne Stellenverschiebung auf Ba und zum anderen mit den Stellenverschiebungen $-1, -4, -8, -16$ auf Bb eingestellt wird. Die Steuerung der Stellenverschiebungen erfolgt über die Fh–Fm-Relais, an denen die Stellenverschiebungen als Sekundalzahlen eingestellt werden müssen. Es sind also in den einzelnen Spielen folgende Relais zu schalten:

Spiel	Fh	Fi	Fk	Fl	Fm
1	•	•	•	•	•
2	•	•	•	-	-
3	•	•	-	-	-
4	•	-	-	-	-

Es müssen also zunächst alle 5 Relais eingeschaltet sein und dann nach dem ersten Spiel Fl, Fm, nach dem zweiten Spiel Fk und nach dem dritten Spiel Fi abgeschaltet werden. Dieses wird durch die in Abb. 21 dargestellte Schaltung bewirkt. ◁ 21

Durch Einschalten von Uf wird die Multiplikation mit $0,1$ eingeleitet. Uf hält sich über eine Selbsthaltewicklung Uf^2 während der ganzen Operation. Über die Schließkontakte uf werden zunächst die Relais Fh, Fi, Fk, Fl, Fm eingeschaltet. Uf wird im Schritt III eingeschaltet, Fh–Fm im Schritt IV;

im Schritt V erfolgt über die *Fh–Fm*-Relais die Einstellung der Summanden auf die *Bb*-Relais; im Schritt II des nächsten Spiels wird *Um* eingeschaltet (Abb. 21), während *Uk* und *Ui* durch die Trennkontakte *fm* und *fk* noch abgeschaltet sind. *Um* schaltet über einen Trennkontakt *Fm* und *Fl* ab, womit die Einstellungen für das zweite Spiel vollzogen sind. Im nächsten Spiel wird das *Uk*-Relais eingeschaltet, da *Fm* abgefallen ist. Es bewirkt die Abschaltung von *Fk* und somit die Einstellung für Spiel 3. Dadurch wird auch *Ui* freigegeben, so daß im nächsten Spiel auch *Fi* abgeschaltet wird. Hierdurch wird das Schlußrelais *Uh*, welches bis dahin über *Fi* abgeschaltet war, freigegeben. *Uh* bewirkt die Abschaltung von *Uf* und *Fh*. Während der ganzen Zeit sind ferner zur Aufrechterhaltung des Zahlenkreislaufes die Einstellungen *Fc, Fd, Ec* erforderlich. Ferner muß das Rechenwerk über *Br* auf Ausrichten geschaltet werden (vgl. Seite 121), da der auftretende *b*-Wert größer als 2 werden kann. Außerdem muß in Teil A −4 (LLLLL00) addiert werden, was im Spiel 3 über einen Schließkontakt von *Uk* und einen Trennkontakt *ui* durch das Relais *Ei* erfolgt.

20 ▷   Ist in der Teilschaltung K (Abb. 20) eine Kommataste mit negativem Index gedrückt, so spricht *Ka* an, bei einer Taste mit positivem Index *Kb*. Das durch den Steuerschalter *Ud* im Spiel 8 eingeschaltete Relais *Uc* be-

22 ▷   wirkt (Abb. 22) bei Einschaltung von *Ka* die Einschaltung von *Uf* und somit die Multiplikation mit 0,1 und bei Einschaltung von *Kb* die Einschaltung von *Ug* und somit die Multiplikation mit 10. Bei jeder Einzelmultiplikation wird entweder über die Kontakte *lu, uf, fi* oder die Kontakte *lu, ug*

20 ▷   der Schrittschalter *Kd* betätigt (Abb. 20). Dies erfolgt so oft, bis der Arm des Schrittschalters die gedrückte Kommataste erreicht hat. Dann spricht *Kc* an und bewirkt die Abschaltung von *Uf* bzw. *Ug* und die Einschaltung des Schlußrelais *Uz* (Abb. 22). *Uz* bewirkt die Übertragung der übersetzten Zahl

23 ▷   entweder über *Ef, Ff* auf *Af, Bf* oder über *Ed, Fd*, auf *Ab, Bb* (Abb. 23). Zunächst sind weder die Einstellglieder für den ersten (*Af, Bf*) noch für den zweiten Operanden (*Ab, Bb*) gesetzt. Ah_1, Ah_2 und *Bh* sind also ebenfalls

8 ▷   abgefallen (Abb. 8). Durch *Uz* wird über a_{72} (Abb. 23, Abb. 8) zunächst Ah_1' eingeschaltet und dadurch etwas verzögert Ah_1, wodurch die Selbsthalteleitungen der Relais *Af, Bf* eingeschaltet werden. Ah_1 schaltet den Anschluß a_{72} auf Ah_2 und *Bh* um (Abb. 8); ferner *Ef* auf *Ed, Ff* auf *Fd, Vx* auf *Vy* (Vorzeicheneinstellung s. weiter unten), so daß die nächste Zahl auf dem Relais *Ab, Bb* gespeichert wird. Sollten die Zahlen direkt ins Speicherwerk übertragen werden, so wird dies durch den Rechenplan gesteuert (s. weiter unten). Der Drehwähler *Kd* muß nach erfolgter Operation auf die Null-Stellung zurückgehen. Die zugehörige Schaltung ist nicht gezeichnet.

3.6 Übersetzung vom Sekundal- ins Dezimalsystem

Die Rückübersetzung vom Sekundalsystem ins Dezimalsystem erfolgt ebenfalls nach dem in der Anmeldung Z23624 angegebenen Prinzip. Durch Multiplikation mit 10 bzw. 0,1 und durch Ausrichten muß die Zahl zunächst auf eine Form gebracht werden, bei der der a-Wert gleich Null und der b-Wert zwischen Null und 15 liegt. Es wird dann der vor dem Komma liegende ganzzahlige Teil der Zahl in die entsprechende Dezimalziffer überführt und der hinter dem Komma liegende Rest mit 10 multipliziert, dann wieder der vor dem Komma liegende Teil in die zweite Dezimalziffer überführt, der Rest mit 10 multipliziert usw. Für dieses Verfahren werden im Teil B vier Stellen vor dem Komma gebraucht. Da das Additionswerk B nur zwei Stellen vor dem Komma hat, wird für das Rückübersetzen das Komma hinter die vierte Stelle von vorn verlegt (s. Abb. 3), der b-Wert also um 2 Stellen abwärts verschoben. Dementsprechend muß der zugehörige a-Wert um zwei erhöht werden, d. h., bei der fertig umgeformten Zahl muß $a = $ L0 sein.   ◁ 3

Die Steuerung erfolgt durch die Teilschaltung D über den Steuerschalter Dd (Abb. 24), im Spiel 1 wird über Ea und Fa die auf Af, Bf eingestellte Zahl auf Aa und Ba übertragen. Im Spiel 2 wird entweder Ug, Uf oder Dn eingeschaltet, und zwar wie folgt: Ist der a-Wert negativ, so ist die Ziffer $af_6 = $ L (Supplement). Über einen Umschaltkontakt af_6 wird Ug eingeschaltet und somit die Multiplikation mit 10 eingeleitet. Ist der Wert a größer als LL, so muß mindestens eine der Ziffern Af_5, Af_4, Af_3, $Af_2 = $ L sein. In diesem Fall spricht Aq (Abb. 8) an. Der Steuerschalter Dd schaltet über af_6 und a_q Uf_1 ein[19] und löst somit die Multiplikation mit 0,1 aus.   ◁ 24   ◁ 8

Während dieser Zeit ist Ef eingeschaltet, der reduzierte a-Wert wird also nach jeder Einzelmultiplikation auf die Af-Relais zurückübertragen. Dies erfolgt so lange, bis der Wert a im Bereich 0, +1, +2, +3 liegt.

Liegt der a-Wert von vornherein in diesem Bereich, so sind af_0 und aq abgefallen und Dn spricht an. Dn bewirkt über Ec, Fc die Zurückübertragung der eingestellten Zahl.

Der Schrittschalter Dd ist so geschaltet, daß die Fortschaltung bei Einschaltung von uf oder ug unterbrochen ist (Abb. 25). Ist Uf eingeschaltet, so erfolgt die Weiterschaltung, sobald aq abgefallen ist, und ist Ug eingeschaltet, so erfolgt die Weiterschaltung, sobald durch a_{61} angezeigt wird, daß im Teil A bei der Multiplikation mit 10 positive Werte erreicht sind. Die Addition von 3 (Multiplikation mit 10) erfolgt durch Subtraktion von -3 (vgl. S. 25), so daß die Stellenübertragungsangabe a_{61} positiv ist, sobald positive Werte erreicht werden.   ◁ 25

Im nächsten Spiel muß die Zahl so ausgerichtet werden, daß $a = 2$ ist. a kann jetzt nur LL, L0, 0L, 00 sein. Der zugehörige b-Wert muß dementsprechend bei

$a = $ LL um eine Stelle aufwärts
$a = $ 0L um eine Stelle abwärts und bei
$a = $ 00 um zwei Stellen abwärts verschoben werden.

Dies wird durch die Relais Fp, Fq bewirkt. Die zugehörigen Stellungen ergeben sich aus folgendem Schema:

---

[19] Im Original steht a_4, richtig ist a_q.

a	Af_1	Af_0	Stellenver- schiebung	Fp	Fq
0	-	-	-2	•	-
$+1$	-	•	-1	•	•
$+2$	•	-	0	-	-
$+3$	•	•	$+1$	-	•

Fp muß ansprechen, wenn Af_1 abgeschaltet ist, und Fq, wenn Af_0 eingeschaltet ist. Dies wird durch den Steuerschalter Dd im Schritt 3 bewirkt. In den nächsten Spielen wird die eigentliche Rückübersetzung durchgeführt. In diesen Spielen wird über Fc, Fd der im Laufe der Rechnung abgebaute Wert auf Ba und Bb zurückübertragen. Fq bewirkt die Stellenverschiebung $+1$, Fl, Fm die Stellenverschiebung $+3$, wodurch die Multiplikation mit 10 (L0L0) bewirkt wird. Über die Relais Ra_{1-4} (Abb. 26) (nur Kontakte gezeichnet) werden die vor dem Komma liegenden Stellen auf die Bf-Relais übertragen. Das Relais bewirkt die Unterbrechung der Leitungen, die von den Relais Be_1, Be_0, Be_{-1}, Be_{-2} zu den Relais Fc, Fd laufen, wodurch die vor dem Komma liegenden Ziffern gelöscht werden. Nach diesem Prozeß steht die Zahl als Dezimalzahl, deren Ziffern einzeln im Sekundalsystem verschlüsselt sind, auf den Bf-Relais (erste Ziffer $Bf_0 \ldots Bf_{-3}$, zweite Ziffer $Bf_{-4} \ldots Bf_{-7}$, dritte Ziffer $Bf_{-8} \ldots Bf_{-11}$, vierte Ziffer $Bf_{-12} \ldots Bf_{-15}$).

Bei der letzten Ziffernbildung wird die erste hinter dem Komma stehende Stelle auf Bf_{-16} übertragen. Ist sie gleich L, so muß das Resultat aufgerundet werden. Dies geschieht im folgenden Spiel (Schritt 8 des Steuerschalters).

```
Beispiel: 15,28  LLLL,0L000LLLL0L0LL      15
                    0,L000LLLL0L0LL
                   LO,00LLLL0L0LL
                   LO,LL00LL00L0LLL        2
                    L,L00LL00L0LLLL
                  LLO,0LL00L0LLL
                  LLL,LLLLLLLL00LL         7
                    L,LLLLLLL00LL
                  LLL,LLLLL00LL
                 L00L,LLLL0LLLLLL          9

              LLLL 00L0 0LLL L00L L
                          L    L
              LLLL 00L0 L000 L0L0
                15   2    8    10
```

Im obigen Beispiel sind nacheinander die Ziffern 15, 2, 7, 9 ermittelt worden, ferner $Bf_{-16} = $ L (die erste Ziffer kann zwischen 0 und 15 liegen). Die Zahl muß abgerundet werden. Das bedeutet eine Stellenübertragung auf die letzte

Dezimalstelle. Ist diese gleich 9 (L00L), so muß eine weitere Übertragungsangabe auf die nächste Stelle erfolgen usw. Dies wird durch die in Abb. 27   ◁ 27
dargestellte Schaltung bewirkt. Ist die letzte Dezimalziffer $= 9$, so müssen
die Relais Bf_{-12} und Bf_{-15} angesprochen haben. Entsprechendes gilt für
Bf_{-8} und Bf_{-11} bzw. Bf_{-4} und Bf_{-7}, wenn die weiteren Ziffern $= 9$ sind.
Die Schaltung ist so aufgebaut, daß dann die auf Bf_{-16} eingeleitete Stellenübertragung zu den nächsten Stellen weiterläuft. Durch ein Relais Rr (nur
Kontakte gezeichnet) werden die so ermittelten Stellenübertragungen auf die
Relais Ba_{-3} Ba_{-7} Ba_{-11} Ba_{-15} übertragen (Abb. 27) und zugleich die auf
Bf stehenden Ziffern auf Bb übertragen. Im darauffolgenden Additionsspiel
werden die Stellenübertragungen zu den Ziffern addiert. Der Steuerschalter
betätigt also im Spiel 8 Fb und Rr.

Im letzten Spiel erfolgt nun die Entschlüsselung der so ermittelten Dezimalziffern. Die erste Ziffer kann die Werte 0–16 annehmen, die weiteren
0–10. Letztere müssen bei 10 (L0L0) Null anzeigen. Dies erfolgt durch die
in Abb. 28 gezeigte Schaltung. Sie ist nur für eine Stelle gezeichnet. Durch   ◁ 28
das Rk-Relais werden die Ziffern auf die Relais Rc, Rd, Re, Rf übertragen
(nicht gezeichnet). Diese übernehmen die Entschlüsselung und betätigen die
zugehörigen Fallklappen.[20]

Die Anzeigevorrichtung des Kommas zeigt Abb. 29. Die Grundstellung des   ◁ 29
Kommas, d. h. die Lage, die das Komma hat, wenn keine Korrekturmultipli-
kationen erforderlich sind, liegt vor der dritten Stelle von rechts. Sonst muß
das Komma um die Zahl der erfolgten Multiplikationen verschoben werden,
und zwar bei Multiplikationen mit 10 nach links und mit 0,1 nach rechts.
Dies bewirkt der Drehwähler Qd, der, falls ug (mal 10) oder ui (mal 0,1;
vgl. Abb. 21) eingeschaltet sind, je Operation einen Schritt vollführt. Ug ◁ 21
schaltet ferner das Relais Qg ein (Abb. 29), wodurch bewirkt wird, daß bei   ◁ 29
Multiplikation mit 10 der linke Arm des Drehwählers, bei Multiplikation mit
0,1 der rechte Arm an Spannung liegt. Im Schritt 9 des Steuerschalters Dd
werden die Fallklappen der Kommaanzeige betätigt.

3.7 Vorzeichenbehandlung

Abb. 30 zeigt das Vorzeichenwerk. Die Vorzeichen der beiden Operanden   ◁ 30
werden auf den Relais Vx und Vy gespeichert (Selbsthalterelais, bei Plus angesprochen). Das Relais Vg spricht bei gleichen Vorzeichen an. Vc und Vd
bilden eine Relaiskette zur Steuerung der Vorzeichenermittlung. Vc wird bei
Multiplikation und Division durch die Steuerschalter Md bzw. Id angeregt,[21]
beim Wurzelziehen über Wd und beim Addieren über Sa_2. Vc bewirkt die

---

[20] Die Rekonstruktion der Z3 im Deutschen Museum verwendet Lampen für die
      Anzeige der Dezimalziffer. Es scheint, daß die Originalmaschine eine mechani-
      sche Lösung verwendete, die mit „Fallklappen" operierte.
[21] Die Diagramme der Steuerung der Division und des Quadratwurzelalgorithmus
      (Abb. 12 und Abb. 13) zeigen nicht, wann Vc aktiviert wird. Abb. 11 dagegen
      zeigt, daß bei der Multiplikation Vc im Spiel 14 aktiviert wird.

Schaltung des Relais Vr, welches beim positiven Vorzeichen des Resultats positiv ist. Bei Multiplikation und Division entspricht das Vorzeichen der Stellung von Vg. Beim Wurzelziehen wird stets das Vorzeichen auf Plus geschaltet. Beim Addieren und Subtrahieren wird die Schaltung von Vr über Sc, welches durch Sa_2 geschaltet wird, bewirkt.[22] Das Vorzeichen ergibt sich hierbei aus den Vorzeichen der beiden Operanden, der befohlenen Operation (Addition oder Subtraktion), dem Vorzeichen der Differenz der a-Werte und den Vorzeichen des b-Wertes des Resultats nach folgender Regel:

Maßgebend ist zunächst, welcher Operand den größeren a-Wert hat, da der dem größeren a-Wert zugehörige b-Wert auf jeden Fall (unabhängig davon, ob tatsächlich Addition oder Subtraktion) positiv auf die Ba-Relais eingestellt wird. Hat der erste Operand den größeren a-Wert (Av positiv) und ist das Resultat im Teil B positiv, so ist das Vorzeichen des Resultats (Vr) gleich dem des ersten Operanden (Vx); ist jedoch das im Teil B errechnete Resultat negativ (was nur bei tatsächlicher Subtraktion eintreten kann), so ist Vr entgegengesetzt Vx. Hat der zweite Operand den größeren a-Wert (Av hat nicht angesprochen), so gilt bei befohlener Addition (Ls_1) dasselbe, nur, daß an Stelle von Vx Vy tritt. Ist jedoch Subtraktion befohlen, so ist das gleichbedeutend mit einer Umkehrung des Vorzeichens des zweiten Operanden (Vy).[23] Und es muß auch Vr in jedem Falle die entgegengesetzten Werte annehmen.

30 ▷   Diese Bedingungen sind aus der Schaltung von Abb. 30 ohne weiteres ablesbar. Bv spricht an, wenn das Resultat der Addition bzw. Subtraktion im Teil B positiv ist. Von Vr wird das Vorzeichen des Resultats über Vd auf Vx zurückübertragen. Vx und Vy sind vorher durch Vc gelöscht worden.

Hiermit wäre das eigentliche Rechenwerk in den wesentlichen Zügen gekennzeichnet.

4. Speicher- und Planwerk

Wir kommen nun zum Speicherwerk. Folgendes Beispiel stellt ein elektromagnetisches Speicherwerk dar, bei dem die Zahlen auf Selbsthalterelais gespeichert werden. Abb. 31 zeigt ein solches für zwei Zellen zu drei Stellen. Die nebeneinanderliegenden Ca-Relais sind einer Zelle zugeordnet. Die übereinanderliegenden gehören der gleichen Stelle an. Den einzelnen Stellen sind die Leiter c_1, c_2, c_3 zugeordnet, welche über die cc-Kontakte mit den Wicklungen der ca-Relais verbunden werden können. Die cc-Kontakte für eine Stelle sprechen zugleich an. Die Wicklungen der ca-Relais sind ferner über Selbsthaltekontakte ca an einen Haltestromkreis gelegt, der über die Folgekontakte cb an eine Spannungsquelle von geringer Voltzahl angeschlossen ist

31 ▷

---

[22] Sa_2 schaltet Sb_2 und dieses Sc ein (Abb. 30).

[23] Vx im Original, richtig ist Vy.

(Beispiel 8 Volt). Soll eine Zahl gespeichert werden, so wird vom Rechenwerk an diejenigen c-Leitungen, deren Ziffern auf Eins lauten, Spannung
gelegt und die cc-Kontakte der betreffenden Stelle werden eingeschaltet. Die
Ca-Relais, an deren zugehöriger c-Leitung Spannung liegt, sprechen an und
halten sich über die Selbsthalteleitungen. Zuvor muß jedoch der Folgekontakt
cb der betreffenden Zelle auf die Leitung c_{50} von höherer Voltzahl (Beispiel
24 Volt) umgeschaltet werden, damit es keinen Kurzschluß gibt. Die Leitung c_{50} liegt normalerweise über einen Schutzwiderstand an Pol I, II. Der
Schutzwiderstand verhindert einen Kurzschluß zwischen der 8-Volt- und der
24-Volt-Leitung während des Umlegens des Folgekontaktes cb. Der Pol I, II
hat zur Folge, daß die vorher auf der Zelle gespeicherte Zahl sich nur bis
Schritt II hält und dann gelöscht wird. Die neue Zahl wird im Schritt V
aus dem Rechenwerk gegeben, hält sich über c_{50}[24] während des Schrittes I,
worauf durch cb die Ca-Relais auf die 8-Volt-Leitung umgelegt werden.

Soll eine Zahl abgelesen werden, so werden ebenfalls das Cb- und das Cc-
Relais der betreffenden Stelle eingeschaltet. Außerdem spricht Pr an, wodurch
über den Folgekontakt pr die Leitung c_{50} an den Grundpol von 24 Volt gelegt wird. Die Leitungen c_1, c_2, c_3 haben dann Spannung, wenn die der Stelle
zugeordneten Ca-Relais eingeschaltet sind. Durch cd wird der Schutzwiderstand kurzgeschlossen, damit an den Leitungen c_1, c_2, c_3 die volle Spannung
(24 Volt) liegt. Die gespeicherte Zahl kann nun an diesen Leitungen abgelesen
werden.

4.1 Planwerk

Das Planwerk hat die Aufgabe, die Gesamtanlage dem Rechenplan entspre-
chend zu steuern. Der Rechenplan hat die Form eines Lochstreifens. Zu jedem
Befehl (vgl. Seite 114) gehören 8 Felder. p_1 bis p_8 sind die Abfühlkontakte des
Lochstreifens. Die Relais Pa_1 bis Pa_7 liegen direkt an den Kontakten p_1 bis
p_7 (Abb. 32). Die ersten beiden Felder des Lochstreifens pa_1 und pa_2 geben   ◁ 32
an, ob der Befehl ein Operationsbefehl an das Rechenwerk oder ein Speicher-
bzw. Ablesebefehl an das Speicherwerk bedeutet, und zwar nach folgendem
Schema:

pa_1	pa_2	
-	•	Rechenoperation
•	-	Speichern
•	•	Ablesen

Ist pa_1 nicht, jedoch pa_2 eingeschaltet, so wird entsprechend Abb. 33 und   ◁ 33
entsprechend der Stellung der Relais Pa_3, Pa_4, Pa_5 ein Befehl an das Rechenwerk gegeben.[25] Ist pa_1 eingeschaltet, so werden auch die Relais Pb_3 bis
Pb_8 eingeschaltet. Diese stellen das eigentliche Wählwerk dar (Abb. 34). Die   ◁ 34

---

[24] a_{50} im Original, richtig ist c_{50}.
[25] Siehe Befehlssatz und dessen Codierung auf Seite 32.

Nummer des Wählwerks stellt ebenfalls eine Sekundalzahl dar. Jeder Zelle ist eine andere Kombination der Stellungen der Relais Pb_3 bis Pb_8 zugeordnet. Über die Pb-Relais wird das der betreffenden Zelle zugeordnete Cb-Relais eingeschaltet. Ferner wird beim Ablesen das Relais Pr und beim Speichern
32 ▷ das Relais Ps eingeschaltet (Abb. 32).

Da das Speichern stets im Anschluß an eine Rechenoperation erfolgt, werden die zur Speicherung erforderlichen Einstellungen schon während dieser Operation gemacht und das Resultat der Operation direkt von den Relais
31 ▷ Ae, Be (Additionswerk, Abb. 4) auf die Ca-Relais (Speicherwerk, Abb. 31) übertragen. Das Resultat wird also nicht, wie beim Arbeiten ohne Rechenplan, über Ef und Ff auf Af und Bf übertragen (Abb. 2). Die vom Leitwerk
35 ▷ des Rechenwerks gegebenen Befehle Ef und Ff werden entsprechend Abb. 35
31 ▷ abgeschaltet bzw. auf die Cc-Relais (Abb. 31) umgeleitet. $[Ef]$ ist der vom Leitwerk kommende Anschluß, Ef die Wicklung der Ef-Relais, und entsprechendes gilt für $[Ff]$ und Ff. Ist P_s nicht eingeschaltet, so ist $[Ef]$ direkt mit Ef und $[Ff]$ direkt mit Ff verbunden. Ist P_s eingeschaltet, das Planwerk also auf Speichern gestellt, so ist $[Ff]$ abgeschaltet und $[Ef]$ über die cb-Kontakte mit den Cc-Relais verbunden. Nur wenn cb_0 eingeschaltet ist, ist $[Ff]$ mit Ef und $[Ef]$ mit Ff verbunden, da die Af-, Bf-Relais die Zelle „Null" darstellen (vgl. Seite 113). Entsprechend müssen die Befehle Al bzw. Bl auf Ai umgelenkt werden. Beim Arbeiten ohne Rechenplan bleibt Ah_1 eingeschaltet
8 ▷ (vgl. Abb. 8) und die Selbsthaltekreise von Af und Bf werden nur durch Al und Bl kurzzeitig unterbrochen. Wird die Zahl jedoch in das Speicherwerk ge-
36 ▷ geben, so muß Ah_1 ebenfalls gelöscht werden. Diese Schaltung zeigt Abb. 36. Hat Ps nicht geschaltet, so ist $[Al]$ mit Al und $[Bl]$ mit Bl verbunden. Sobald Ps eingeschaltet ist, ist Al und Bl abgeschaltet und dafür $[Al]$ mit Ai verbunden. Bei Multiplikation (lm) ist $[Bl]$ mit Ai verbunden, da Al im Spiel 2 der Multiplikation geschaltet wird und dann nicht Ai geschaltet werden darf.
37 ▷ Abb. 37 zeigt noch einige weitere Schaltungen des Planwerks, und zwar werden durch Pr, also beim Übertragen vom Speicherwerk auf das Rechenwerk, Uz, be_0 und Cd geschaltet. Uz bewirkt dieselbe Übertragung wie beim letzten Spiel des Übersetzens vom Dezimal- ins Sekundalsystem (vgl. Seite 131,
23 ▷ Abb. 23). Die Einstellung von Be_0 ist erforderlich, da die erste Stelle vor dem Komma des b-Wertes immer gleich Eins ist und nicht gespeichert wird. Die
31 ▷ Wirkung von Cd ist weiter oben besprochen (s. Abb. 31).

4.2 Rechenplan

Die Abfühlvorrichtung für den Rechenplan wird nicht beschrieben, da derartige Konstruktionen zur Genüge bekannt sind. Pf bewirkt den Transport des Lochstreifens, sei es durch direkten Vorschub oder durch Einschalten einer Kuppelung. Normalerweise ist Pf eingeschaltet, d. h., der Lochstreifen rückt mit jedem Spiel einen Schritt vor. Während einer Rechenoperation muß der Lochstreifen stehenbleiben. Es wird daher vom Rechenwerk der Befehl Pu

zur Abschaltung von Pf gegeben (vgl. Seite 123), und zwar wird der Aus-
koppelungsbefehl Pu immer im zweiten Spiel der Rechenoperation gegeben
(Abb. 32).   ◁ 32
  Es seien jetzt die aufeinanderfolgenden Vorgänge für folgende charakteri-
stische Befehlsfolge beschrieben:

1. Ablesen von Zelle 3 (LL)
2. Wurzelziehen (OXX)
3. Speichern auf Zelle 5 (LOL)
4. Ablesen von Zelle 4 (LOO)

Als Lochstreifen sieht der Rechenplan folgendermaßen aus:

P_1	P_2	P_3	P_4	P_5	P_6	P_7	P_8
●	●	-	-	-	-	●	●
-	●	-	●	●	-	-	-
●	-	-	-	-	●	-	●
●	●	-	-	-	●	-	-

Der erste Befehl schaltet Pr (Abb. 32) und über das Wählwerk (Abb. 34) Cb_3 ◁ 34
ein. Pr bewirkt über Cb_3 die Einschaltung von Cc_3 (Abb. 35). Über cb_3 pr und   ◁ 35
cd werden die Selbsthalteleitungen der Ca-Relais der Zelle 3 an die 24-Volt-
Leitung gelegt und über cc_3 die Ca-Relais der Zelle 3 mit den Leitungen $c_1 \cdot$
$c_2 \ldots$ verbunden. Zugleich ist über pr Uz eingeschaltet (Abb. 37), wodurch die   ◁ 37
Ef- und Ff-Relais geschaltet werden (Abb. 13) und die erste Speicherleitung   ◁ 13
c_1 (Vorzeichen) mit Vx verbunden wird. Die Zahl wird somit auf die Relais
Vx, Af, Bf übertragen.
  Der nächste Befehl ist ein Operationsbefehl und wird über die Kontakte
der Pa-Relais (Abb. 33) an das Rechenwerk gegeben. Im Beispiel wird Lw ◁ 33
(Wurzelziehen) eingeschaltet. Der Steuerschalter Wd läuft an und bewirkt
die auf Seite 124 beschriebenen Einstellungen. Zunächst läuft der Rechenplan weiter und bewirkt noch während der Durchführung der Operation die
Einstellung zum Speichern des Resultats.
  Es wird Ps und über das Wählwerk Cb_5 eingeschaltet. Ps ist ein Selbsthalterelais und bewirkt ferner die Einschaltung der Selbsthaltekreise der Cb-
Relais (Abb. 34). Ps und Cb_5 bleiben bis zum Schluß der Rechenoperation   ◁ 34
eingeschaltet.[26]
  Daraufhin rückt der Rechenplan auch noch einen Schritt weiter und wird
erst jetzt vom Rechenwerk her über Pu abgeschaltet. Im letzten Spiel der
Rechenoperation wird Ff eingeschaltet. Dieses bewirkt nach Abb. 33 die Ein-   ◁ 33
stellung von Cc_5 (Ps und Cb_5 sind angesprochen). Schon vorher war im Speicherwerk über eb_5 die Selbsthalteleitung der Zelle 5 an die Leitung c_{50} gelegt
worden und die alte Einstellung der Ca-Relais gelöscht worden. Jetzt sind
die Ca-Relais der Zelle 5 über die Kontakte Cc_5 direkt mit den Kontakten

---

[26] Pb_5 im Original, richtig ist Cb_5.

des Rechenwerks verbunden. Die Zahl wird von *Ae, Be* auf die Speicherzelle 5 übertragen. Durch das Schlußzeichen *Lz* der Rechenoperation wird *Ps* und somit *Cb₅* und *Pu* abgeschaltet, so daß der Rechenplan weiterläuft. Für das darauffolgende Spiel „Ablesen" lag der Befehl des Rechenplans schon in Bereitschaft. Er bewirkt die gleichen Einstellungen wie oben beschrieben.

4.3 Numerische Sonderfälle

In der halblogarithmischen Form ist die Darstellung der Zahl 0 nicht exakt durchführbar, da der Wert *a* gleich Minus Unendlich wäre. Die Maschine läßt sich so bauen, daß die Zahl mit dem kleinsten darstellbaren *a*-Wert als Null verrechnet wird. Dieser ist L000000 (Minus 64 Supplement). Entsprechend gilt die Zahl mit dem größten *a*-Wert, nämlich 0LLLLLL (Plus 63), als Unendlich. Dies gilt unabhängig von der Größe des *b*-Wertes. Die Teilschaltung N löst die mit den Werten Null und Unendlich zusammenhängenden Aufgaben. Den Werten Unendlich sind für die beiden Operanden die Relais Ni_1 und Ni_2, den Werten Null die Relais Nn_1 und Nn_2 zugeordnet (Abb. 38). Sie haben Selbsthaltekreise, die entsprechend *Vx* und *Vy* geschaltet sind (Abb. 30). Diese sind nicht gezeichnet. Wird eine Zahl aus dem Speicherwerk in das Rechenwerk gegeben, so muß der *a*-Wert untersucht werden. Trifft auf ihn eines der Kriterien Null oder Unendlich zu, so muß das betreffende Relais *Ni* oder *Nn* ansprechen. Diese Aufgabe lösen die Relais Na_0 bis Na_6 (Abb. 38). An die Leitungen ae_6 bis ae_0, also die Übertragungsleitungen Speicherwerk-Rechenwerk, sind die *Na*-Relais angeschlossen. Beim Einstellen eines Operanden spricht *Uz* an (s. oben). Dieses schaltet *Nz* ein, wodurch die Erdleitungen der *Na*-Relais geschlossen werden. Die *Na*-Relais sprechen an, falls die zugehörigen *be*-Leitungen an Spannung liegen. Na_6 hat einen Wechselkontakt, an diesen schließt sich einmal eine Schaltung mit sechs hintereinander geschalteten Schließkontakten na_5 bis na_0 und am anderen Pol eine Hintereinander-Schaltung von Trennkontakten na_5 bis na_0 an. Auf das Kriterium 0LLLLLL (Unendlich) sprechen die *Ni*-Relais an, auf das Kriterium L000000 (0) die Relais *Nn*. Ob Ni_1 oder Ni_2 bzw. Nn_1 oder Nn_2 geschaltet werden, wird durch ah_1 gesteuert (vgl. Seite 131).

Zunächst müssen die Fälle gemeldet werden, in denen das Resultat undefinierbar ist. Es ist das:

- Unendlich plus (oder minus) Unendlich,
- Null mal Unendlich,
- Unendlich durch Unendlich und
- Null durch Null.

Ferner wird das Resultat in folgenden Fällen Unendlich:

1. Bei Addition und Multiplikation, wenn einer der beiden Operanden Unendlich ist (Fall „Null mal Unendlich" wird gesondert gemeldet).

38 ▷
30 ▷

2. Bei Division, wenn der Dividend Unendlich (Ni_1) oder der Divisor gleich Null ist (Nn_2).
3. Beim Quadratwurzelziehen, wenn der Radikand Unendlich ist.

In folgenden Fällen wird das Resultat Null:

1. Bei Addition, wenn beide Summanden gleich Null sind.
2. Bei Multiplikation, wenn einer der beiden Faktoren gleich Null ist (Null mal Unendlich wird gesondert gemeldet).
3. Bei Division, wenn entweder der Dividend gleich Null ist (Nn_1) oder der Divisor Unendlich ist (Ni_2).
4. Beim Wurzelziehen, wenn der Radikand Null ist.

Bei der Addition spricht Sa_3 an, bei Multiplikation Lm und bei Division Li. In folgendem Schema sind die oben angeführten Fälle zusammengestellt. Das Zeichen • heißt: das Relais hat angesprochen. Nebeneinanderliegende Zeichen bedeuten hintereinander zu schaltende Kontakte.

	Ni_1	Ni_2	Nn_1	Nn_2	Sa_3	Lm	Li	Lw	
1	•				•				
2		•			•				
1	•					•			
2		•				•			Ni_3
1	•						•		
4				•			•		
1	•							•	
5			•	•	•				
3			•		•				
4				•	•				
2		•					•		Nn_3
3			•				•		
3			•					•	
6	•	•			•				$\infty \pm \infty$
7	•			•		•			$0 \cdot \infty$
8		•	•			•			$0 \cdot \infty$
6	•	•					•		∞ / ∞
5			•	•			•		$0/0$

Abb. 39 zeigt die Schaltung, welche diese Aufgabe löst. Die vor den Zeilen ◁ 39 stehenden Ziffern 1 bis 8 im obigen Schema entsprechen den Leitungen 1 bis 8 in der Schaltung. Die Bedingungen des obigen Schemas sind ohne weiteres aus der Schaltung abzulesen. Nn_3 kann ferner noch über die Leitung b_{82} (s. Abb. 18) und die Kontakte sa_4 und ud_8 eingeschaltet werden. b_{82} hat ◁ 18 Spannung, wenn sämtliche Ziffern des b-Wertes Null sind (Abb. 18). Es kann dies bei Subtraktion (sa_4) und beim Übersetzen eintreten (ud_8).

Die Stellungen von Ni_3 und Nn_3 werden auf Ni_1 und Nn_1 übertragen, die vorher über vc gelöscht werden (vgl. Vorzeichenwerk).

Ist das Resultat einer Rechnung Unendlich oder Null, so muß der a-Wert auf die Form 0LLLLLL bzw. L000000 gebracht und sämtliche Ziffern des b-Wertes gelöscht werden. Dies erfolgt durch die Relais Ni_4, Nn_4 und

40/41 Ng (Abb. 40/41). Diese Schaltung wird im letzten Spiel über Lz betätigt.

▷   Ist Ni_1 angesprochen, so sprechen Ni_4 und Ng an; ist Nn_2 angesprochen, so sprechen Nn_4 und Ng an. Ferner kann es im letzten Spiel eintreten, daß der a-Wert die Stellenkapazität der Maschine überschreitet, z. B. bei der Multiplikation. Der a-Wert hat im allgemeinen 7 Stellen (ae_0 bis ae_6). Die Stelle ae_7 ist normalerweise gleich ae_6, und zwar bei positiven Zahlen Null und bei negativen Zahlen Eins (Supplement). Wird a eine zu große positive Zahl, so bleibt ae_7 Null, aber ae_6 wird Eins, und umgekehrt: bei negativen Zahlen bleibt ae_7 Eins und ae_6 wird Null. In diesen Fällen sprechen Ni_4 bzw. Nn_4 ebenfalls an (Abb. 40). Ni_4 bewirkt nun einmal die Einstellung $ae_0, ae_1, ae_2, ae_3, ae_4, ae_5$ und die Löschung (Unterbrechung der Leitung) von

2 ▷ ae_6 (Abb. 2). Nn_4 bewirkt die Einstellung von ae_6 und die Unterbrechung der restlichen ae-Leitungen. Ferner bewirkt Ng die Unterbrechung sämtlicher be-Leitungen (Abb. 2).

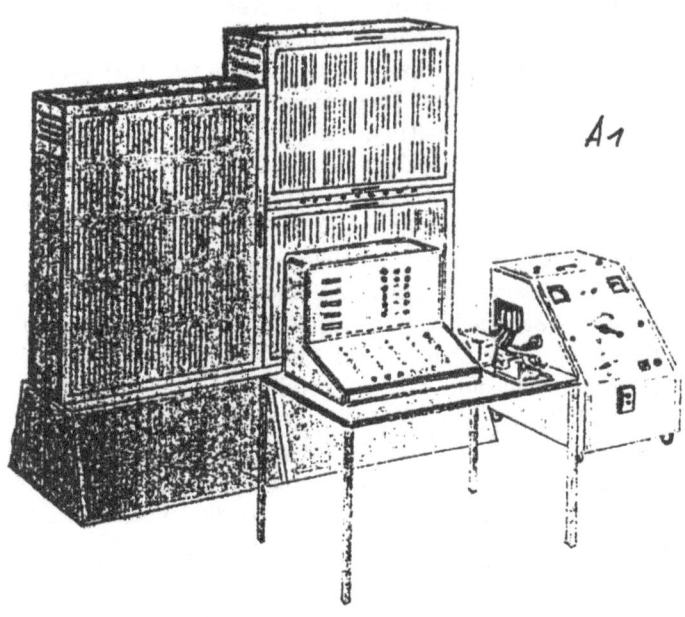

Diagramm der Rekonstruktion der Z3 (Zuse Papers)

Die rekonstruierte Z3 im Deutschen Museum in München

5. Abbildungen

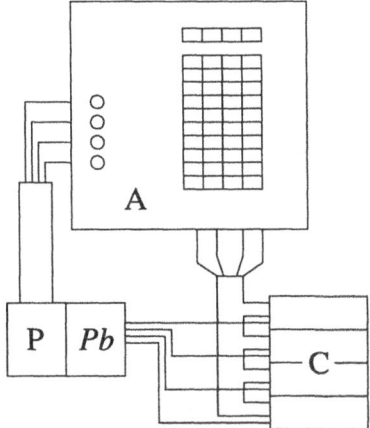

Abbildung 1. Grundprinzip der Rechenmaschine

Anmerkungen.[27] Die Abbildung zeigt die drei Hauptkomponenten der Z3: das Planwerk P mit dem Speicherwählwerk Pb, das Speicherwerk C und das Rechenwerk A.

– Ein Adreßbus verbindet Pb und C.
– Ein Datenbus verbindet das Speicherwerk C mit dem Rechenwerk A.
– Ein Kontrollbus verbindet das Planwerk P mit A.

---

[27] Alle Bildunterschriften und Anmerkungen stammen vom Herausgeber.

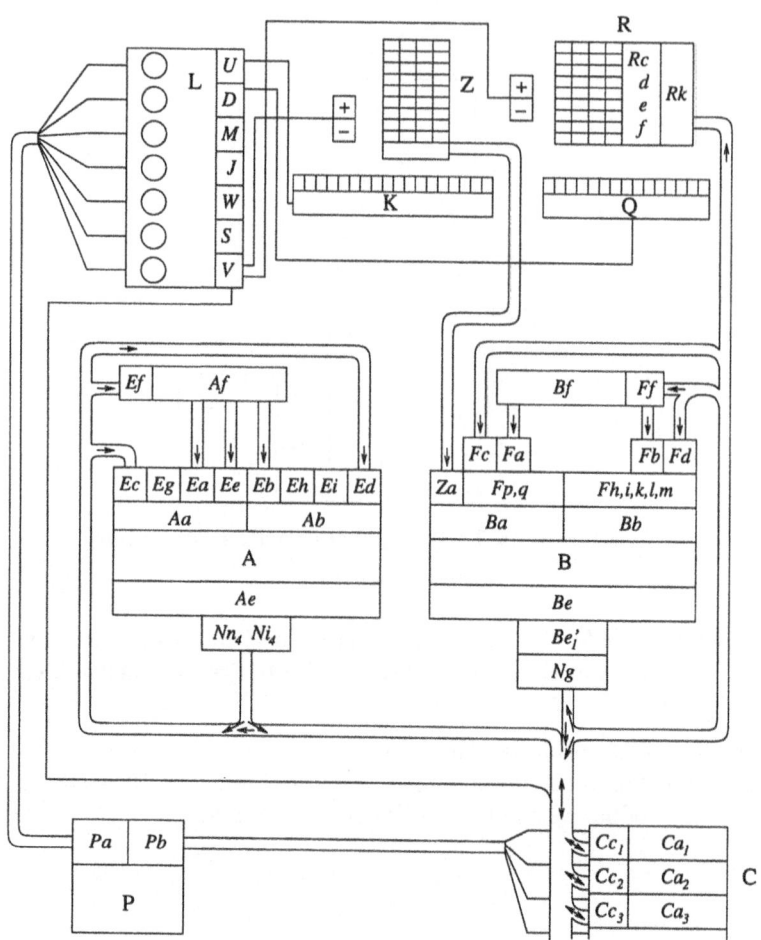

Abbildung 2. Übersichtszeichnung der Rechenmaschine

Anmerkungen. Die Übersichtszeichnung auf der gegenüberliegenden Seite zeigt folgende Schaltungen:

L	Leitwerk (Programmausführung)
U	Einlesen einer Dezimalzahl von der Konsole
D	Ausgabe des Dezimalresultats (Lampendisplay)
M	Steuerung der Multiplikation
J	Steuerung der Division
W	Steuerung des Quadratwurzelziehens
S	Steuerung der Addition und Subtraktion
V	Vorzeichenbehandlung
Z	Eingabetastatur
K	Eingabe des Dezimalexponenten
R	Resultatsanzeigevorrichtung
Q	Anzeige des Kommas
P	Planwerk mit dem Abtaster des Rechenplans
Pa	Befehlsdecodierer
Pb	Adressenwählwerk
C	Speicherwerk
Ca	Speicherzellen
Cc	Verteilerrelais

Der Prozessor besteht aus den Teilen A und B. Teil A behandelt die Exponenten der Argumente, Teil B die Mantissen. Das Additionswerk A ist achtstellig, B achtzehnstellig. Alle Relais und Relaisgruppen werden mit einem großen und einem kleinen Buchstaben bezeichnet. Der erste Buchstabe gibt die Teilschaltung an. Relais Lm gehört z. B. zur Teilschaltung L (Leitwerk) und wird bei der Multiplikation (m) angesprochen.

Die Register haben folgende Bitlängen:

Register	Länge	Bits	Register	Länge	Bits
Af	7	Af_6-Af_0	Bf	17	Bf_0-Bf_{-16}
Aa	8	Aa_7-Aa_0	Ba	19	Ba_2-Ba_{-16}
Ab	8	Ab_7-Ab_0	Bb	18	Bb_1-Bb_{-16}
Ae	8	Ae_7-Ae_0	Be	18	Be_1-Be_{-16}

Register Ba benötigt 19 Stellen für die Ausführung des Quadratwurzelalgorithmus. Die Position Ba_2 wird nur bei diesem Algorithmus gebraucht.

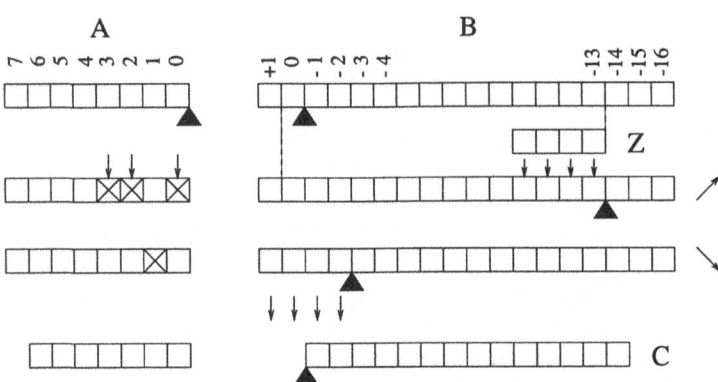

Abbildung 3. Stellenschema (Bitlänge)

Anmerkungen. Die Abbildung zeigt in der untersten Zeile die Anzahl der für Exponent und Mantisse im Speicher C verwendeten Bits, nämlich sieben bzw. vierzehn. In der Exponenten-ALU selbst (Teil A) werden acht Bits verarbeitet und in der Mantissen-ALU (Teil B) achtzehn Bits (vom Bit +1 bis zum Bit −16). Der Index der Stellen gibt die Potenz von 2 des zugehörigen Stellenwertes an.

In der Mantisse (Teil B) liegt das Komma zwischen den Positionen 0 und −1 (in der Abbildung durch ein Dreieck dargestellt). Die Mantisse liegt in normalisierter Form vor, das heißt, das Bit an der Stelle +1 ist 0 und das Bit an der Stelle 0 ist 1. Die Stellen −15 und −16 erhöhen die Genauigkeit des Rechenwerks.

Der Pfeil ↗ (Zeile 2) symbolisiert die Operation „numerische Eingabe lesen". Die in die Tastatur Z eingegebene Dezimalzahl wird Ziffer für Ziffer in Register Ba geladen. Jede Dezimalziffer wird mit vier Bits codiert, die in den Bits Aa_{-10} bis Aa_{-13} geladen werden. Um die dreizehnstellige Verschiebung der Ziffern auszugleichen, wird die Zahl 13 (angedeutet durch die Kreuze in Zeile 2) in den Exponententeil geladen (siehe Erläuterung in Abschnitt 3.5).

Der Pfeil ↘ (Zeile 3) symbolisiert die Operation „Dezimalresultat anzeigen". Die Mantisse wird dafür um zwei Stellen nach links verschoben – dies entspricht einer Verschiebung des Kommas um zwei Stellen nach rechts (siehe Erläuterung in Abschnitt 3.6).

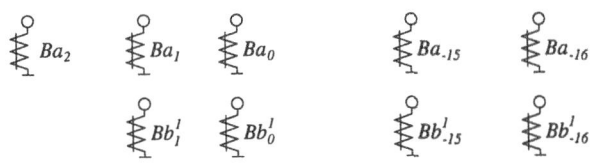

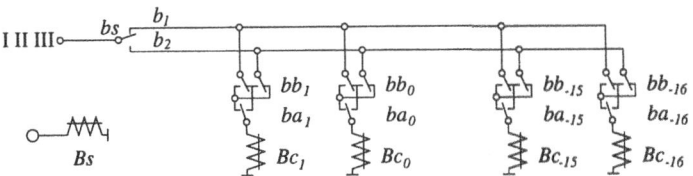

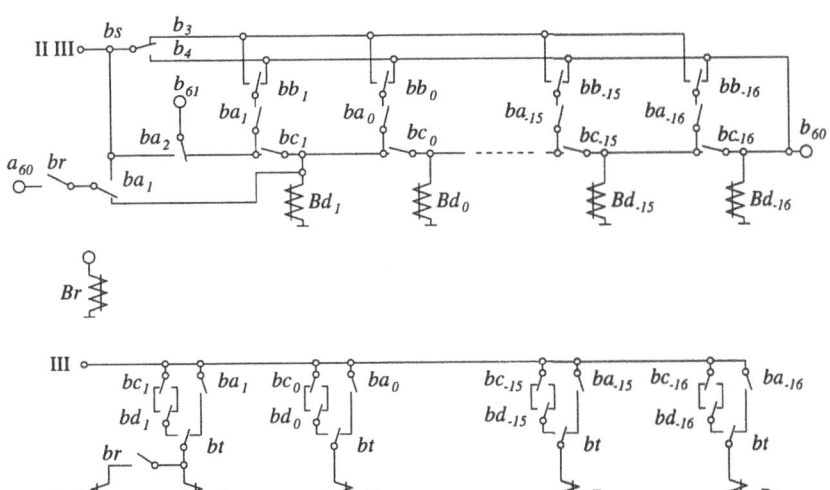

Abbildung 4. Additionswerk (Teil B für Mantisse)

Anmerkungen. Die Schaltung zeigt das Additionswerk für Mantissen. Die Relaisreihe Ba enthält den ersten Summanden, die Relaisreihe Bb den zweiten. Jedem Bit ist ein Relais zugeordnet. Ba_2 bis Ba_{-16} bezeichnen die 18 Bits des Registers Ba, die Relais Bb_1 bis Bb_{-16} die 17 Bits des Registers Bb. Die Relais Bb sind Selbsthalterelais. Der Superindex 1 (z. B. Bb_0^1) bezeichnet die erste Wicklung des Selbsthalterelais.

Die Kontakte der Relais werden hier und in den anderen Abbildungen immer in ihrer Ruhestellung gezeichnet; das heißt, wenn das entsprechende

Relais aktiviert wird, schalten die Kontakte auf die jeweils andere Stellung um. In der Patentanmeldung nennt Zuse Schaltkontakte jene Kontakte, die eine von zwei möglichen Verbindungen schließen. Schließkontakte dagegen öffnen oder schließen einen einzigen Verbindungsweg.

Diese Schaltung berechnet die Summe der Inhalte der Register Ba und Bb. Der Übertrag wird mit der Methode des *carry look-ahead* berechnet. Der Addierer hat drei Stufen: In der ersten wird Ba XOR Bb berechnet. In der zweiten werden die Übertragbits ermittelt (Bd_i). In der dritten Stufe wird das endgültige Resultat produziert (eine genauere Darstellung befindet sich auf Seite 41).

Bt ist ein Multiplexer, der es erlaubt, eines der Resultate Be oder Ba auszuwählen. Bt wird z. B. beim Multiplikationsalgorithmus verwendet. Das Relais Br wird eingeschaltet, wenn die Normalisierung des Resultats („Ausrichtung") ausgelöst wird. Das Relais Be_1' wird benutzt, falls die berechnete Summe der Mantissen größer als 2 ist ($Be_1 = 1$). Relais Be_1' schaltet einen Shifter ein, der Be um eine Stelle nach rechts verschiebt und somit normalisiert (hier und in allen weiteren Kommentaren meinen wir, wenn wir von einem Register X reden, dessen Inhalt). Gleichzeitig wird über die Leitung a_{60} eine 1 zum Exponenten addiert.

Bei Subtraktion werden bs und b_{60} gesetzt. Damit wird das Zweierkomplement von Bb zu Ba addiert, d. h., es wird Bb von Ba subtrahiert.

Beim Überlauf in einer Addition ist $b_{61} = 1$. Immer wenn eine Subtraktion ein positives Resultat oder Null liefert, gilt auch $b_{61} = 1$. Es gibt dafür zwei Fälle: a) Wenn das Bit ba_2 gesetzt ist (Quadratwurzelalgorithmus), ist das Resultat der Subtraktion $Ba - Bb$ immer positiv, weil Register Bb kein Bit bb_2 besitzt; b) wenn bei einer Subtraktion $ba_1 = bb_1 = 0$, so gilt $bc_1 = 1$. Nur in dem Fall, daß $bd_1 = 1$, wird das Bit Be_1 des Resultats auf 0 gesetzt, d. h., nur dann ist das Gesamtresultat positiv oder Null. Die Einstellung von bd_1 wird auf die Leitung b_{61} übertragen. Diese aktiviert ein Relais Bv (nicht gezeichnet), das bei anderen Operationen notwendig ist (siehe z. B. Abb. 15). Im Exponentenrechenwerk A wird für den gleichen Zweck das Relais Av verwendet.

Die Additionswerke sind immer aktiv. Deshalb wird in jedem Spiel (Schritte I, II, III) eine Addition in den Rechenwerken A und B berechnet, ganz gleich, ob das Resultat benötigt wird oder nicht.

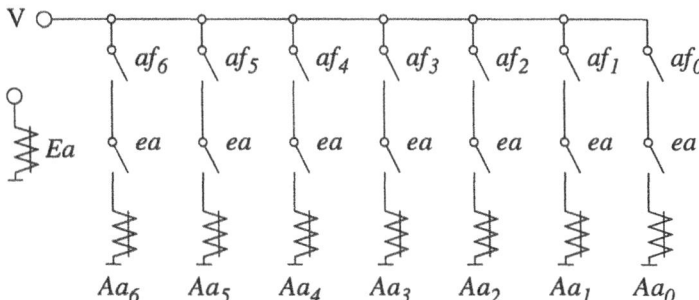

Abbildung 5. Kontakte der E-Relais

Anmerkungen. Relais Ea schaltet eine Busverbindung zum Register Aa ein. Die Einschaltung des Relais Ea bewirkt die Übertragung des Inhalts des Registers Af (Bits af_6 bis af_0) zum Register Aa. Ea bezeichnet das Relais als solches und ea die beweglichen Kontaktschalter. Diese Konvention wird bei allen Abbildungen verwendet. Andere Busverbindungen in der Maschine sind:

Quelle	Schalter	Ziel	Kommentar
Af	Ea	Aa	
Af	Eb	Ab	
Af	Ee	Aa	*signed shift right* (Division durch 2)
Ae	Ec	Aa	
Ae	Ed	Ab	
Ae	Ef	Af	
Bf	Fa	Ba	über Shifter Fp, q
Bf	Fb	Bb	über Shifter $Fh, \ldots, m$
Be	Fc	Ba	über Shifter Fp, q
Be	Fd	Bb	über Shifter $Fh, \ldots, m$
Be	Ff	Bf	
Be	Be'_1	Be	Shift nach rechts (eine Stelle)
Z	Za, b, c, d	Ba	Dezimalziffer, binär codiert
$Fh - m$	Bn	Ab	lädt die Bits Fh, Fi, Fk, Fl, Fm
-4	Ei	Ab	lädt die Konstante -4 in Ab
$+3$	Eh	Ab	lädt die Konstante $+3$ in Ab
$+13$	Eg	Aa	lädt die Konstante $+13$ in Aa

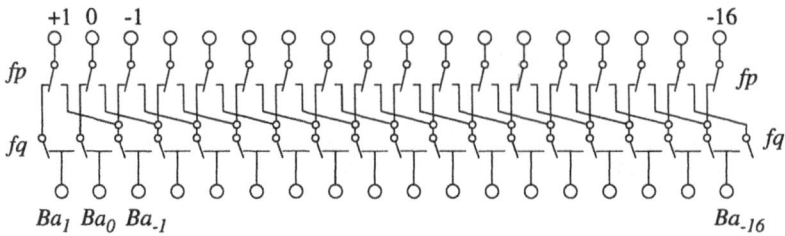

Abbildung 6. Kontakte der Relais Fp, Fq

Anmerkungen. Abbildung 6 stellt einen Shifter dar. Eine Binärzahl kann damit um eine Stelle nach links oder um eine oder zwei Stellen nach rechts verschoben werden. Die Eingabe erfolgt über die oberen achtzehn Leitungen (Bits $+1$ bis -16), die Ausgabe wird in das Register Ba geladen.
Folgende Operationstabelle zeigt, wie die Schaltung arbeitet:

Fp	Fq	
0	0	kein Shift
0	1	Shift links $(+1)$
1	0	Shift rechts (-2)
1	1	Shift rechts (-1)

Der Shifter wird z. B. bei der Multiplikation, der Division und dem Quadratwurzelziehen benötigt. Bei diesen Operationen zirkuliert das Zwischenresultat im Rechenwerk und wird in jedem Zyklus geshiftet.

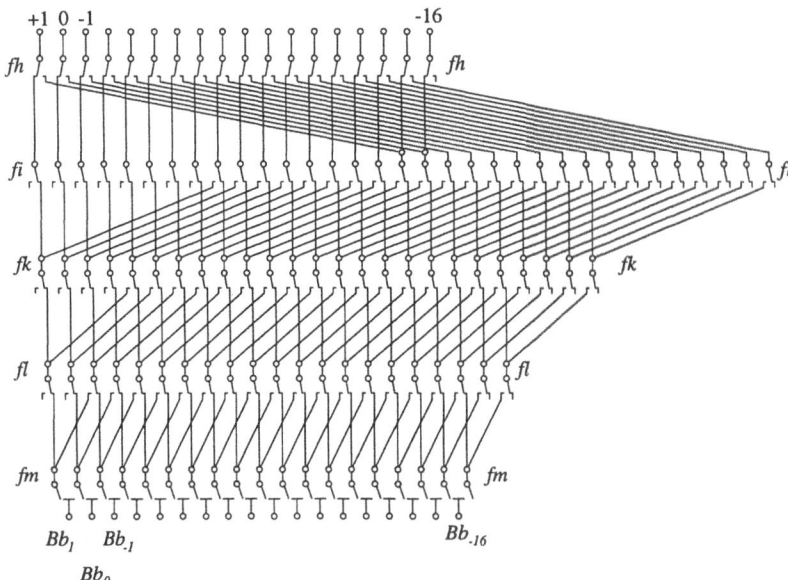

Abbildung 7. Kontakte der Relais Fh, Fi, Fk, Fl, Fm

Anmerkungen. Abbildung 7 stellt einen Shifter dar. Eine Mantisse kann damit maximal sechzehn Stellen nach rechts oder fünfzehn Stellen nach links verschoben werden. Die Eingabe erfolgt über die oberen 18 Leitungen (Bits $+1$ bis -16), das Resultat wird in das Register Bb geleitet.

Der Shifter wird durch die Relais Fh, Fi, Fk, Fl und Fm gesteuert. Das Relais Fh verschiebt die Mantisse um 16 Stellen nach rechts. Die anderen vier Relais bewirken Verschiebungen nach links von jeweils 8, 4 und 2 Stellen bzw. eine Stelle. Die Bitfolge Fh, Fi, Fk, Fl, Fm stellt deswegen die Zweierkomplementdarstellung der gewünschten Verschiebung im Bereich $+15, +14, \ldots, -16$ dar.

Bei der Addition und Subtraktion benötigt man den Shifter, falls die Mantisse von einem der Argumente verschoben werden muß, um die Exponenten anzugleichen. Eine Verschiebung ist auch notwendig, wenn die Mantisse nicht normalisiert ist (wie z. B. nach einer Subtraktion).

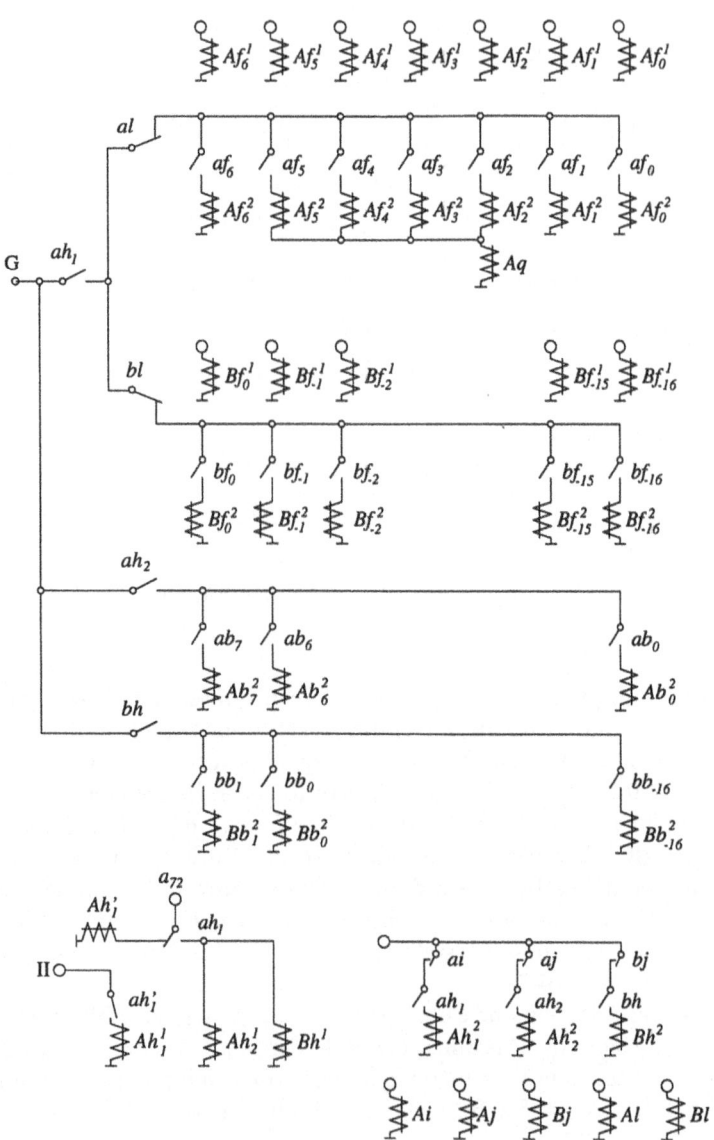

Abbildung 8. Selbsthaltekreise der Additionswerke

Anmerkungen. Diese Abbildung soll aufzeigen, daß die Register Af, Bf, Ab und Bb aus Selbsthalterelais bestehen, d. h., der Inhalt der Register wird dauerhaft gespeichert. Wenn z. B. die Wicklung Af_6^1 auf Spannung gelegt wird, schließt der Kontakt af_6 und dies legt die zweite Wicklung Af_6^2 auf Spannung. Dies verhindert das Öffnen von Kontakt af_6.

Die Register Aa, Ab, Ba und Bb haben jeweils ein Bit mehr als die Register Af bzw. Bf, denn die Zwischenresultate von Operationen mit Exponenten und Mantissen können ein Extrabit erfordern. Im Registerpaar $<Af, Bf>$ werden aber nur solche Resultate gespeichert, die sieben bzw. siebzehn Bits benötigen.

Ein Register aus Selbsthalterelais kann nicht einfach überschrieben werden. Bevor eine neue Zahl gespeichert werden kann, muß der alte Inhalt gelöscht werden. Dies ist die Aufgabe der Relais Al und Bl. Register Af kann mit dem Relais Al und Register Bf mit Bl gelöscht werden.

Das Relais Ah_1 ist am Anfang auf Null gesetzt mit der Wirkung, daß bei einem Lesezugriff auf den Speicher die gelesene Gleitkommazahl in das Registerpaar $<Af, Bf>$ geladen wird (Abb. 23). Die Leitung a_{72} wird auf 1 gesetzt, wenn eine Zahl in ein Argumentregister gespeichert werden soll (beim Lesen aus dem Speicher oder nach einer Tastatureingabe, siehe Abb. 22, 23 und 37). Liegt nun a_{72} auf Spannung, werden Ah_1' und damit Ah_1^1 auf 1 gesetzt. Ah_1 wird erst im Schritt II gesetzt, damit im vorherigen Schritt V die Busverbindungen Ef und Ff stabil bleiben (Abb. 23). Nach dem Schritt II werden die sekundären Wicklungen der Af- und Bf-Relais auf Spannung gelegt, und die gespeicherte Zahl bleibt in den nachfolgenden Spielen erhalten.

Nach dem Setzen von Ah_1 auf 1, werden Ah_2 und Bh eingeschaltet. Damit wird der Inhalt des Registerpaares $<Ab, Bb>$ gerettet. Das Registerpaar $<Aa, Ba>$ besteht aus normalen Relais, d. h., sein Inhalt bleibt nur kurzfristig erhalten. Da dieses Registerpaar für Zwischenresultate verwendet wird, sind keine Selbsthalterelais notwendig.

Das Relais Aq zeigt bei positiven Exponenten an, ob der Inhalt des Registers Af größer als 3 ist. Dieses Signal ist bei der Übersetzung Binär-Dezimal notwendig (Abb. 25). Ai, Aj und Bj löschen die Relais Ah_1, Ah_2 bzw. Bh. Das Löschen von Ah_1 durch Ai erfolgt z. B. nach einer Resultatsanzeige (vergleiche Abb. 24).

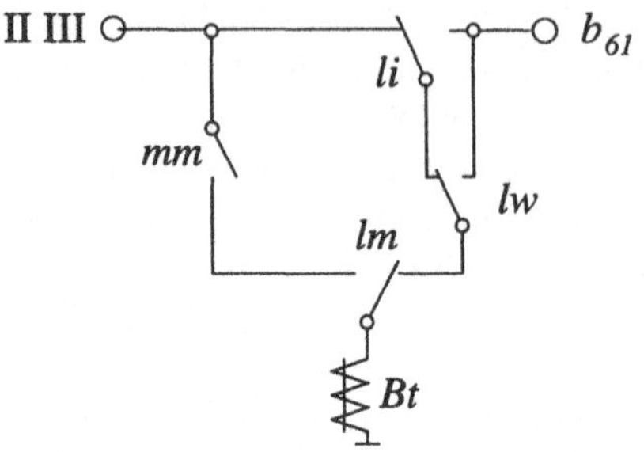

Abbildung 9. Steuerung des Relais *Bt*

Anmerkungen. Mit dem Relais *Bt* kann die Mantisse, die vom Addierer im Teil B als Resultat berechnet wurde, oder das erste Argument der Operation (Register *Ba*) als Resultat *Be* ausgewählt werden. *Bt* steuert also einen Multiplexer am Ausgang des Mantissenaddierers (siehe Abb. 4 und Abb. 16 auf Seite 54). Die Schaltung erfüllt folgende Funktionen:

- Bei der Multiplikation ist $lm = 1$ und deswegen $Bt = mm$. Mit *mm* wird jedes Bit des Multiplikators abgetastet (Abb. 11).
- Die Leitung b_{61} wird auf Spannung gelegt, falls das Resultat einer Subtraktion positiv oder Null ist. Bei Division ist $li = 1$ und $Bt = b_{61}$, d.h., *Bt* ist gleich dem Vorzeichen des Zwischenresultats (1 bei Plus, 0 bei Minus). Bei der Division wird iterativ subtrahiert und das Vorzeichen des Resultats jedesmal geprüft (Abb. 12).
- Beim Quadratwurzelziehen ist $lw = 1$ und *Bt* verhält sich wie bei der Division.

Falls weder Multiplikation noch Division oder Quadratwurzelziehen aktiv sind, wird *Bt* in den Spielen II und III immer auf Spannung gelegt, d.h., das Resultat des Additionswerks B wird auf jeden Fall auf die Relaisgruppe *Be* übertragen.

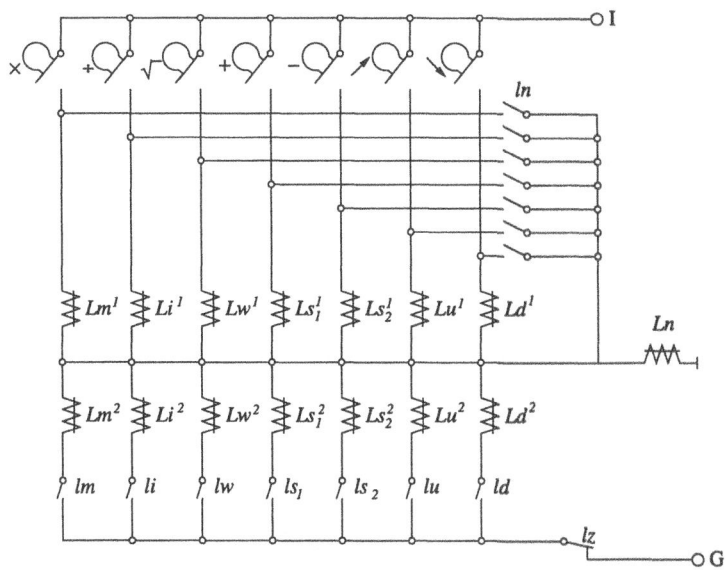

Abbildung 10. Operationseinstellung (Teilschaltung L)

Anmerkungen. Die Abbildung zeigt die Tasten, mit denen eine Operation an der Konsole manuell gestartet werden kann. Jede Taste setzt ein unterschiedliches Selbsthalterelais unter Spannung, d. h.

Lm	Multiplikation
Li	Division
Lw	Quadratwurzelziehen
Ls_1	Addition
Ls_2	Subtraktion
L_u	Dezimaleingabe lesen
L_d	Registerpaar $<Af, Bf>$ dezimal anzeigen.

An das Relais Lz wird am Ende der Ausführung eines Befehls eine Spannung angelegt; dies löscht das bis dahin aktive Selbsthalterelais und eine neue Operation kann gestartet werden. In der Rekonstruktion der Z3 löscht Lz außerdem das Registerpaar $<Ab, Bb>$, dessen Inhalt nicht mehr gebraucht wird. Das Relais Ln sperrt die Tastatur, nachdem eine Taste gedrückt wurde. So kann kein zweiter Befehl gestartet werden, so lange der erste noch nicht zu Ende ausgeführt ist. Die Befehle „Speicher lesen" (Pr) und „Speicher schreiben" (Ps) fehlen in der Konsole, da es keine Möglichkeit gibt, Adressen manuell einzugeben.

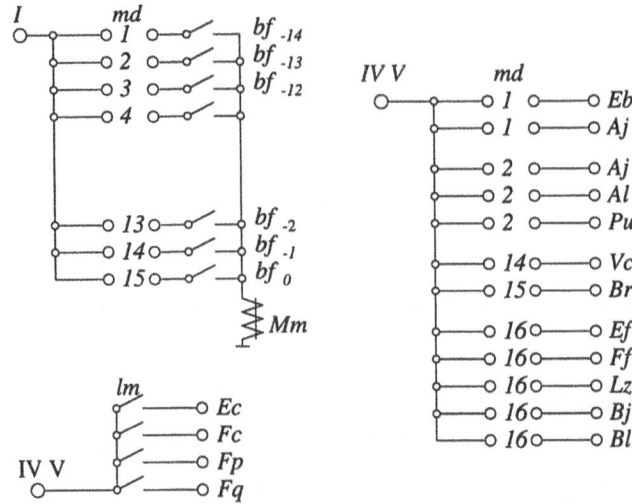

Abbildung 11. Steuerung der Multiplikation (Teilschaltung M)

Anmerkungen. Am Anfang der Multiplikation steht die Mantisse des Multiplikators im Register Bf und sein Exponent im Register Af, die Mantisse des Multiplikanden im Register Bb und sein Exponent im Register Ab. Aa und Ba enthalten beide den Wert Null. Der Schrittschalter md bewegt sich von der Position 1 bis 16 in 16 Zyklen. In den Zyklen 1 bis 15 wird jeweils ein Bit des Registers Bf abgetastet und dem Relais Mm dieser Wert zugewiesen. Jedesmal wenn $Mm = 1$, wird die Mantisse des in Bb gespeicherten Multiplikanden zum Zwischenresultat in Ba hinzu addiert. Während der ganzen Operation zirkuliert das Ergebnis von Teil A über Ae und Aa ($Ec = 1$) und das Ergebnis von Teil B über Be und Ba ($Fc = 1$), wobei Be jedesmal eine Stelle nach rechts verschoben wird ($Fp = Fq = 1$). Alle Operationen werden im Spiel 0 gestartet (Schritte I, II, III). Der Schrittschalter beginnt in der Stellung „0" und erreicht die Stellung „1" in den Schritten IV und V. Diese beiden letzten Schritte betrachten wir also als zugehörig zum nächsten Spiel, d. h. zum Spiel 1.

Im Spiel 0 (d. h., bevor der Schrittschalter auf die Position 1 gekommen ist) wird die Summe von $Aa = 0$ und Ab berechnet und in Aa gespeichert. Deswegen wird im Spiel 1 Ab mit Af überschrieben, so daß am Ende dieses Spiels die Summe der Exponenten in $Aa = Ae$ vorliegt. Im Spiel 2 wird Ab gelöscht ($Aj = 1$). Dies ist auch in Spiel 1 notwendig, da Register nur überschrieben werden können, wenn sie vorher auf Null gesetzt (abgeschaltet) werden. Der „Umweg" für die Berechnung der Addition der Exponenten ist bei der Division, bei der die Differenz der Exponenten berechnet wird, nicht notwendig (Abb. 12), weil im Spiel 0 der Kreislauf des Ergebnisses im Rechenwerk A durch das Relais Ia ausgeschaltet wird. Man muß sich vergegenwärtigen, daß die Additionswerke *immer*, d. h. in jedem Spiel, aktiv sind und Resultate produzieren, die manchmal nicht gebraucht werden. Die Register Aa und Ba können auch nicht gelöscht werden, sie löschen sich aber automatisch am Ende des Schrittes III (es handelt sich um keine Selbsthalterelais).

Im Teil B des Rechenwerks wird im Spiel 0 die Summe von $Ba = 0$ und Bb berechnet. Da aber Mm noch nicht gesetzt ist, bleibt das Relais Bt inaktiv (Abb. 9) und Be wird gleich Ba, d. h. Null gesetzt. Am Anfang des Spiels 1 gilt also weiterhin $Ba = 0$.

Im Spiel 2 wird Pu gesetzt. Dies ist ein Zeichen für das Leitwerk, den Lochstreifen an der jetzigen Position stehenzulassen (beim nächsten Befehl nach dem Multiplikationsbefehl). Dieses Signal wird immer verwendet, wenn eine Operation mehr als zwei Spiele für die Ausführung benötigt. Im Spiel 14 wird mit Vc das Vorzeichen des Ergebnisses gespeichert (vgl. Abb. 30). In Spiel 15 wird die Mantisse normalisiert ($Br = 1$). Am Ende wird das Ergebnis in dem Registerpaar $<Af, bf>$ gespeichert ($Ef = Ff = 1$). Lz ist ein Signal, die Operation zu beenden. Im nächsten Zyklus wird ein neuer Befehl ausgeführt. Mit Aj, Al, Bj und Bl werden die Register Ab, Af, Bf bzw. Bb gelöscht. Die Details der Synchronisation der Multiplikation sind in der Tabelle 10 auf Seite 46 zu finden (unten reproduziert).

Zyklus	Stufe	Exponent	Mantisse
0	I,II,III	$Ae:=Aa+Ab$	
1	IV,V	$Aa:=Ae,\ Ab:=Af$	
	I,II,III	$Ae:=Aa+Ab$	wenn $(Bf[-14]=1)$ dann $Be:=Ba+Bb$ sonst $Be:=Ba$
2	IV,V	$Aa:=Ae,\ Af:=0,\ Ab:=0$	$Ba:=Be/2$
	I,II,III	$Ae:=Aa+Ab$	wenn $(Bf[-13]=1)$ dann $Be:=Ba+Bb$ sonst $Be:=Ba$
3	IV,V	$Aa:=Ae$	$Ba:=Be/2$
	I,II,III	$Ae:=Aa+Ab$	wenn $(Bf[-12]=1)$ dann $Be:=Ba+Bb$ sonst $Be:=Ba$
$\vdots$	$\vdots$	$\vdots$	$\vdots$
i	IV,V	$Aa:=Ae$	$Ba:=Be/2$
	I,II,III	$Ae:=Aa+Ab$	wenn $(Bf[i-15]=1)$ dann $Be:=Ba+Bb$ sonst $Be:=Ba$
$\vdots$	$\vdots$	$\vdots$	$\vdots$
15	IV,V	$Aa:=Ae$	$Ba:=Be/2$
	I,II,III	wenn $(Be \geq 2)$ dann $Ab:=1$ $Ae:=Aa+Ab$	wenn $(Bf[0]=1)$ dann $Be:=Ba+Bb$ sonst $Be:=Ba$
16	IV,V	$Af:=Ae$	wenn $(Be \geq 2)$ dann $Bf:=Be/2$ sonst $Bf:=Be$ $Bb:=0$

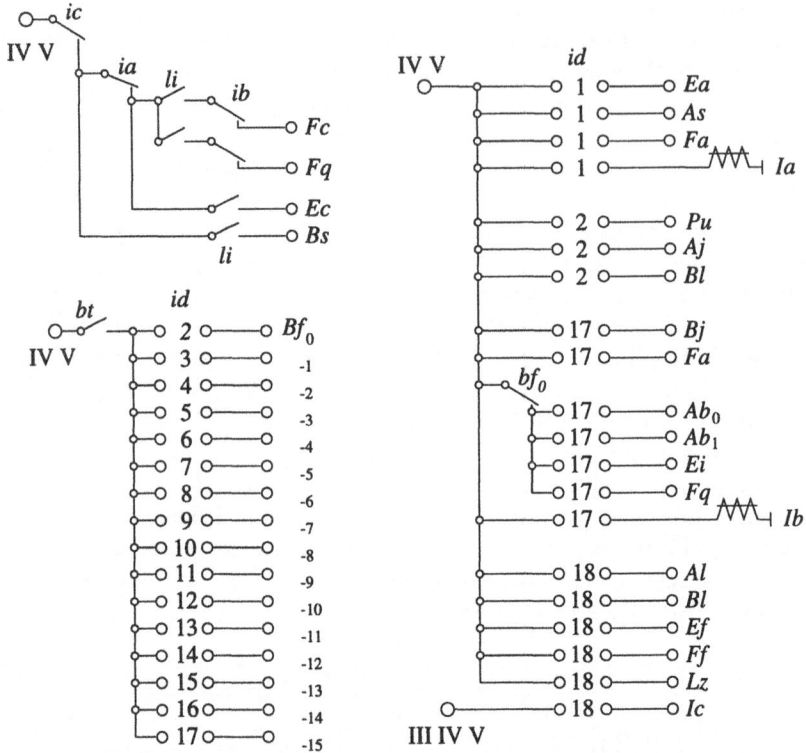

Abbildung 12. Steuerung der Division (Teilschaltung J)

Anmerkungen. Am Anfang des Divisionsalgorithmus ($li = 1$) steht die Mantisse des Zählers in Register Bf und sein Exponent in Af, die Mantisse des Teilers in Bb und sein Exponent in Ab. Aa und Ba sind beide Null. Während der Operation zirkuliert das Resultat vom Teil A über Ae und Aa ($Ec = 1$) und das Resultat vom Teil B über Be und Ba ($Fc = 1$) im Rechenwerk, wobei die Mantisse jedesmal eine Stelle nach links verschoben wird ($Fq = 1$). Teil B ist die ganze Zeit auf Subtraktion der Mantissen gestellt ($Bs = 1$).

Im ersten Zyklus wird Bf auf Ba kopiert ($Fa = 1$), Af auf Aa ($Ea = 1$) und die Exponenten werden subtrahiert ($As = 1$). Im zweiten Zyklus wird der Lochstreifenleser über Pu gestoppt und Ab und Bf gelöscht ($Aj = Bl = 1$). In den Spielen $1, 2, 3, \ldots$ wird Ab (der Teiler) von Aa subtrahiert. Ist das Resultat positiv ($bt = 1$), wird im nächsten Spiel das Bit $Bf_0, Bf_{-1}, \ldots$ auf 1 gesetzt.

Im Spiel 17 wird getestet, ob das Resultat normalisiert werden soll ($bf_0 = 0$). In diesem Fall wird -1 in das Register Ab geladen und zum Exponenten des Resultats addiert (die Relais Ei laden -4 in Register Ab; da aber Ab_0 und Ab_1 gesetzt sind, ist Ab = LLLLLLLL). Gleichzeitig wird die Mantisse eine Stelle nach links verschoben ($Fq = 1$). Aufgabe des Relais Ib ist es, im Spiel 17 Fc und Fq auszuschalten, so daß die gewünschte Einstellung sich aus dem Wert von bf_0 ergibt. Im Spiel 18 wird das Resultat gespeichert und das Schlußsignal Lz gesetzt. Das Relais Ic öffnet die Relais Fc und Ec, so daß am Ende der Division die Relais der Register Aa und Ba abfallen können.

In der hier abgebildeten Sequenz fehlt die Anweisung Vc, um das Vorzeichen des Resultats zu berechnen (vgl. Abb 11, Spiel 14). In der Rekonstruktion der Z3 in München wird Vc im letzten Spiel gesetzt.

Nachfolgend drucken wir wieder Tabelle 11 (Seite 47) ab, die eine Schritt-für-Schritt-Darstellung des Divisionsalgorithmus bietet.

Zyklus	Stufe	Exponent	Mantisse
0	I,II,III		
1	IV,V	$Aa:=Af$	$Ba:=Bf$
	I,II,III	$Ae:=Aa-Ab$	wenn $(Ba-Bb \geq 0)$ dann $Be:=Ba-Bb$, $bt:=1$ sonst $Be:=Ba$, $bt:=0$
2	IV,V	$Aa:=Ae$ $Ab:=0$	$Bf:=0$ wenn $(bt=1)$ dann $Bf[0]:=1$ $Ba:=2\times Be$
	I,II,III	$Ae:=Aa+Ab$	wenn $(Ba-Bb \geq 0)$ dann $Be:=Ba-Bb$, $bt:=1$ sonst $Be:=Ba$, $bt:=0$
3	IV,V	$Aa:=Ae$	wenn $(bt=1)$ dann $Bf[-1]:=1$ $Ba:=2\times Be$
	I,II,III	$Ae:=Aa+Ab$	wenn $(Ba-Bb \geq 0)$ dann $Be:=Ba-Bb$, $bt:=1$ sonst $Be:=Ba$, $bt:=0$
⋮	⋮	⋮	⋮
i	IV,V	$Aa:=Ae$	wenn $(bt=1)$ dann $Bf[2-i]:=1$ $Ba:=2\times Be$
	I,II,III	$Ae:=Aa+Ab$	wenn $(Ba-Bb \geq 0)$ dann $Be:=Ba-Bb$, $bt:=1$ sonst $Be:=Ba$, $bt:=0$
⋮	⋮	⋮	⋮
16	IV,V	$Aa:=Ae$	wenn $(bt=1)$ dann $Bf[-14]:=1$ $Ba:=2\times Be$
	I,II,III	$Ae:=Aa+Ab$	wenn $(Ba-Bb \geq 0)$ dann $Be:=Ba-Bb$, $bt:=1$ sonst $Be:=Ba$, $bt:=0$
17	IV,V	wenn $(Bf[0]=0)$ dann $Ab:=-1$	wenn $(bt=1)$ dann $Bf[-15]:=1$ $Bb:=0$ wenn $(Bf[0]=0$) dann $Ba:=2\times Be$ sonst $Ba:=Be$
	I,II,III	$Ae:=Aa+Ab$	$Be:=Ba-Bb$
18	IV,V	$Af:=Ae$	$Bf=Be$

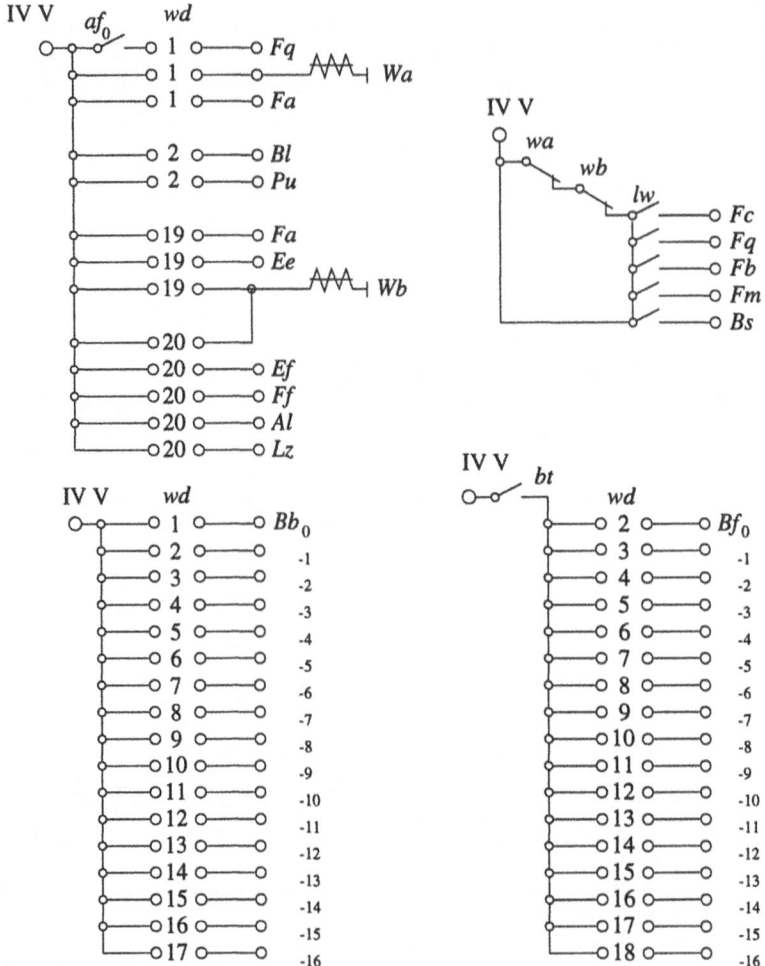

Abbildung 13. Steuerung des Quadratwurzelalgorithmus (Teilschaltung W)

Anmerkungen. Die Steuerung des Quadratwurzelalgorithmus ($lw = 1$) ist relativ komplex (vgl. die Beschreibung von Zuse in der Patentanmeldung und unsere Darstellung ab Seite 48). Die Hauptidee des Verfahrens ist, die Bits im Register Bb sequentiell auf 1 zu setzen (Teilabbildung links unten), um mittels einer Subtraktion zu testen, ob das Quadrat von Bb zu groß geworden ist. Ist das nicht der Fall, wird ein Spiel später das entsprechende Bit des Resultats Bf auf 1 gesetzt (Teilabbildung rechts unten).

Während des Algorithmus sind Fc und Fb eingeschaltet. Damit wird dem Register Ba das Resultat aus Be zugewiesen, ebenso wird der Inhalt vom Bf zum Register Bb befördert. Vor solchen Zuweisungen werden die Resultate jedoch um eine Stelle nach links geshiftet. Dafür sind die geschalteten

Relais Fq und Fm verantwortlich. Das Rechenwerk B ist die ganze Zeit auf Subtraktion eingestellt ($Bs = 1$).

Die Aufgabe der Relais Wa und Wb besteht darin, in den Spielen 1, 19 und 20 die Speicherung von Be in Ba zu unterbinden. Im Spiel 1 wird Register Bf auf Ba kopiert ($Fa = 1$). Falls der Exponent ungerade ist ($af_0 = 1$), wird Bf bei dieser Operation eine Stelle nach links verschoben ($Fq = 1$). Im Spiel 19 wird der Exponent im Register Af nach Aa kopiert und wird dabei, unter Beibehaltung des Vorzeichens der Zweierkomplementzahl, eine Stelle nach rechts verschoben ($Ee = 1$). Diese Operation teilt den Exponenten durch 2, wie es für Quadratwurzelziehen notwendig ist. Im Spiel 20 wird das Resultat im Registerpaar $<Af, Bf>$ gespeichert. Lz ist das Schlußzeichen.

Bei jeder Übertragung des Inhalts von Register Bf in Register Bb (Fb ist fast in jedem Zyklus eingeschaltet) muß Bb vorher gelöscht werden. Dies wird in dem Diagramm nicht explizit gezeigt. Auch am Anfang des Algorithmus muß Bb auf Null gesetzt werden (nicht explizit gezeigt).

Nachfolgend reproduzieren wir die auf Seite 50 bereits besprochene Tabelle für den Quadratwurzelalgorithmus.

Zyklus	Stufe	Exponent	Mantisse
0	I,II,III		
1	IV,V		wenn ($Af[0]{=}1$) dann $Ba{:=}2{\times}Bf$ sonst $Ba{:=}Bf$ $Bb[0]{:=}1$
	I,II,III		wenn ($Ba{-}Bb \geq 0$) dann $Be{:=}Ba{-}Bb$, $bt{:=}1$ sonst $Be{:=}Ba$, $\quad bt{:=}0$
2	IV,V		$Bf{:=}0$ wenn ($bt{=}1$) dann $Bf[0]{:=}1$ $Ba{:=}2{\times}Be$, $Bb{:=}2{\times}Bf$, $Bb[-1]{:=}1$
	I,II,III		wenn ($Ba{-}Bb \geq 0$) dann $Be{:=}Ba{-}Bb$, $bt{:=}1$ sonst $Be{:=}Ba$, $\quad bt{:=}0$
3	IV,V		wenn ($bt{=}1$) dann $Bf[-1]{:=}1$ $Ba{:=}2{\times}Be$, $Bb{:=}2{\times}Bf$, $Bb[-2]{:=}1$
	I,II,III		wenn ($Ba{-}Bb \geq 0$) dann $Be{:=}Ba{-}Bb$, $bt{:=}1$ sonst $Be{:=}Ba$, $\quad bt{:=}0$
⋮	⋮	⋮	⋮
i	IV,V		wenn ($bt{=}1$) dann $Bf[2{-}i]{:=}1$ $Ba{:=}2{\times}Be$, $Bb{:=}2{\times}Bf$, $Bb[1-i]{:=}1$
	I,II,III		wenn ($Ba{-}Bb \geq 0$) dann $Be{:=}Ba{-}Bb$, $bt{:=}1$ sonst $Be{:=}Ba$, $\quad bt{:=}0$
⋮	⋮	⋮	⋮
18	IV,V		wenn ($bt{=}1$) dann $Bf[-16]{:=}1$ $Ba{:=}2{\times}Be$, $Bb{:=}2{\times}Bf$
	I,II,III		wenn ($Ba{-}Bb \geq 0$) dann $Be{:=}Ba{-}Bb$, $bt{:=}1$ sonst $Be{:=}Ba$, $\quad bt{:=}0$
19	IV,V	$Aa{:=}Af/2$	$Ba{:=}Bf$, $Bb{:=}0$
	I,II,III	$Ae{:=}Aa{+}0$	$Be{:=}Ba{+}Bb$
20	IV,V	$Af{:=}Ae$	$Bf{:=}Be$

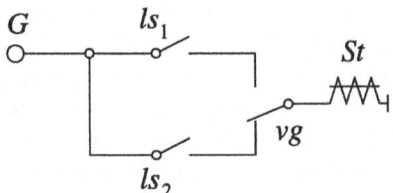

Abbildung 14. Steuerung des Relais St

Anmerkungen. Relais St steuert die Operation im Teil B des Rechenwerks. Ist St gesetzt, wird eine Addition, sonst eine Subtraktion ausgeführt. Die in der Zeichnung dargestellten Schalter sind

ls_1 – aktiv bei Additionsbefehl,
ls_2 – aktiv bei Subtraktionsbefehl,
vg – gesetzt, falls die Vorzeichen der Argumente gleich sind (siehe auch Abb. 30).

St wird in zwei Fällen gesetzt: bei der Addition von Mantissen mit gleichem Vorzeichen und bei der Subtraktion von Mantissen ungleichen Vorzeichens. Der Grund dafür ist, daß, falls die Mantissen x und y unterschiedliche Vorzeichen haben, die Subtraktion $x - y$ als die Addition $x + (-y)$ berechnet werden kann, wobei die Mantissen x und $-y$ die gleichen Vorzeichen haben. Das Vorzeichen des Resultats wird durch die Schaltung in Abb. 30 ermittelt.

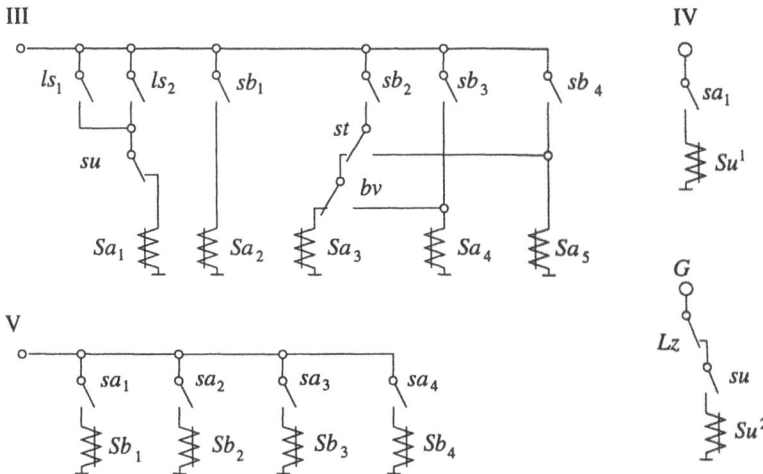

Abbildung 15. Relaiskette der Sa-Sb-Relais

Anmerkungen. Die Schaltung zeigt die Relaiskette für die Steuerung der „befohlenen Addition" ($ls_1=1$) und „befohlenen Subtraktion" ($ls_2=1$). Bei tatsächlicher Addition ($st=1$) werden die Kontakte sa_1, sb_1, sa_2, sb_2 und sa_5 nacheinander aktiviert. Bei tatsächlicher Subtraktion ($st=0$) und positiver Mantissendifferenz ($bv=1$) werden die Kontakte $sa_1, sb_1, sa_2, sb_2, sa_3, sb_3, sa_4, sb_4$ und sa_5 nacheinander aktiviert. Bei negativer Mantissendifferenz wird von sb_2 auf sa_4 gesprungen. Das Relais Su sorgt dafür, daß die Relaiskette nur einmal gestartet wird. Su wird am Ende der Operation ($Lz = 1$) ausgeschaltet.

Die Relaiskette synchronisiert fünf mögliche Spiele: im ersten Spiel (sa_1) werden die Argumente nach der Größe ihrer Exponenten sortiert, im zweiten Spiel (sa_2) wird die Addition oder Subtraktion durchgeführt. Das dritte Spiel (sa_3) ist nur bei Subtraktion notwendig, falls die erhaltene Mantisse negativ ist. Im vierten Spiel (sa_4) wird die Mantisse (das Resultat einer Subtraktion) normalisiert. Im fünften Spiel wird das Resultat gespeichert (siehe detaillierte Steuerung in Abb. 16).

An die Relais av und bv wird in Teil A bzw. Teil B des Rechenwerks eine Spannung angelegt, falls das Resultat einer Subtraktion positiv oder Null ist.

Eine Relaiskette ist für die Steuerung der Addition und Subtraktion günstiger als ein Steuerschalter, da nur wenige Spiele benötigt werden und in der Kontrollkette zwei Verzweigungen möglich sind.

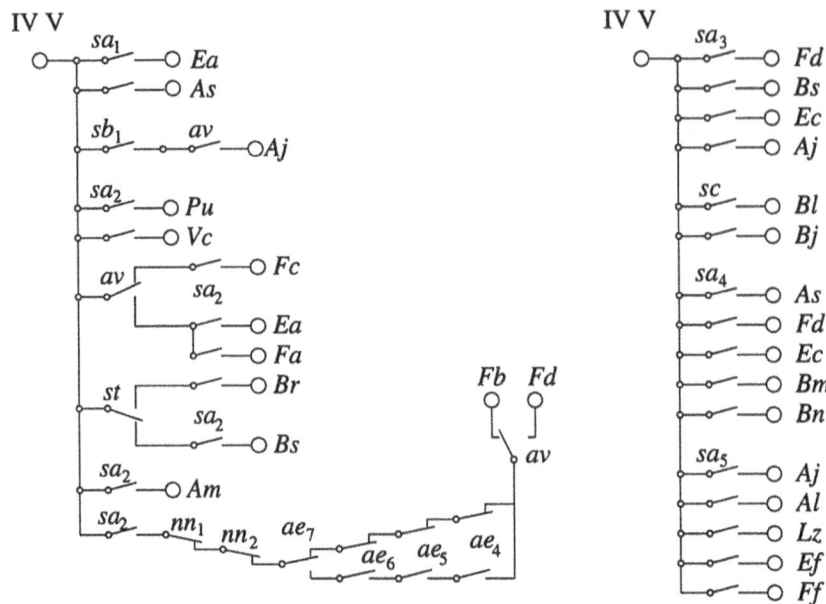

Abbildung 16. Einstellungen für Addition-Subtraktion, bewirkt durch die *Sa-Sb*-Relais

Anmerkungen. Erstes Spiel: Der Exponent des ersten Arguments wird von *Af* nach *Aa* übertragen ($Ea = 1$). Die Differenz der Exponenten wird berechnet ($As = 1$). Ist $Af \geq Ab$, dann gilt $av = 1$ und Ab wird gelöscht ($Aj = 1$); *Af* wird wieder nach *Aa* übertragen ($Ea = 1$) und die Mantisse *Bf* nach *Ba* ($Fa = 1$). Ist *Af* kleiner als *Ab* ($av = 0$), dann wird die im Teil B berechnete Summe $0 + Bb$ nach *Ba* übertragen ($Fc = 1$). In beiden Fällen steht am Ende der Ausführung die Mantisse des Arguments mit dem größten Exponenten im Register *Ba*.

Zweites Spiel: Falls eine Addition der Mantissen ausgeführt wird ($st = 1$), kann gleich danach das Resultat ausgerichtet werden ($Br = 1$). Falls die Mantissen subtrahiert werden ($st = 0$), wird Teil B über sa_2 auf Subtraktion gestellt ($Bs = 1$). Die Mantisse der Zahl mit dem kleinsten Exponenten muß um soviel Stellen nach rechts verschoben werden wie die absolute Differenz der Exponenten beträgt. Die Einstellung der Relais *Fh* bis *Fm* wird mit der Schaltung in Abb. 17 ermittelt. Über das Relais *Am* wird diese Einstellung weitergeleitet (Abb. 17). Die Mantisse, die in *Bb* zu laden ist, wird nur dann tatsächlich geladen, wenn keines der Argumente Null ist ($nn_1 = nn_2 = 0$, Abb. 38) und außerdem die Differenz der Exponenten höchstens 15 und mindestens -16 beträgt. Die Mantisse, die zu verschieben ist, wird aus *Bf* über

Fb geladen, falls die Differenz der Exponenten negativ war ($av = 0$), oder aus Be über Fd, falls sie positiv war (wobei $Be = Bb + 0$).

Drittes Spiel (bei Addition und Subtraktion): Relais Sc wird von sb_2 im zweiten Schritt gesetzt (Abb. 30). Damit werden Bf und Bb gelöscht ($Bl = Bj = 1$).

Drittes Spiel ($sa_3 = 1$, nur bei Subtraktion, negative Mantisse): Die Mantisse wird von 0 subtrahiert (über Fd, wobei $Bs = 1$). Gleichzeitig wird in Aa der größte Exponent geladen ($Ec = 1$) und Ab gelöscht ($Aj = 1$).

Viertes Spiel ($sa_4 = 1$, nur bei Subtraktion): Die Mantisse wird nach links verschoben ($Bm = 1$, Abb. 18), wobei die Anzahl der verwendeten Stellen ins Register Ab geladen wird ($Bn = 1$), um vom Exponenten des Resultats (Aa über Ec) subtrahiert zu werden ($As = 1$). Die Einstellung der Bits Fi bis Fm wird mit der Schaltung in Abb. 18 berechnet. Im letzten Spiel wird das Resultat gespeichert. Unten reproduzieren wir die Steuerungstabellen für die Addition und Subtraktion (Seite 44).

Zyklus	Stufe	Exponent	Mantisse
0	I,II,III		
1	IV,V	$Aa := Af$	
	I,II,III	$Ae := Aa - Ab$	$Be := 0 + Bb$
2	IV,V	wenn ($Ae \geq 0$) dann $Ab := 0,\ Aa := Af$ sonst $Aa := 0$	wenn ($Ae \geq 0$) dann $Ba := Bf,\ Bb := Be$ (verschoben) sonst $Ba := Be,\ Bb := Bf$ (verschoben) (Be oder Bf werden $|Ae|$ Stellen nach rechts verschoben)
	I,II,III	wenn ($Be \geq 2$) dann $Ae := Aa + Ab + 1$ sonst $Ae := Aa + Ab$	$Be := Ba + Bb$
3	IV,V	$Af := Ae$	wenn ($Be \geq 2$) dann $Bf := Be/2$ sonst $Bf := Be$

Zyklus	Stufe	Exponent	Mantisse
0	I,II,III		
1	IV,V	$Aa := Af$	
	I,II,III	$Ae := Aa - Ab$	$Be := 0 + Bb$
2	IV,V	wenn ($Ae \geq 0$) dann $Ab := 0,\ Aa := Af$ sonst $Aa := 0$	wenn ($Ae \geq 0$) dann $Ba := Af,\ Bb := Be$ (verschoben) sonst $Ba := Be,\ Bb := Bf$ (verschoben) (Be oder Bf werden $|Ae|$ Stellen nach rechts verschoben)
	I,II,III	$Ae := Aa + Ab$	$Be := Ba - Bb$
3	IV,V	$Aa := Ae,\ Ab := 0$	$Ba := 0,\ Bb := Be$
	I,II,III	$Ae := Aa + Ab$	$Be := Ba - Bb$
4	IV,V	$Aa := Ae$ $Ab :=$ Anzahl der Verschiebungen	$Bb := Be$ (verschoben) (Be wird durch Verschiebung nach links normalisiert)
	I,II,III	$Ae := Aa - Ab$	$Be := 0 + Bb$
5	IV,V	$Af := Ae$	$Bf := Be$

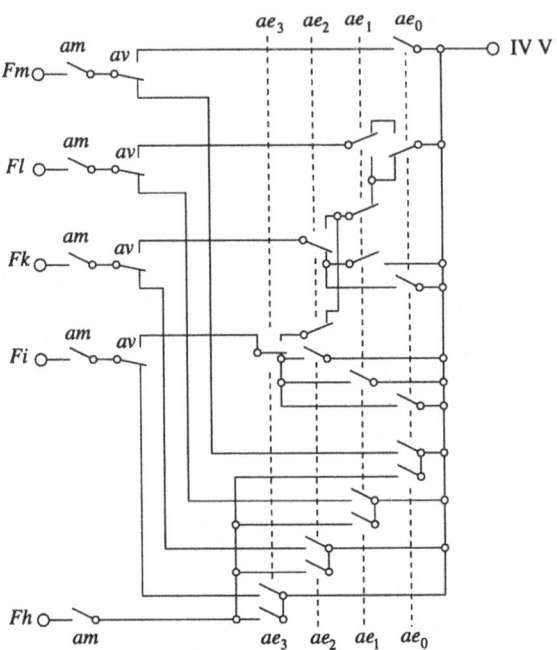

Abbildung 17. Schaltung der ae-Kontakte (Shift für Addition/Subtraktion)

Anmerkungen. Diese Schaltung berechnet die notwendige Verschiebung der Mantisse des Arguments mit dem niedrigsten Exponenten bei der Ausführung des Additions- oder Subtraktionsbefehls. Die Schaltung wird von der Relaiskette in Abb. 16 gesteuert.

Das Relais av ist 1, falls die im Teil A des Rechenwerks berechnete Differenz der Exponenten positiv oder Null ist, sonst ist av Null. Die fünf Bits $\bar{a}v, ae_3, ae_2, ae_1, ae_0$, wobei $\bar{a}v$ das Komplement von av darstellt, können als eine Zweierkomplementzahl z interpretiert werden. Die Schaltung überträgt auf die Relais Fh, i, k, l, m die Zahl $-|z|$ (der negative absolute Betrag von z). Ist z. B. $z = -1$, so werden alle Relais Fh bis Fm auf Spannung gelegt (LLLLL), entsprechend der Tabelle auf Seite 126. Die Schaltung kann anhand dieser Tabelle überprüft werden. Die Mantisse kann maximal 16 Stellen verschoben werden. Eine größere Verschiebung würde die Mantisse auf Null setzen.

Das Relais Am wird von dem Kontakt sa_2 (Abb. 16) aktiviert, wenn die Verschiebung eines Arguments zu berechnen ist. Dies ist der Fall im Spiel 2 des Additions- und Subtraktionsbefehls.

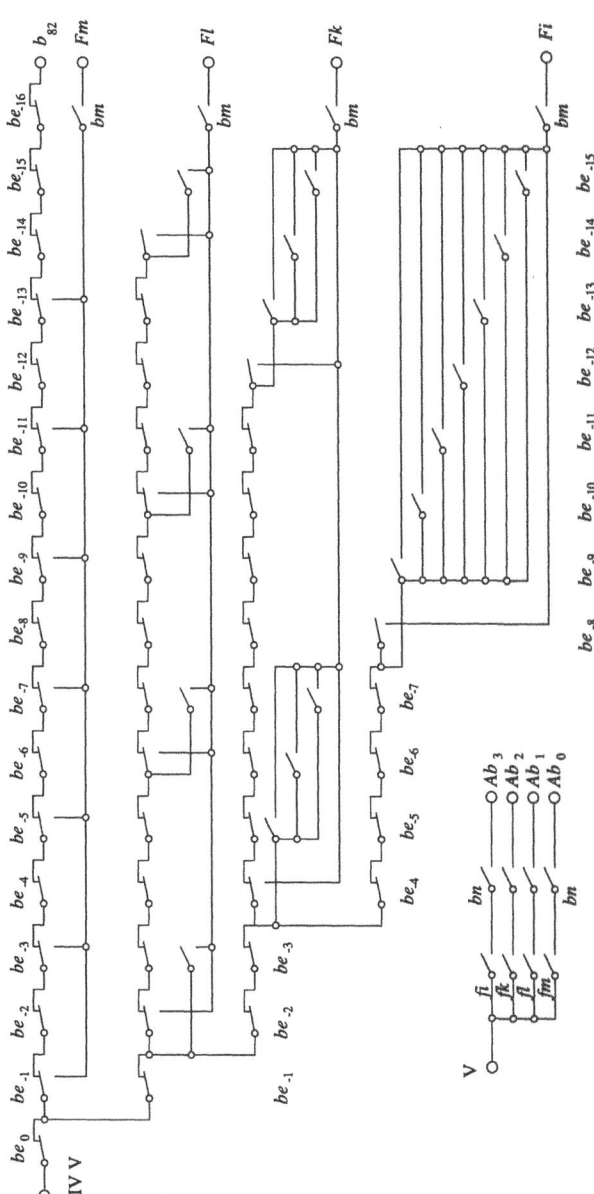

Abbildung 18. Schaltung der be-Kontakte

Anmerkungen. Diese Schaltung berechnet die notwendige Verschiebung für die Normalisierung des Endresultats Be einer arithmetischen Operation. Die Multiplikation von normalisierten Zahlen bedarf höchstens einer einstelligen Verschiebung des Resultats nach rechts, das Resultat einer Division muß höchstens eine Stelle nach links verschoben werden, während die Quadratwurzel einer normalisierten Zahl normalisiert bleibt. Deswegen wird diese Schaltung nur bei Addition und Subtraktion verwendet.

Die Anzahl der Stellen der Verschiebung wird in den Relais Fi bis Fm eingestellt. Da es sich um eine Verschiebung nach links handelt, d. h. um eine positive Anzahl von Stellen, ist $Fh = 0$ und braucht nicht berechnet zu werden. Sind alle Bits Be_0 bis Be_{-16} Null, so wird die Leitung b_{82} auf Spannung gelegt. Dies ist ein Signal für die Schaltung, die die numerischen Sonderfälle (Null, Unendlich) bearbeitet (Abb. 39). Über die Kontakte bm wird die Verschiebung in die Relais Fi bis Fm geladen. Das Relais Bm wird vom Kontakt sa_4 aktiviert (Abb. 16).

Nehmen wir an, daß $be_0 = 1$ und $be_{-1} = 1$. Dann werden $Fi = Fk = Fl = 0$ und $Fm = 1$ berechnet. Dies entspricht der Binärzahl 000L, d. h. einer einstelligen Verschiebung nach links. Über die Kontakte bn wird die Anzahl der Stellen der Verschiebung der Mantisse in Register Ab geladen, um vom Exponenten des Resultats abgezogen zu werden.

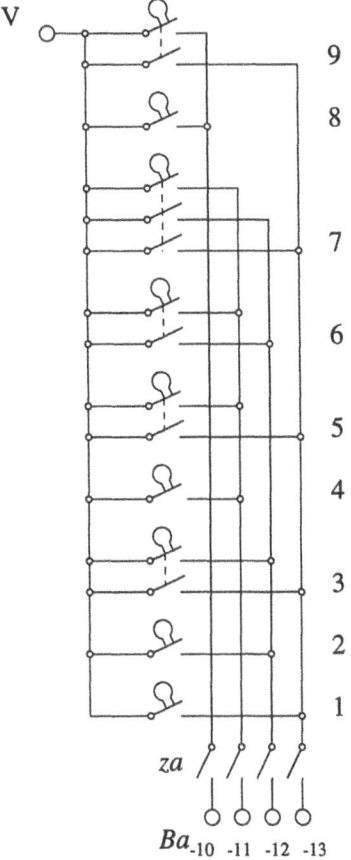

Abbildung 19. Zifferneinstellung (Teilschaltung Z)

Anmerkungen. Die Abbildung zeigt die Schaltung für die Eingabe einer Dezimalziffer. Wird eine Taste gedrückt, so wird die Binärdarstellung der entsprechenden Ziffer auf die Bits Ba_{-10}, Ba_{-11}, Ba_{-12} und Ba_{-13} des Registers Ba übertragen. Für jede Reihe von Tasten gibt es eine Busverbindung. Dargestellt ist za, der Kontaktschalter für die oberste Dezimalziffer. Die drei anderen Tastenreihen werden über die Relais Zb, Zc und Zd übertragen (Zd wird für die niedrigste Dezimalziffer verwendet).

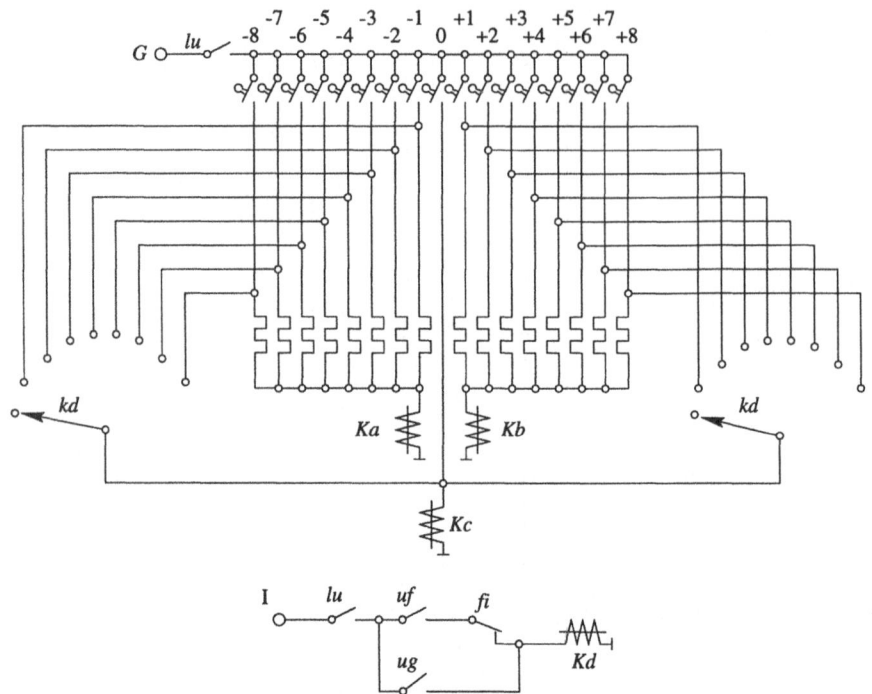

Abbildung 20. Kommaeinstellung (Teilschaltung K)

Anmerkungen. Bei einer Eingabeoperation ($lu = 1$) wird die in der Konsole eingestellte Potenz von 10 in die Maschine gelesen. Ist der Exponent Null, wird das Relais Kc sofort aktiviert. Falls der Exponent negativ ist, wird Ka auf Spannung gelegt, sonst Kb. Kd ist ein Schrittschalter, der in Schritt I angestoßen wird (unteres Bild). Dafür muß Uf oder Ug gesetzt sein (Abb. 22). Uf steuert die Multiplikation mit 0,1 und wird gesetzt, wenn der Exponent negativ ist. Ug steuert die Multiplikation mit 10 und wird gesetzt, wenn der Exponent positiv ist (Abb. 22). Ist der Exponent verschieden von Null, startet der Steuerschalter Kd und läuft von einem Kontakt zum nächsten. Wenn Kd auf die Leitung der gedrückten Taste trifft, wird Kc aktiviert. Kc ist ein Signal an das Leitwerk, keine weiteren Multiplikationen mit 10 bzw. 0,1 auszuführen (siehe Abb. 22). Ist $Kc = 1$, wird das Relais Uz aktiviert und das Ende der Leseoperation eingeleitet.

Die Aufgabe des Schalters fi ist, das Vorrücken des Steuerschalters Kd nur dann zu erlauben, wenn eine Multiplikation mit 0,1 abgeschlossen ist (vgl. Tabelle auf Seite 130). Dies geschieht nach vier Spielen; fi wird von 1 auf 0 zurückgesetzt. Für die Multiplikation mit 10 ($ug = 1$) ist dieser Trick nicht notwendig, Kd rückt in jedem Spiel eine Position weiter.

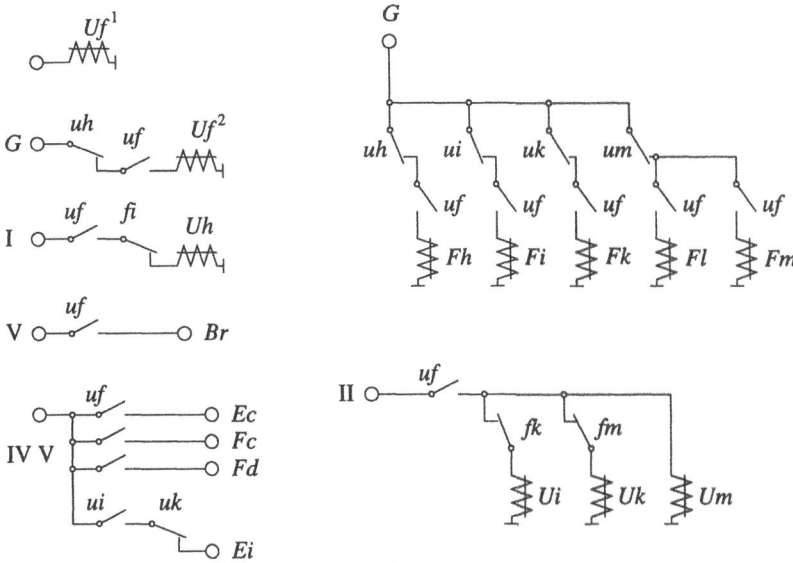

Abbildung 21. Steuerung der Multiplikation mit 0,1 (Teilschaltung U)

Anmerkungen. Beim Einlesen einer Dezimalzahl aus der numerischen Tastatur können Multiplikationen mit 0,1 notwendig werden (d. h. der Dezimalexponent ist negativ). In diesem Fall wird das Selbsthalterelais Uf aktiviert (Abb. 22, Abschnitt 3.5). Im ersten Spiel werden die Relais Fh bis Fm auf 1 geschaltet. Im nächsten Spiel schaltet das Relais Um die Relais Fl und Fm aus. Ein Spiel weiter wird Uk ausgeschaltet und somit auch Fk. Zuletzt, im vierten Spiel, wird Ui ausgeschaltet und damit auch Fi. Dies führt zu den in der Tabelle auf Seite 130 gewünschten Einstellungen. Wenn der Kontakt fi abfällt, wird das Relais Uh auf Spannung gelegt; damit wird das Relais Fh ausgeschaltet. Während einer Multiplikation mit dem Faktor 0,1 ist das Relais Br in jedem Spiel eingeschaltet, damit die Mantisse jedesmal normalisiert wird. In den Schritten IV und V von jedem Spiel sind Ec, Fc und Fd eingeschaltet. In Teil A des Rechenwerks wird damit die Addition der Exponenten in Register Aa geladen und in Teil B wandert das Resultat über Fc und Fd zurück in die Register Ba und Bb. Damit wird das vorherige Ergebnis ($Ba = Be$) mit der verschobenen Mantisse ($Bb = Be$ verschoben über die Relais Fh bis Fm) addiert. Für jede Multiplikation mit 0,1 muß 4 vom Exponenten abgezogen werden (da $0,1 = 2^{-4} \times \mathsf{L},\mathsf{L00}...$ ist). Dazu wird Ei durch das Zusammenwirken der Einstellungen der Kontakte uk und ui alle vier Zyklen nur einmal eingeschaltet. Ei lädt -4 in Register Ab, das zum Exponenten Aa des partiellen Resultats addiert wird.

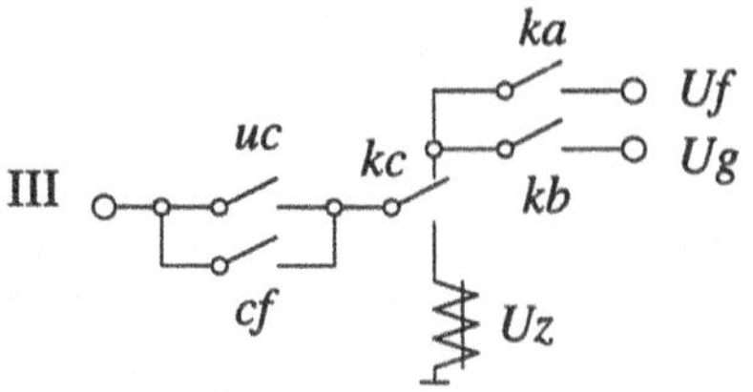

Abbildung 22. Einzelheiten der Teilschaltung U

Anmerkungen. Diese Schaltung wählt eines von drei Relais aus, je nachdem, welche Operation nach dem Einlesen der Dezimalziffer aus der Tastatur notwendig ist, und zwar:

- Relais Uf, falls der Exponent negativ ist und Multiplikationen mit dem Faktor 0,1 notwendig sind.
- Relais Ug, falls der Exponent positiv ist und Multiplikationen mit dem Faktor 10 notwendig sind.
- Relais Uz, falls keine weiteren Multiplikationen notwendig sind.

Der Kontakt Uc wird im Spiel 8 der Eingabeoperation aktiviert (Seite 129). Mit Uc wird signalisiert, daß die Dezimal-Binär-Umwandlung der (Dezimal)-Mantisse abgeschlossen ist und nun die Behandlung des Kommas beginnen soll. Das Relais Kc wird gesetzt, falls der Exponent 0 ist oder die Berechnungen zu Ende sind (Abb. 20). Das Relais Cf ist in keiner anderen Abbildung der Patentanmeldung zu finden und wird auch in dem Text nicht erläutert.

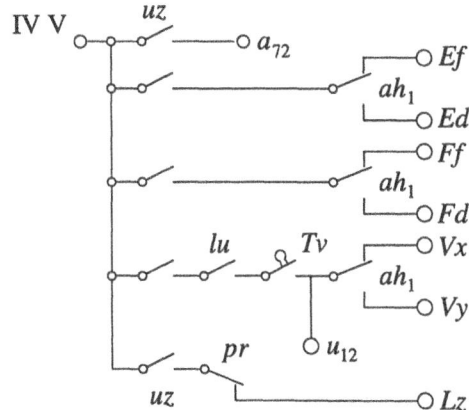

Abbildung 23. Einzelheiten der Teilschaltung U

Anmerkungen. Diese Schaltung leitet das Ende einer Eingabeoperation Lu oder eines Speicherlesezugriffs Pr ein. Das Relais Uz wird am Ende der Bearbeitung des Dezimalexponenten (Abb. 22) oder bei einem Speicherlesezugriff (Abb. 37) gesetzt. Falls $ah_1 = 0$, wird das Resultat in das Registerpaar $<Af, Bf>$ gespeichert und das Vorzeichen in Vx. Falls $ah_1 = 1$, werden das Registerpaar $<Ab, Bb>$ und das Vorzeichenrelais Vy verwendet. Bei einer Eingabeoperation ($lu = 1$) wird das Vorzeichen aus der Konsole gelesen (Taste Tv). Wird die Zahl aus dem Speicher gelesen, so überträgt die Leitung u_{12} das erste Bit aus dem Speicher (Abb. 31).

Die Leitung a_{72} wird beim Laden der Register auf Spannung gelegt. Dies ist ein Signal für das Rechenwerk, Ah_1 einzuschalten (Abb. 8). Damit wird beim ersten Ladevorgang der Register das Registerpaar $<Af, Bf>$ verwendet, beim zweiten das Registerpaar $<Ab, Bb>$. Solange Ah_1 nicht gelöscht wird, bezieht sich jeder weitere Ladevorgang auf die Register $<Ab, Bb>$.

Bei einem Speicherlesezugriff ($pr = 1$) wird das Signal Lz nicht eingeschaltet.

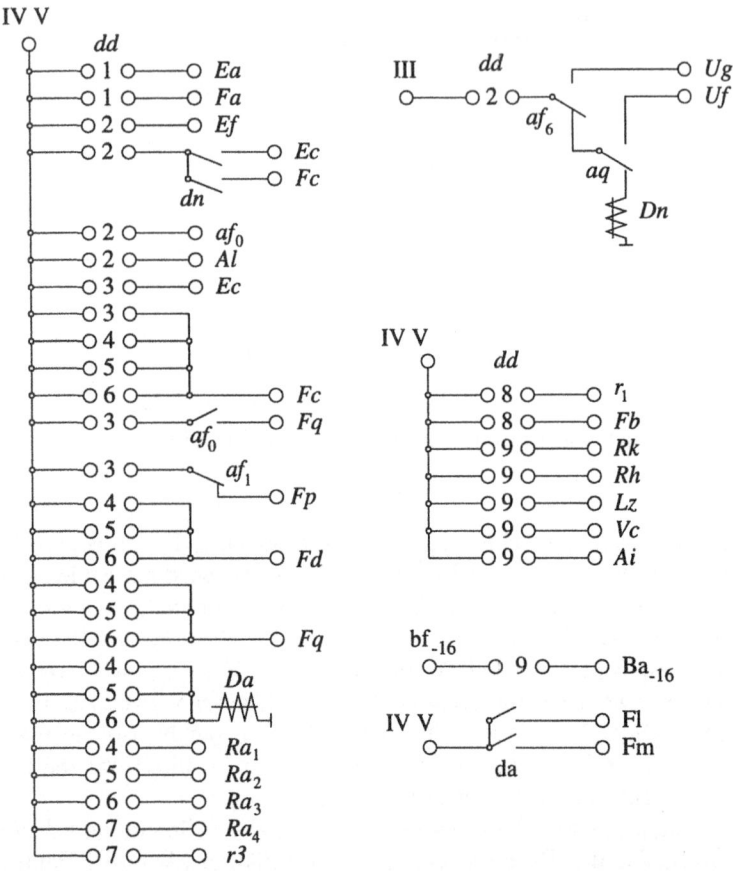

Abbildung 24. Steuerung der Rückübersetzung (Teilschaltung B)

Anmerkungen. Der Schrittschalter *Dd* wird für die Operation *Ld* (Rückübertragung Binär-Dezimal) verwendet. Im ersten Spiel wird der Inhalt von *Af* nach *Aa* (*Ea* = 1) und *Bf* nach *Ba* (*Fa* = 1) übertragen. Im zweiten Spiel wird das Bit af_6 getestet (rechts oben). Ist af_6 = 1, so ist der Exponent negativ und *Ug* wird eingeschaltet. Ist der Exponent positiv und größer als 3 (*aq* = 1, Abb. 8), wird *Uf* eingeschaltet. Falls beides nicht zutrifft, wird *Dn* eingeschaltet. In diesem zweiten Spiel wird der Dezimalexponent der auszugebenden Zahl in dem Kommaanzeiger gesetzt. Die Gleitkommazahl im Registerpaar <*Af*, *Bf*> wird so lange mit 0,1 oder mit 10 multipliziert, bis der Binärexponent im Intervall 0...3 liegt. *Uf* steuert die Multiplikation mit 0,1 (Abb. 21), *Ug* mit dem Faktor 10 (Seite 128). Der Schrittschalter *Dd* bleibt so lange in der Stellung „2" stehen, bis die Anzeige des Dezimalexponenten erfolgt ist (Abb. 25).

Im dritten Spiel wird der Exponent, der nun im Intervall $0, \ldots, 3$ liegt, auf 2 reduziert. Dafür wird eine Verschiebung der Mantisse durchgeführt. Fq wird mit af_0 und Fp mit dem Komplement von af_1 gleichgesetzt. Über Fc wird der Inhalt von Be, der von Fp und Fq geshiftet wird, in Ba geladen. Der Exponent in Teil A muß nicht korrigiert werden, da er nicht mehr gebraucht wird. Am Ende dieser Operation steht die erste Dezimalziffer in den Bits be_1, be_0, be_{-1} und be_{-2}. Diese Ziffer wird im Spiel 4 ($Ra_1 = 1$) zum Register Bf übertragen (Abb. 26).

In den Spielen 5, 6 und 7 wird jeweils die nächste Dezimalziffer für die Anzeige berechnet. Fc und Fd sind in den Spielen 4, 5 und 6 eingeschaltet. Die Mantisse Be wandert zurück in die Register Ba und Bb. Sie wird dabei mit Fq einmal nach links geshiftet (d. h. $Ba = 2 \times Be$) und mit Da, das Fl und Fm einschaltet, dreimal nach links geshiftet (d. h. $Bb = 8 \times Be$). Die Summe von Ba und Bb entspricht der Multiplikation des vorherigen Wertes von Be mit dem Faktor 10. Die Ziffern, die über die Relais Ra_1 bis Ra_4 übertragen werden, sind das Resultat einer iterativen Multiplikation mit 10.

Am Ende des siebten Spiels liegt die übersetzte Zahl im Register Bf. Die Vorbereitung der Abrundung des Resultats wird im Spiel 8 ausgelöst ($rr = 1$, Abb. 27) und der Inhalt des Registers Bf wird zum Register Bb übertragen ($Fb = 1$). Die Summe der Register Ba und Bb liefert die gewünschte Abrundung, die im Spiel 9 über das Relais Rk an die Relais Rc, Rd, Re und Rf übertragen wird, um die Lampen der Dezimalanzeige zu steuern (Abb. 28). Relais Ai löscht die Register Af und Bf, schaltet auch Ah_1 aus und sorgt damit dafür, daß der nächste zu ladende Wert wieder nach $<Af, Bf>$ geht (Abb. 23). Lz ist das Schlußzeichen. Das Signal Vc schaltet vermutlich die Lampe für das Vorzeichen der ausgegebenen Zahl ein.

Relais Rh wird in der Patentanmeldung nicht erläutert. Vielleicht ist dies das Relais, das die Maschine anhält, so daß der Operator Zeit hat, das Resultat aufzuschreiben. Welche Funktion die Übertragung von bf_{-16} auf Ba_{-16} im Spiel 9 hat, ist unklar.

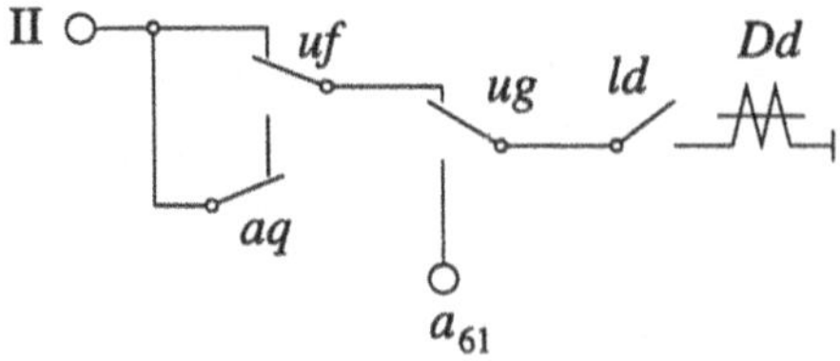

Abbildung 25. Betätigung des Steuerschalters Dd

Anmerkungen. Diese Schaltung ist eng mit der Schaltung in Abb. 24 ge-koppelt. Dd ist der Schrittschalter für die Steuerung der Übersetzung Binär-Dezimal ($ld = 1$). Wenn an Dd Spannung anliegt, rückt der Schalter eine Stelle weiter.

Im Spiel 2 des Befehls Ld wird das Relais Uf, das Relais Ug oder Dn eingeschaltet. Relais Uf wird nur eingeschaltet, wenn eine Multiplikation der Mantisse mit 0,1 gestartet wird. Solange $aq = 1$ (d.h. der Kontakt liegt anders als gezeichnet), wird Dd gestoppt und rückt nicht weiter. Die Multi-plikation mit 0,1 wird so lange wiederholt, bis aq abfällt. Dies ist erst der Fall, wenn af_5, af_4, af_3 und af_2 Null sind, d.h., bis Af eine Zahl kleiner gleich 00000LL enthält (Abb. 8). Man beachte, daß Uf nur eingeschaltet wird, falls der Exponent Af positiv und größer als 3 ist (Abb. 24, oben rechts). Bei jeder Multiplikation mit 0,1 wird ui einmal eingeschaltet (Abb. 21). Dies be-wegt den Schalter qd einen Schritt weiter (Abb. 29). Dieser Schalter zeigt den Dezimalexponenten im positiven Bereich (Abb. 29, rechts).

Relais Ug wird nur eingeschaltet, wenn eine Multiplikation der Mantisse mit 10 gestartet wird. Solange $a_{61} = 0$, bleibt Dd angehalten und rückt nicht weiter. Die Multiplikation mit 10 wird so lange wiederholt, bis a_{61} auf Spannung liegt. Dies ist erst der Fall, wenn Af einen positiven Exponenten oder Null enthält. Man beachte, daß Ug nur eingeschaltet wird, wenn der Exponent Af negativ ist (Abb. 24, oben rechts). Bei jeder Multiplikation mit 10 wird Ug einmal gesetzt. Dies bewegt den Schalter qd einen Schritt weiter (Abb. 29). Er bringt den berechneten Dezimalexponenten im negativen Bereich zum Leuchten (Abb. 29, links). Der negative Exponentenbereich wird vom Relais Qg ausgewählt.

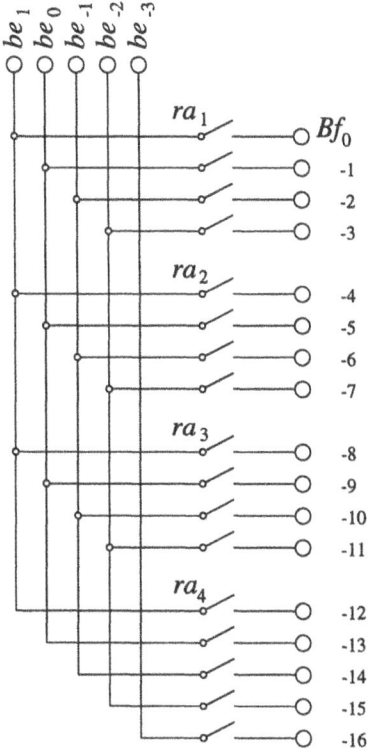

Abbildung 26. Teil der Schaltung R

Anmerkungen. Die Aufgabe dieser Schaltung besteht darin, die für die Ausgabe eines Resultats berechneten Dezimalziffern in vier getrennte Bitbereiche des Registers Bf zu speichern. Bit Bf_{-16} enthält eine 1, falls die Aufrundung des Resultats notwendig ist. Die Dezimalziffern werden iterativ gespeichert (d. h. die Kontakte ra_1 bis ra_4 werden der Reihe nach aktiviert). Die Dezimalzahl 9876 würde z. B. in Bf am Ende der Rückübersetzung als die Binärzahl

$$\underbrace{\text{LOOL}}_{9}\,\underbrace{\text{LOOO}}_{8}\,\underbrace{\text{OLLL}}_{7}\,\underbrace{\text{OLLO}}_{6}\,0$$

im Register Bf stehen. Die Aufrundung des Resultats wird durch die Schaltung in Abb. 27 bewirkt.

Die erste Ziffer des Resultats kann zwischen 0 und 15 liegen, d. h. diese erste Ziffer wird mit zwei Lampen angezeigt. Deswegen besitzt die numerische Ausgabe fünf Reihen von Lampen, wobei in der ersten Spalte nur die Ziffer „1" leuchten kann (je nach Ergebnis).

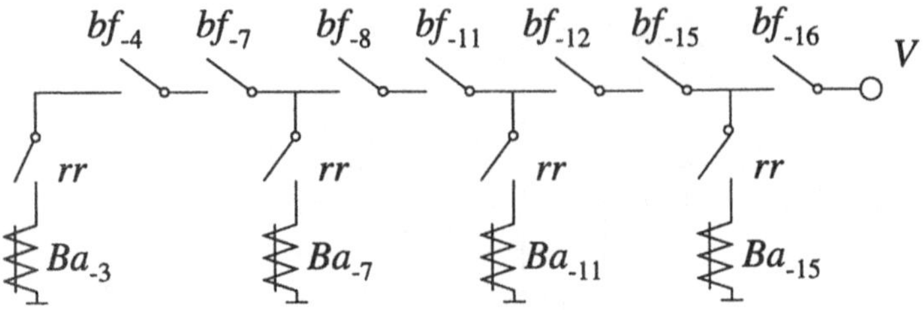

Abbildung 27. Schaltung zum Aufrunden des Resultats

Anmerkungen. Die Schaltung ist bei der Rückübertragung von Binär in Dezimal notwendig (Seite 133). Die Schaltung führt zur Abrundung der Dezimaldarstellung, falls $bf_{-16} = 1$. Eine 9 an der Position bf_{-12}, bf_{-13}, bf_{-14} und bf_{-15} bedeutet, daß $bf_{-15} = bf_{-12} = 1$. In diesem Fall muß für die Abrundung eine 1 addiert werden. Die 1 wird an der richtigen Position in das Register Ba geladen. Dasselbe wird für die anderen drei Ziffern gemacht (bei dieser Berechnung ist das Relais Rr gesetzt, wahrscheinlich über den Kontakt r_1, Abb. 24). Im selben Spiel, in dem die Übertragbits von dieser Schaltung ermittelt werden, wird Register Bf auf Register Bb übertragen ($Fb = 1$ im Spiel 8, Abb. 24). Damit werden im nächsten Spiel Ba und Bb addiert. Das Resultat ist die abgerundete Dezimalzahl (in der hier verwendeten speziellen Codierung).

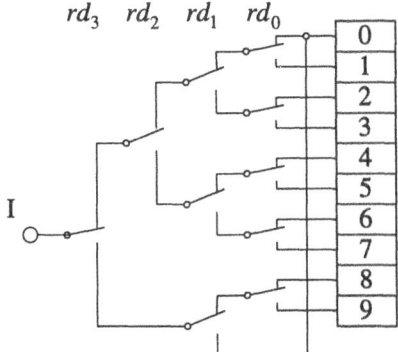

Abbildung 28. Resultatsanzeigevorrichtung

Anmerkungen. Jede Dezimalziffer, die darzustellen ist, wird auf vier Relaisgruppen übertragen (Relaisgruppen Rc, Rd, Re und Rf). Das Relais Rk, das im Spiel 9 (Abb. 24) eingeschaltet wird, bewirkt diese Übertragung. Hier sind nur die Kontakte der Relais Rd_0 bis Rd_3 abgebildet (für die dritte Dezimalziffer). Die Schaltung decodiert die Binärzahl und die entsprechende Ziffer leuchtet in der Anzeigetafel. Nach der Aufrundung des Resultats könnte die Ziffer 9 zu 10 umgewandelt worden sein. 10 muß deswegen als Ziffer 0 decodiert werden. Dies wurde in der Schaltung berücksichtigt.

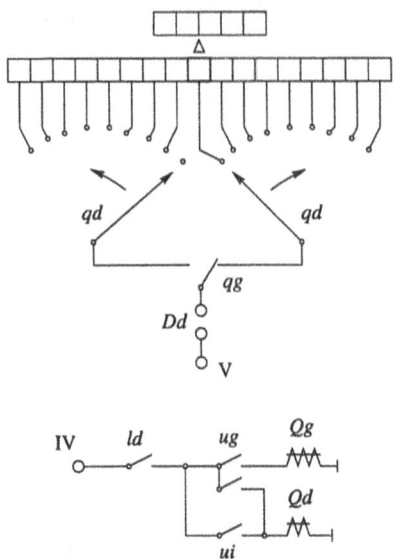

Abbildung 29. Kommaanzeigewerk (Teilschaltung Q)

Anmerkungen. Diese Schaltung steuert die Anzeige des Dezimalexponenten der im Registerpaar $<Af, Bf>$ gespeicherten Gleitkommazahl. Links in der Abbildung werden die negativen Exponenten angezeigt (von -8 bis -1) und rechts die positiven (von 0 bis $+8$). Relais Qg bestimmt, ob der positive ($qg = 0$) oder der negative Bereich verwendet wird.

Bei der Rückübertragung Binär-Dezimal ($ld = 1$) wird ug auf 1 gesetzt, wodurch die Multiplikationen der Mantisse mit 10 ausgelöst werden (Abb. 24, rechts oben). Der Exponent der Zahl ist negativ und wird durch eine Multiplikationen mit 10 positiv gemacht. Für jede Multiplikation mit 10 (ein Spiel) rückt qd eine Position im linken Bereich (negative Exponenten) weiter. Das Relais Uf wird auf 1 gesetzt, wenn Multiplikationen mit 0,1 notwendig sind (Abb. 22), d. h., wenn der Exponent der Zahl positiv und zu groß ist. Er wird daher durch Multiplikationen mit dem Faktor 0,1 kleiner gemacht. Für jede Multiplikation mit 0,1 (vier Spiele, bei denen ui nur einmal gesetzt wird, vgl. Abb. 21) rückt qd eine Position weiter im rechten Bereich (positive Exponenten). Die Steuerung der gesamten Ld-Operation ist in Abb. 24 dargestellt.

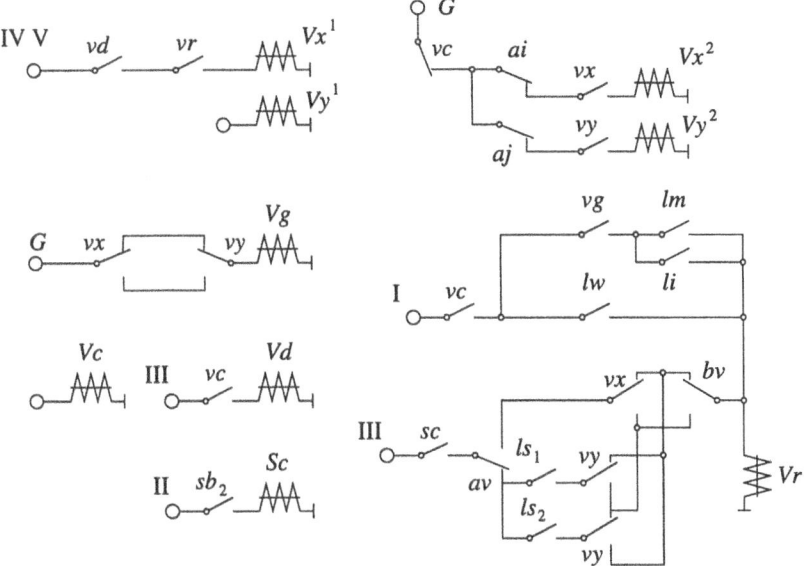

Abbildung 30. Vorzeichenwerk (Teilschaltung V)

Anmerkungen. Mit der Schaltung V wird das Vorzeichen des Resultats ermittelt. *Vc* und *Vd* starten die Operation. *Vc* löscht die Vorzeichen der Argumente, *Vd* setzt das Vorzeichen des Resultats. Sind die Vorzeichen des ersten (*Vx*) und zweiten Arguments (*Vy*) gleich, wird *Vg* eingeschaltet. Relais *Vc* löscht die Selbsthalterelais *Vx* und *Vy*. Relais *Ai*, das *Af* und *Bf* löscht, schaltet auch *Vx* aus. Relais *Aj*, das *Ab* löscht, löscht ebenfalls das Vorzeichen *Vy*.

Bei gleichen Vorzeichen der Argumente (*Vg* = 1) wird bei Multiplikation (*lm*) oder Division (*li*) das Vorzeichen des Resultats über *Vr* auf 1 gesetzt (Plus). Bei der Berechnung der Quadratwurzel wird das Vorzeichen immer auf Plus gesetzt.

Die Berechnung des Vorzeichens einer Addition oder Subtraktion wird im Spiel 2 durch *sb*$_2$ und *sc* gestartet. Bei beiden Operationen sind die Relais *av* und *bv* maßgebend. Relais *av* ist gesetzt, falls die Differenz der Exponenten positiv ist, d. h., das erste Argument hat den größeren Exponenten. Das Relais *bv* ist gesetzt, falls die Differenz der Mantissen positiv ist (siehe Erläuterung im Text, Seite 135).

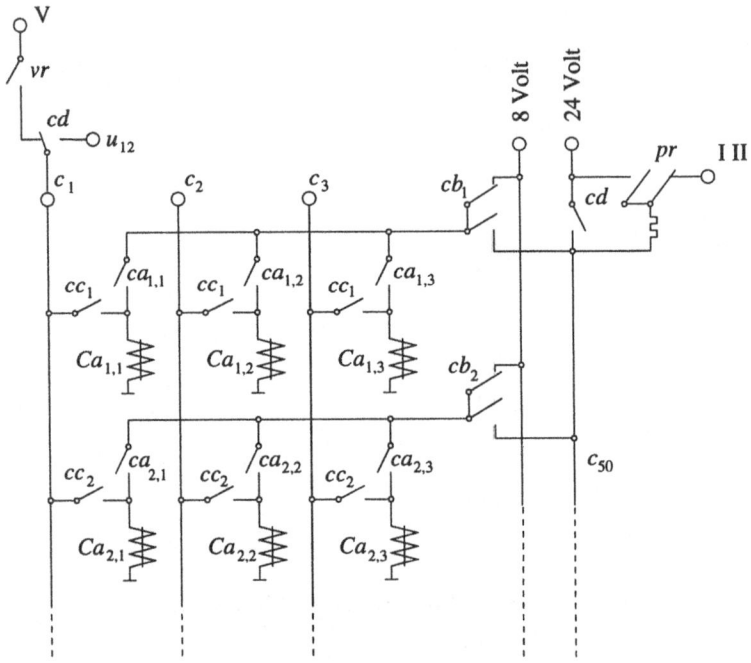

Abbildung 31. Speicherwerk (Teilschaltung C)

Anmerkungen. Jedes Wort i im Speicherwerk wird in einer Gruppe von Selbsthalterelais $Ca_{i,j}$ gespeichert. Die Auswahl der Adresse i erfolgt über die Relais cc_i. Sowohl beim Lesen ($pr = 1$) als auch beim Schreiben ($ps = 1$) wird die Leitung cc_i auf Spannung gelegt (Abb. 35). So wird eine ganze Zeile von Selbsthalterelais ausgewählt. Die Leitungen c_1, c_2 usw. übertragen das Resultat einer Leseoperation oder die zu speichernde Zahl. Ist $ca_{1,1}$ z.B. geschlossen, so wird bei einem Zugriff auf Adresse 1 ($cc_1 = 1$) die Leitung c_1 auf Spannung gelegt.

Links oben ist exemplarisch dargestellt, wie die Datenleitungen mit dem Rechenwerk verschaltet sind. Beim Lesen wird das Relais Cd auf Spannung gelegt (Abb. 37). So wird dann einer von zwei Verbindungswegen selektiert: beim Schreiben die linke Leitung (vr ist hier das „Vorzeichen-Bit" des Resultats) und beim Lesen die rechte Leitung (u_{12} leitet das gelesene Bit in das Rechenwerk, Abb. 23). Jede Leitung c_i ist an einen solchen Multiplexer angeschlossen. Die elektrische Steuerung des Speicherwerks wird auf Seite 135 erklärt.

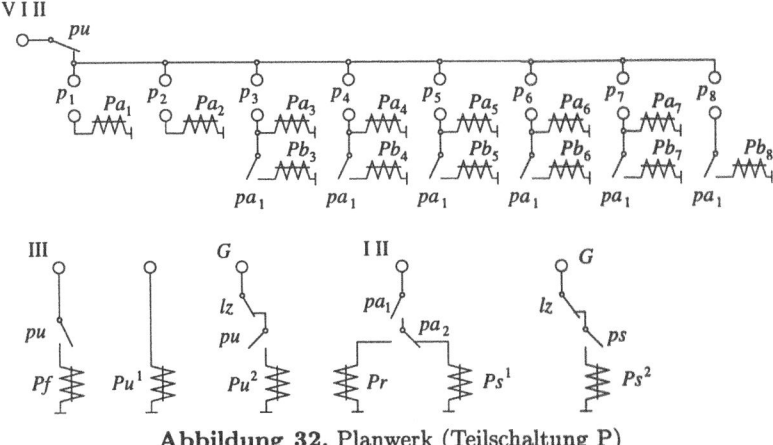

Abbildung 32. Planwerk (Teilschaltung P)

Anmerkungen. Folgende Relais und Kontakte sind hier abgebildet:

Pa_1–Pa_7 oberste 7 Bits des Befehls auf dem Lochstreifen
Pb_3–Pb_7 6 Adressierungbits (untere 6 Bits des Befehlscodes)
Pu Selbsthalterelais; keinen weiteren Befehl decodieren!
lz Ende des Befehls (Schlußsignal)
Pr wird aktiviert beim Befehl „Speicher lesen"
Ps Selbsthalterelais; wird aktiviert beim Befehl „Speichern"
Pf bewirkt den Transport des Lochstreifens (im nächsten Spiel)

Die 8 Bits des Lochstreifens werden an die Relais Pa_1–Pa_7 und Pb_3–Pb_8 (falls $Pa_1 = 1$) übertragen. Die Bits Pa_1-Pa_5 werden wie in Abb. 33 decodiert. Die Befehlscodes 10 und 11 werden für die Befehle Pr (Laden) und Ps (Speichern) verwendet.

Das Relais Pu wird von Befehlen, die mehrere Zyklen benötigen, eingeschaltet. Wenn Pu gesetzt ist, wird kein weiterer arithmetischer Befehl aus dem Lochstreifen decodiert, bis das Signal Lz (Schlußsignal) auf Spannung liegt. Es ist dennoch zu beachten, daß Speicheroperationen (Pr und Ps) weiterhin decodiert werden können. Damit kann die Ausführung des Befehls „Speichern" mit der letzten arithmetischen Operation überlappt werden. Die Decodierung findet in den Zyklen V, I, und II statt.

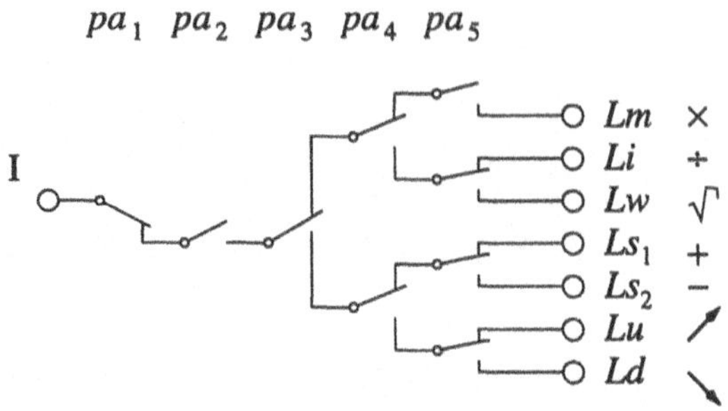

$$pa_1 \quad pa_2 \quad pa_3 \quad pa_4 \quad pa_5$$

Abbildung 33. Steuerung der Rechenoperation durch das Planwerk (Pa-Relais)

Anmerkungen. Die Relais pa_1 bis pa_5 enthalten die obersten 5 Bits des Befehls auf dem Lochstreifen. Die Schaltung decodiert den auszuführenden Befehl nach folgendem Schema:

Befehlscodes	Kürzel	Operation
01 001	Lm	Multiplikation
01 010	Li	Division
01 011	Lw	Quadratwurzel
01 100	Ls_1	Addition
01 101	Ls_2	Subtraktion
01 110	Lu	Ablesen (Eingabe in Register Af)
01 111	Ld	Anzeigen (Inhalt von Register Af)

Es gibt darüber hinaus zwei weitere Befehle (Decodierung in Abb. 32):

Befehlscodes	Kürzel	Operation
10 $abcde$	Ps	Speichern ($<Af, Bf>$ in Adresse $abcde$)
11 $abcde$	Pr	Laden (Adresse $abcde$)

Der variable Befehlscode erlaubt, sechs Bits für die Adressierung der 64 Speicherzellen zu verwenden, wobei Speicherzelle 0 das Registerpaar $<Af,Bf>$ bezeichnet (Abb. 35).

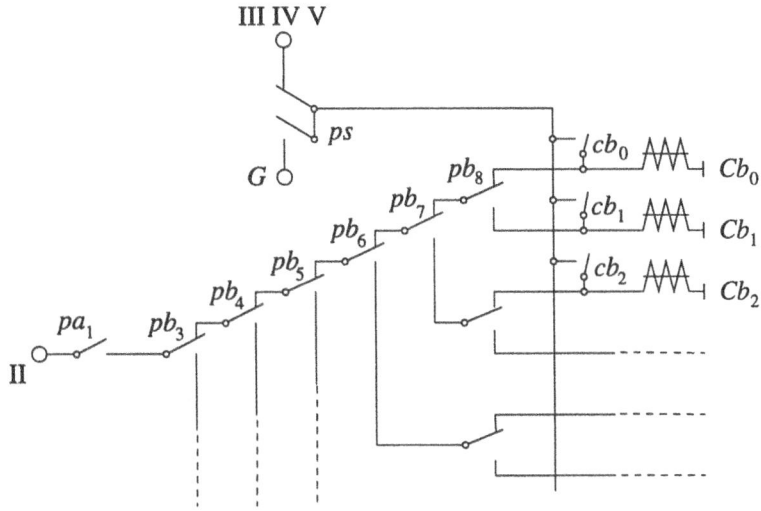

Abbildung 34. Wählwerk (*Pb*-Relais)

Anmerkungen. Die Schaltung entspricht einem Decodierbaum für die Auswahl der Adreßleitungen 0 bis 63 (Cb_0 bis Cb_{63}). Ist pa_1 eingeschaltet, so handelt es sich um eine Operation, die den Speicher anspricht. Beim Laden ($ps = 0$) wird das ausgewählte Relais in den Schritten III, IV, V auf Spannung gelegt. Beim Speichern ($ps = 1$) bleibt das Relais eingeschaltet bis zum Ende der Operation. Die Relais pb_3 bis pb_8 enthalten die Adresse der gewünschten Speicherzelle (Abb. 32 zeigt die Decodierung). Abb. 35 zeigt, wie ein Relais Cb_i das Relais Cc_i einschaltet und Abb. 31, wie dann das angesprochene Relais Cc_i Zeile i des Speicherwerks aktiviert.

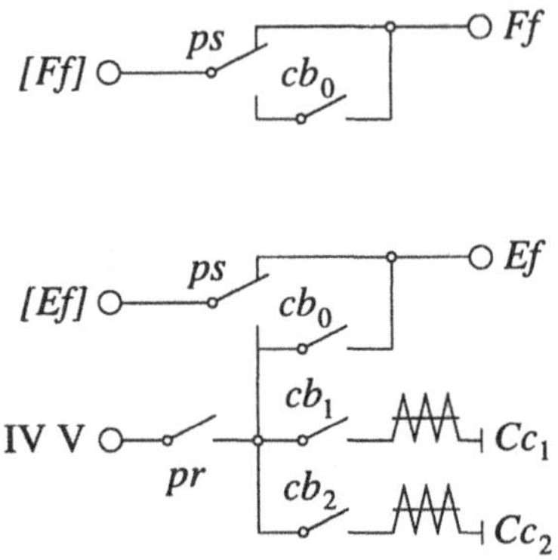

Abbildung 35. Einzelheiten der Teilschaltung P

Anmerkungen. Diese Schaltung ist sehr interessant, da sie zeigt, wie der Befehl „Speichern" in Null-Zyklen ausgeführt werden kann. Dafür wird die Ausführung des Befehls „Speichern" mit den Schritten IV und V der letzten arithmetischen Operation überlappt. Dies wird dadurch erreicht, daß die Anweisung an die Register Af und Bf, ein Resultat zu speichern, unterbrochen wird. Beim Schreiben ($ps = 1$) werden die Spannungsleitungen zu den Relais Ff und Ef unterbrochen (außer wenn es sich um Adresse Null, d. h. cb_0 handelt). Da gleichzeitig die Spannung der Relais cb_i (die decodierte Adresse) an die Relais cc_i weitergeleitet wird, ist das Ziel der Übertragung eine Zeile im Speicherwerk statt des Registerpaars $<Af, Bf>$. Das Resultat der arithmetischen Operation gelangt deswegen in das Speicherwerk und nicht in dieses Registerpaar. Man beachte, daß sich eine Speicheroperation auf die Resultate der Rechenwerke A und B bezieht, d. h., nur das Resultat von arithmetischen Operationen kann gespeichert werden, und nicht einzelne Register. Ein Speicherbefehl ohne vorherige arithmetische Operation ist unsinnig. Ein interessanter Nebeneffekt dieser Strategie ist, daß nach dem Speicherbefehl der Inhalt des Registerpaars $<Af, Bf>$ zerstört ist, besser gesagt, das arithmetische Resultat wurde dort nie gespeichert. Af und Bf werden deswegen gelöscht (Abb. 36).

Beim Lesen ($pr = 1$) wird das interne Zurückschreiben des Resultats im Rechenwerk nicht verhindert. Das vom Speicher gelesene Wort wird in einem der Registerpaare $<Af, Bf>$ oder $<Ab, Bb>$ gespeichert (je nach Zustand des Relais Ah_1, Abb. 23). Lesen ($pr = 1$) von Adresse 0 ($cb_0 = 1$) führt zu einem unbekannten Zustand des Registerpaars $<Af, Bf>$.

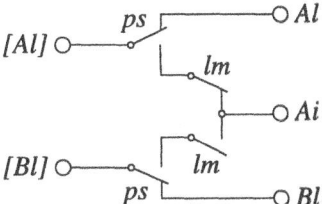

Abbildung 36. Einzelheiten der Teilschaltung P

Anmerkungen. Diese Schaltung kümmert sich darum, nach einer Speicheroperation ($ps = 1$), bei der der Inhalt des Registerpaars $<Af, Bf>$ in den Speicher übertragen wird, sowohl Af als auch Bf zu löschen. Das Relais Ah_1 muß auch gelöscht werden, da im Registerpaar $<Af, Bf>$ kein Resultat gespeichert bleibt. Dies ist so, weil die Resultate der Rechenwerke zum Speicher umgeleitet werden und das Registerpaar $<Af, Bf>$ in einem unbekannten Zustand bleibt (Abb. 35).

Am Ende der Ausführung eines jeden arithmetischen Befehls wird das Relais Al eingeschaltet. Die zu Al führende Leitung wird auf Ai umgeleitet. Relais Ai löscht Af, Bf und Ah_1. Nur bei der Multiplikation wird Al bereits im Spiel 2 eingeschaltet. Deswegen wird in diesem Fall ($lm = 1$) die zu Bl führende Leitung auf Ai umgeleitet. Bl wird im letzten Spiel der Multiplikation eingeschaltet.

Es ist zu beachten, daß Relais Ps bereits vor dem letzten Spiel der laufenden arithmetischen Operation eingeschaltet wird. Die Steuereinheit erlaubt das gleichzeitige Einschalten eines Relais für eine arithmetische Operation und eines Relais für eine Speicheroperation. Die Speicheroperation (Ps) wartet sozusagen das Ende der laufenden Berechnung ab, um das Resultat sofort in Null-Zyklen in den Speicher zu führen.

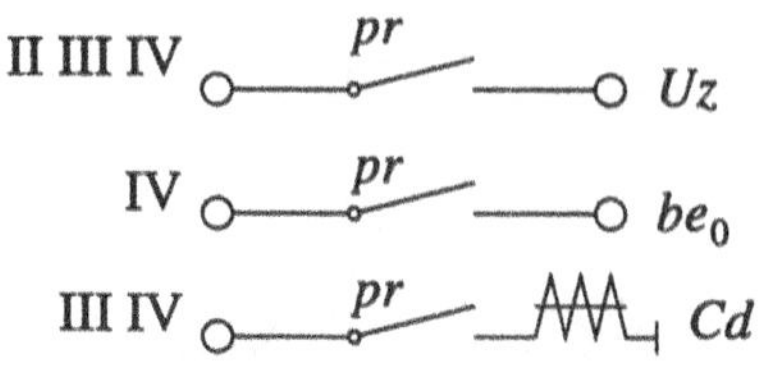

$$\text{II III IV} \;\circ\!\!-\!\!\overset{pr}{\underset{}{\bullet}}\!\!-\!\!\circ\; Uz$$

$$\text{IV} \;\circ\!\!-\!\!\overset{pr}{\underset{}{\bullet}}\!\!-\!\!\circ\; be_0$$

$$\text{III IV} \;\circ\!\!-\!\!\overset{pr}{\underset{}{\bullet}}\!\!-\!\!\Lambda\!\Lambda\!\Lambda_\dashv\; Cd$$

Abbildung 37. Einzelheiten der Teilschaltung P

Anmerkungen. Diese Schaltung gehört zum Planwerk P. Beim Lesen aus dem Speicher ($pr = 1$) wird über das Relais Uz die Speicherung der Relais Ae und Be in das Registerpaar $<Af, Bf>$ bzw. $<Ab, Bb>$ eingeleitet (Abb. 23). Dabei wird be_0 auf 1 gesetzt, da im Speicher das führende Bit der normalisierten Mantisse nicht gerettet wird, was jedoch für die weiteren Berechnungen notwendig ist. Relais Cd wird auf Spannung gelegt. Dies ist die Steuerung des Multiplexers für die Daten aus dem Speicherwerk (Abb. 31). Die vom Speicher gelesene Zahl wird in die Leitungen Ae und Be eingespeist.

Eine Leseoperation kann in den Schritten I bis V erledigt werden, d.h. in einem Spiel. In den Schritten I und II wird pr gesetzt. Uz setzt die Relais Ef und Ff bzw. Ed und Fd auf Spannung, so daß bis zum Ende des fünften Schrittes die vom Speicher gelesene Zahl in das entsprechende Registerpaar gespeichert worden ist.

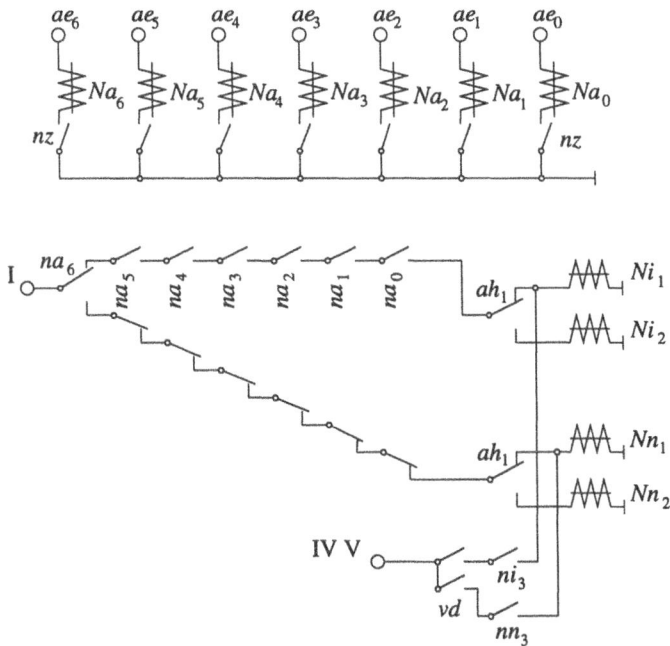

Abbildung 38. Teilschaltung N

Anmerkungen. Diese Schaltung überprüft den Exponenten des ersten bzw. zweiten Arguments einer arithmetischen Operation und setzt die *exception flags*. Zuerst wird über die Kontakte nz der Inhalt von Ae an die Relais Na übertragen. Das Relais Nz wird von Uz eingeschaltet (nicht gezeichnet). Ist $ah_1 = 0$, so werden die Relais Ni_1 bzw. Nn_1 bei einem Sonderfall angesprochen. Ist $ah_1 = 1$, werden die Relais Ni_2 und Nn_2 verwendet.

Das Relais Ni_1 (Ni_2) wird gesetzt, wenn der Exponent des ersten (zweiten) Arguments $+63$ ist (OLLLLLL). Das Relais Nn_1 (Nn_2) wird angesprochen, wenn der Exponent des ersten (zweiten) Arguments -64 ist (L000000). Mit Hilfe der Relais Nn_1, Nn_2, Ni_1 und Ni_2 kann bereits vor der Ausführung der arithmetischen Operation ermittelt werden, ob das Resultat Unendlich oder Null ist (Abb. 39). Diese Relais werden in Schritt I eingeschaltet.

Das Resultat einer Operation wird immer als erstes Argument gespeichert. Die Relais Ni_3 und Nn_3 werden von der Schaltung in Abb. 39 gesetzt, falls das Resultat Unendlich bzw. Null war. Die Einstellung von Ni_3 oder Nn_3 wird deswegen in Schritt V zu den Relais Ni_1 und Nn_1 übertragen. Das Relais vd wird in Abb. 30 gezeigt.

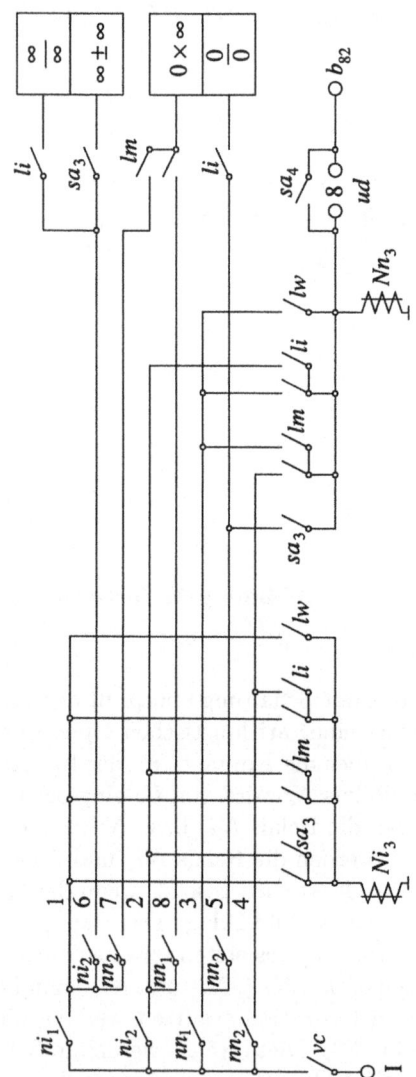

Abbildung 39. Teilschaltung N (Anzeige der Sonderfälle)

Anmerkungen. Diese Schaltung berechnet *a priori*, ob das Resultat einer arithmetischen Operation ein Sonderwert ist. Ist eines der Argumente oder sind beide Argumente einer Addition Unendlich, so wird Ni_3 auf 1 gesetzt. Dasselbe gilt für die Multiplikation. Bei Division wird Ni_3 gesetzt, falls der Zähler Unendlich ist oder der Teiler Null. Beim Quadratwurzelziehen ist $Ni_3 = 1$, falls das Argument Unendlich ist.

Operationen mit Nullen können zum Einschalten von Nn_3 führen. Die Summe von zwei Nullen ist Null. Nn_3 wird gesetzt, falls eines der Argumente einer Multiplikation Null ist. Bei Division setzt der Zähler Null oder der Teiler Unendlich das Relais Nn_3. Die Quadratwurzel von Null ($Nn_1 = 1$) ist Null (Nn_3 wird gesetzt).

Falls die Mantisse des Resultats einer Subtraktion ($sa_4 = 1$ im Spiel 4, Abb. 15) Null wird, wird b_{82} auf Spannung gelegt (Abb. 18), und in diesem Fall muß auch Nn_3 gesetzt werden. Der Steuerschalter Ud (für die Eingabeoperation Lu) kann auch im Spiel 8 diese Einstellung bewirken, falls die aus der numerischen Tastatur eingelesene Dezimalzahl Null ist. Das Einlesen der vier Dezimalziffern ist im Spiel 8 zu Ende.

Operationen, die zu undefinierten Resultaten führen, werden mit den Lampen angezeigt. Es ist nicht klar, ob die Maschine gestoppt oder weitergearbeitet hat.

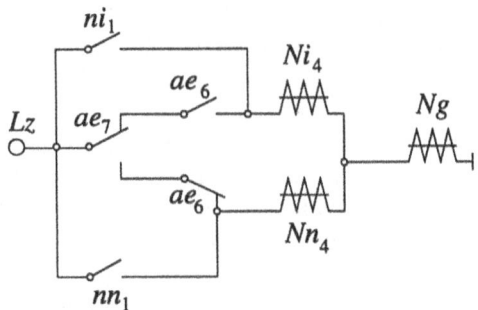

Abbildung 40. Teilschaltung N (Sonderfälle)

Anmerkungen. Beschreibung der Schalter:

ni_1	gesetzt, falls Resultat Unendlich
Ni_4	gesetzt, falls Resultat Unendlich oder Overflow
nn_1	gesetzt, falls Resultat Null
Nn_4	gesetzt, falls Resultat Null oder Underflow
Ng	Durchlaßschalter für Resultat (Teil B)
ae_7, ae_6	oberste zwei Bits des Exponenten

Funktion: Die Schaltung erkennt Overflow- und Underflow-Situationen. Falls das Resultat Unendlich ist (Ni_1 gesetzt) oder $ae_7 = 0$ und $ae_6 = 1$ gilt, wird Ni_4 gesetzt. Ae sollte eigentlich nur aus 7 Bits bestehen (ae_0 bis ae_6), so daß Bit ae_7 der Übertrag der Operationen im Teil A des Rechenwerks ist. Wenn $ae_7 = 0$ und $ae_6 = 1$, ist der Exponent größer als +63, d. h., ein Overflow hat stattgefunden.

Falls das Resultat Null ist (Nn_1 gesetzt) oder $ae_7 = 1$ und $ae_6 = 0$ gilt, wird Nn_4 gesetzt. Bei solchen Werten der beiden Bits ist der Exponent kleiner als −64, d. h., ein Underflow hat stattgefunden.

Danach wird Ng aktiviert und das Resultat der Operation weitergegeben. Ng unterbricht die Be-Leitungen. Spezielle Konstanten werden zu Be übertragen (Abb. 41).

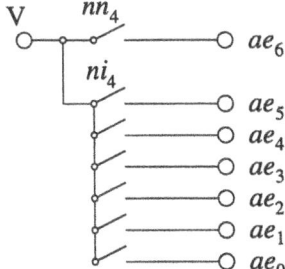

Abbildung 41. Teilschaltung N (Exponenteneinstellung bei Sonderfällen)

Anmerkungen. Beschreibung der Schalter:

nn_4 gesetzt, falls Resultat Null
ni_4 gesetzt, falls Resultat Unendlich
$ae_6 - ae_0$ Exponent des Resultats

Funktion: Falls das Resultat Unendlich ist (der Kontakt nn_4 ist eingeschaltet), wird der Exponent auf $+63$ gesetzt. Falls das Resultat Null ist (der Kontakt ni_4 ist eingeschaltet), wird der Exponent auf -64 gesetzt.

Die Rechenmaschine kann Null nicht direkt darstellen. Jede Zahl mit dem Exponenten -64 (unabhängig von der Mantisse) wird als Null behandelt (siehe Abb. 38 und Abb. 39). Jede Zahl mit dem Exponenten $+63$ wird als unendlich groß interpretiert.

KONRAD ZUSE
Dipl.-Ing., Honorarprofessor
Dr.-Ing. mult. E.h., Dr. mult. rer. nat. h.c.
Dr. techn. h.c., Dr. h.c.sc. techn.
Dott. h.c. math.

Im Haselgrund 21
36088 Hünfeld
Telefon (06652) 2928

Martin-Luther-Universität Halle
Fachbereich Mathematik und Informatik
Herrn Dr. Raúl Rojas

06099 Halle (Saale)   23.12.94

Sehr geehrter Herr Rojas,

es freut mich, aus Ihrem Schreiben vom 15 d.M. zu erfahren, daß
Ihre Simulation des Gerätes Z3 (Patentanmeldung Z 391) gute
Fortschritte macht.

In der Patentanmeldung ist allerdings nicht alles offenbart. Für
eine grundsätzliche Besprechung wäre ich sehr dankbar.

Ich erwarte daher Ihren Anruf Anfang des nächsten Jahres.

Bis dahin wünsche ich Ihnen gute Fortschritte und angenehme
Festtage.

Mit freundlichen Grüßen

Brief von Konrad Zuse an den Herausgeber

Eine Simulation der Z3 für das Internet

Georg-Alexander Thurm

Zusammenfassung In diesem Kapitel wird ein Programm vorgestellt, das den Aufbau und die Wirkungsmechanismen der Rechenmaschine Z3 von Konrad Zuse simuliert. Das Programm kann als Ergänzung zu der in diesem Band enthaltenen Dokumentation der Z3 genutzt werden. Erstmalig beschreibt eine Simulation die Z3 in ihrer Gesamtheit mit Berücksichtigung interner Rechenabläufe. Das Programm ist nicht für eine spezielle Rechnerplattform bzw. ein bestimmtes Betriebssystem entwickelt, sondern in der Programmiersprache JAVA geschrieben worden, um die Simulation einem breiten Publikum über das Internet zugänglich zu machen. Damit wird demonstriert, wie moderne Informationstechnologie genutzt werden kann, um ein kulturelles Erbe der Technik zu erhalten.

1. Einführung

Computersimulationen haben ein breites Anwendungsgebiet. In vielen Forschungsbereichen stellen sie ein unentbehrliches Hilfsmittel dar. Moderne Meteorologie ist z. B. ohne leistungsfähige Simulationsrechnungen undenkbar, in der Automobilindustrie werden Bauteile und ganze Fahrzeuge in aufwendigen Simulationen getestet, bevor sie das Fließband verlassen. Neuroinformatiker versuchen, mit Rechnermodellen die Funktionsweise des menschlichen Gehirns zu verstehen. Aus den genannten Beispielen sind verwandte Motivationen für die Nutzung von Simulationen ablesbar. Man wünscht, beispielsweise Vorhersagen über das Verhalten komplexer, realer Systeme zu machen, oder möchte eine Annäherung an das Verstehen noch ungeklärter natürlicher Prozesse erreichen.

Eine Simulation gibt im allgemeinen ganz bestimmte Merkmale eines Systems wieder. Wie ein Modell betont sie interessierende Gesichtspunkte und läßt unwesentliche Eigenschaften außer acht.

Bei der hier vorgestellten Simulation bestand die Aufgabe darin, ein technisches System mit dessen Wirkprinzipien darzustellen. Das Programm richtet sich primär an interessierte Anwender mit gewissen Vorkenntnissen. Dennoch mußte davon ausgegangen werden, daß es auch Benutzer gibt, die sich nur bis zu einem gewissen Grad mit der Wirkungsweise der Maschine auseinandersetzen möchten. Durch die Verbreitung im Internet soll auch Interesse für die Maschinen Zuses geweckt werden. Bei der Entwicklung des Programms standen deshalb zwei wichtige Aspekte im Vordergrund – zum einen war eine möglichst einfache und übersichtliche Darstellungsweise zu wählen, zum anderen sollte die Wirkungsweise so veranschaulicht werden, daß sie auch in Details nachvollziehbar ist. Diese Ziele waren bei der Umsetzung unter Berücksichtigung sekundärer Umstände, die durch die Anwendungsumgebung gegeben sind, nicht immer miteinander vereinbar, das Ergebnis stellt also eine Kompromißlösung dar. Das Programm baut auf dem abstrakten Modell der Maschine auf, das in dem Artikel von Raúl Rojas in diesem Band vorgestellt wird. Diese Sichtweise entspricht einer konzeptionellen Ebene, die für das grundlegende Verständnis der Prinzipien ausreichend ist, aber verwirrende Details verdeckt und deshalb gut für eine Simulation geeignet ist. Eine Simulation, die jedes einzelne Bauelement (Relais) berücksichtigt, wäre ein anderer Ansatz, ist aber mit den genannten Zielen schwerer vereinbar.

Die Simulation kann dazu genutzt werden, einfache Rechenoperationen auszuführen, ohne den internen Ablauf zu verfolgen. Das entspricht der Arbeitsweise eines Operators, der die Maschine an der Konsole bedient. Durch eine Visualisierung der Prozesse im Rechenwerk soll tiefergehendes Interesse befriedigt werden: Die Simulation entstand u. a. aus dem Wunsch heraus, eine komfortable Oberfläche für die Verifizierung der Z3-Rechenalgorithmen zu schaffen. Aus diesem Grund ist das Programm so aufgebaut, daß sämtliche Rechenschritte nach dem Vorbild der originalen Mikrosequenzen erfolgen. Die Ergebnisse der Rechnungen werden also nicht einfach im voraus bestimmt, sondern werden Bit für Bit aufgebaut. Durch diese Implementierung des Z3-Konstruktionsprinzips auf ein logisches Niveau wird die Korrektheit des von Zuse gewählten Ansatzes verdeutlicht.

Beschrieben werden im folgenden der Aufbau und die Möglichkeiten des Programms sowie dessen Bedienung.

2. Simulation der Z3

Welches sind die interessanten Eigenschaften der Z3, die in einer Simulation dargestellt werden sollten? Die Architektur der gesamten Rechenanlage, insbesondere die Trennung von Speicher- und Rechenwerk, die freie Programmierbarkeit und der Aufbau des Gleitkommaprozessors sind sicher die markantesten Merkmale der Z3. Einen weiteren bemerkenswerten Gesichtspunkt stellen die Algorithmen dar, nach denen die Z3 Gleitkommaoperationen ausführte. Diesen Aspekt soll die Simulation im besonderen berücksichtigen, da diese Verfahren auch heute noch in ähnlicher Form Verwendung finden. Das Programm kann demnach auch für die Veranschaulichung des Grundprinzips von Gleitkommaoperationen genutzt werden.

Problematisch für diese Simulation ist die Menge an Informationen, die gleichzeitig dargestellt und verwaltet werden müssen, würde man jedes Detail der Z3 berücksichtigen. Um den Überblick zu gewährleisten, waren deshalb Vereinfachungen notwendig. Diese Vereinfachungen bestehen darin, nur die wesentlichsten Vorgänge im Rechenwerk darzustellen. Die Simulation und die Dokumentation der Z3 sollten sich deshalb gegenseitig ergänzen.

Das Programm muß einerseits den Benutzer in die Lage versetzen, den logischen Aufbau der Maschine zu erkennen. In einer schematischen Darstellung sind daher die wesentlichsten Funktionsgruppen der Z3 auf geeigneter Abstraktionsebene enthalten.

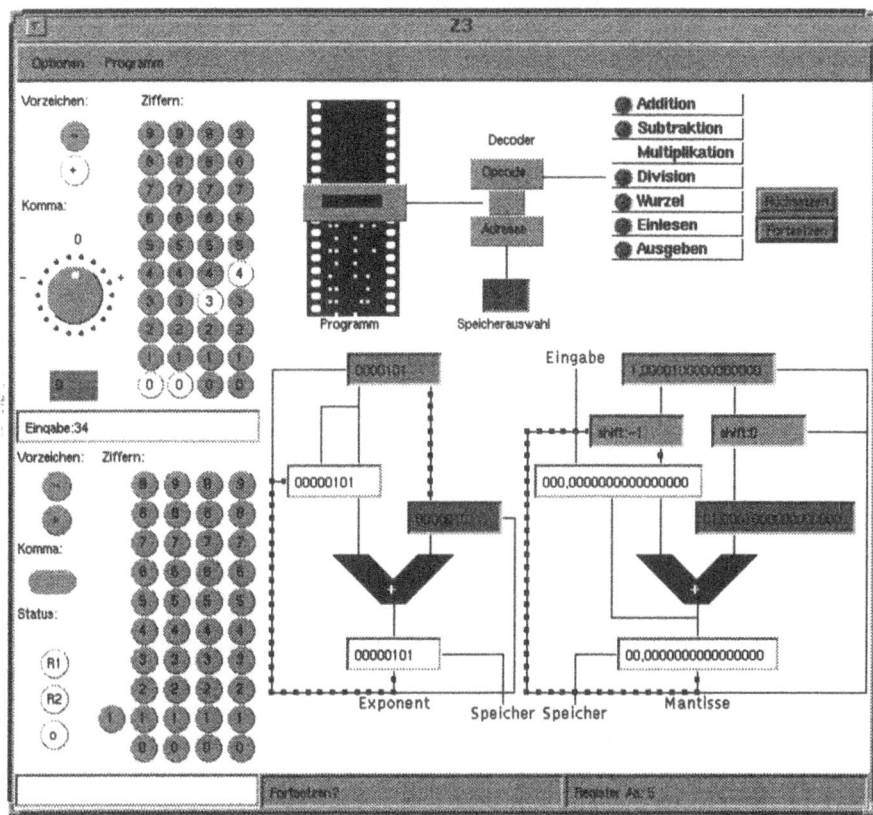

Abbildung 1. Gesamtansicht der Z3-Simulation (ohne Speicher)

Abbildung 1 zeigt das Hauptfenster des Simulationsprogramms. In der linken Hälfte sind Felder für die Eingabe (oben) und Ausgabe (unten) von Dezimalzahlen dargestellt. Die rechte Seite enthält das Programmwerk (oben links), Schalter für den Aufruf der Rechenoperationen (oben rechts) und das Rechenwerk (unten). Das Speicherwerk wird in einem gesonderten Fenster dargestellt.

Andererseits sollen die Abläufe der Rechenoperationen visualisiert werden und Möglichkeiten für eine flexible Steuerung der Simulation vorhanden sein, etwa durch die Möglichkeit eines direkten Eingriffs in die Rechenabläufe. Dem trägt die Simulation in folgender Weise Rechnung:

- aktuelle Inhalte der Register und Speicherzellen werden in binärer Form dargestellt,
- Übertragungen zwischen den Registern im Prozessor sowie Übertragungen zwischen Speicher und Prozessor werden als Animationen angezeigt,
- die Speicherinhalte können zu jeder Zeit „von Hand" verändert werden,

– auf Wunsch stoppt die Simulation in jedem Zyklus, um die Aktionen der Maschine besser verfolgen zu können.

Weiterhin soll die Simulation auf möglichst einfache Weise ein breites Publikum erreichen. Dafür ist das Internet geradezu prädestiniert. In den letzten Jahren wurden vielfältige Verfahren entwickelt, um in diesem Datennetz Informationen für jedermann auf transparente Weise verfügbar zu machen. Das öffentliche Interesse gilt besonders einem Dienst des Internets, dem *World Wide Web* (WWW). Dieses System ist, vereinfacht beschrieben, ein offenes Zugriffssystem auf strukturierte Dokumente, die Texte, Bilder, Klänge, kurz gesagt, alle möglichen digitalisierbaren Daten, also auch Programme, enthalten können. Diese Dokumente werden als Seiten in einem speziellen Programm angezeigt, einem sogenannten *Internet Browser*. Auf den einzelnen Seiten lassen sich Verweise auf andere Dokumente integrieren, die bei Auswahl per Mausklick sofort geladen werden können, wodurch sich ein „Netz im Netz" aufbaut. Waren zu Beginn der Entwicklung des WWW die darin enthaltenen Daten rein statisch, so wurde der Trend hin zu mehr Interaktivität und multimedialen Erweiterungen immer stärker. Eine der flexibelsten Erweiterungen der Inhalte des WWW sind graphische Programme (Applets), die innerhalb eines WWW-Dokuments ablaufen. Die meisten dieser Programme werden in einer neuen Software-Technologie entwickelt, die unter dem Namen *Java*[1] in letzter Zeit für Furore sorgt. Java-Programme sind nicht für einen bestimmten Rechnertyp geschrieben, sondern nach den Vorstellungen der Java-Entwickler überall dort nutzbar, wo sich eine geeignete Ausführungsumgebung (z. B. in Form eines Java-fähigen Internet-Browsers) befindet. Die Nachteile der Java-Programme bestehen zur Zeit noch in der relativ geringen Ausführungsgeschwindigkeit und in den hohen Ladezeiten. Dennoch entstehen in letzter Zeit zahlreiche „Programme für das Internet", in der Hoffnung, daß man die Kinderkrankheiten der Java-Technologie bald in den Griff bekommt.

Diesem Trend folgt auch die Simulation der Z3. Der nächste Abschnitt gibt den an Programmierung interessierten Lesern einen kurzen Überblick über die Möglichkeiten und Grenzen der Java-Technologie.

2.1 Java

Java hat unter anderem den Anspruch, Programme zur Verfügung zu stellen, die auf Maschinensprachebene portabel sein sollen. Das heißt, ein übersetztes Java-Programm (*Java-Bytecode*) soll auf den unterschiedlichsten Plattformen lauffähig sein und dabei identische Ergebnisse liefern. Ein Java-Compiler übersetzt daher den Java-Quellcode nicht in die Maschinensprache der benutzten Rechnerplattform, sondern in die einer für Java eigens definierten

---

[1] Im angloamerikanischen Sprachraum ist Java ein Synonym für Kaffee, dem Grundnahrungsmittel von Programmierern.

Virtuellen Maschine[2]. Dieser Maschinencode wird dann gewöhnlich von einem speziellen Programm interpretiert und ausgeführt. Der Begriff *Java* ist also ein Sammelbegriff für Werkzeuge eines eigenen Rechnerkonzepts.

Java[3] ist eine einfache, objektorientierte Programmiersprache, die Konzepte anderer Sprachen übernommen hat. Die größte Ähnlichkeit besteht zu C++. Das Objektkonzept ist jedoch stärker betont, es gibt z. B. keine *freien Unterprogramme*, jede Funktion ist an eine Klasse gebunden. Alle wichtigen Merkmale einer objektorientierten Programmiersprache (Datenkapselung, Vererbung, Methodenüberladung, dynamisches Binden) sind in Java vorhanden. Mehrfachvererbung ist jedoch nur eingeschränkt nutzbar (über sogenannte *Interface-Klassen*, die nur die Deklaration von Methoden sowie die Definition von Konstanten erlauben). Direkte Speicherzugriffe (Zeiger) sind unter Java nicht möglich. Java unterstützt auf Sprachebene nebenläufige Prozesse (Threads) und Techniken für deren Synchronisation. Threads stellen „gleichzeitig" ablaufende Programmabschnitte innerhalb einer Anwendung dar. Die Java-Simulation der Z3 macht ausgiebigen Gebrauch von dieser Technik.

Der Begriff Java ist untrennbar mit dem Internet verbunden. Einer der Hauptvorzüge von Java ist die direkte Unterstützung von netzwerkbasierten Anwendungen. Die Klassenbibliothek, die in jedem Javasystem vorhanden ist, enthält mächtige Abstraktionen für die Kommunikation im Internet. Eine *Applet-Klasse* stellt einen Rahmen für Anwendungen dar, die über das Netzwerk geladen und unter einer graphischen Oberfläche ausgeführt werden können.

Anwendungen, die für Java erstellt werden, sind aber zur Zeit noch einigen Einschränkungen unterworfen. Die *Interpretation* des Java-Bytecodes auf populären Rechnerplattformen impliziert einen nicht unerheblichen Geschwindigkeitsverlust des ausgeführten Programmcodes (im Vergleich zu Anwendungen, die für eine spezielle Plattform entwickelt wurden). Die Verfügbarkeit von *Just-in-time Compilern* (JIT) – Java-Interpreter, die zur Laufzeit Java-Bytecode in nativen Maschinencode übersetzen und dadurch erhebliche Geschwindigkeitssteigerungen (um Faktor 20–30) ermöglichen sollen, kann nicht allgemein vorausgesetzt werden. Auch die Dauer der Ladezeiten für Anwendungen und deren Ressourcen stellt bei der gegenwärtigen Netz-Infrastruktur ein Problem dar. Die uneingeschränkte Portabilität ist bisher ebenfalls noch nicht erreicht. Verschiedene Interpreter zeigen durchaus unterschiedliches Verhalten und haben in den gegenwärtigen Entwicklungsstadien mit Fehlern zu kämpfen. Sogar die Standard-Klassenbibliothek ist einigen Änderungen unterworfen (Versionswechsel 1.0.2–1.1.1), wodurch die Kompatibilität nicht ausreichend gewährleistet ist.

---

[2] Lindholm, T., Yellin, F., *The Java Virtual Machine Specification*, Addison-Wesley, 1997.

[3] Gosling, J., Joy, B., Steele, G., *The Java Language Specification*, Addison-Wesley, 1997.

Auf all diese Einschränkungen kann ein Anwendungsprogrammierer jedoch keine Rücksicht nehmen. Dies würde eine starke Herabsetzung der Anforderungen an das Programm oder die Notwendigkeit der Erstellung mehrerer Programmversionen, die sich jeweils an die Gegebenheiten auf der Benutzerseite anpassen, bedeuten. Das widerspricht jedoch den Zielen der Java-Technologie.

Die Z3-Simulation wurde mit den Standardwerkzeugen der Java-Entwicklungsumgebung (Java Development Kit, Version 1.0.2) erstellt und unter verschiedenen Betriebssystemen (Linux, Solaris, Windows 95) und Java-fähigen Internet-Browsern (Netscape Navigator ab Version 3.0, MS Internet Explorer ab Version 3.0) getestet. Es zeigte sich, daß der Wunsch der plattformübergreifenden Portabilität einige Vorsichtsmaßnahmen bei der Entwicklung erfordert. Das betrifft nicht nur das veränderte Aussehen der Applikation (Look and Feel) unter verschiedenen Fenstersystemen, sondern auch interne Sprachelemente wie das Verhalten der Threads. Die Ausführungsgeschwindigkeit (d. h. die flüssige Animation) der Anwendung ist abhängig von der Speicherausstattung und Geschwindigkeit der CPU. Ein Rechner der Pentium-Klasse mit 16 MB Hauptspeicher stellt für die Z3-Simulation eine optimale Konfiguration dar.

3. Anwendung

Das Programm kann entweder als Java-Applet oder als eigenständiges Programm (Stand-alone-Version) geladen und gestartet werden. Das Applet ist unter der WWW-Adresse:

> `http://www.informatik.uni-halle.de/~thurm/z3/`

erreichbar. Die Stand-alone-Version, die sich inhaltlich nicht von der Applet-Version unterscheidet, ist vorrangig für den internen Gebrauch und für Demonstrationszwecke gedacht. Benutzer mit eingeschränktem Zugriff auf das Internet (z. B. über eine Modem-Verbindung) können die Simulation als Archiv laden und ohne direkte Netzverbindung starten.

Nach dem Aufruf baut sich die Benutzeroberfläche der Simulation in einem Fenster auf. Die Anordnung der Z3-Bausteine (Rechenwerk, Speicher, Ein- und Ausgabefelder) kann je nach Bildschirmauflösung verschieden gewählt sein. Die Funktionselemente werden deshalb später im einzelnen erläutert.

3.1 Simulationsmodi

Das Programm unterscheidet verschiedene Betriebsmodi:

– Im Normalbetrieb (oder Handbetrieb) können Befehle über Schalter auf der Steuerkonsole ausgewählt werden, die dann sofort zur Ausführung gelangen. Ein Zugriff auf Speicherbefehle ist nicht möglich.

– Im *Programmodus* wird ein Z3-Programm ausgeführt. Die Steuerkonsole bleibt dabei so lange gesperrt, bis der letzte Befehl des Programms abgearbeitet ist. Wird während des Programmablaufs eine Eingabe benötigt oder eine Zahl ausgegeben, stoppt die Simulation so lange, bis die Taste *Fortsetzen* gedrückt wurde. So bleibt dem Benutzer genügend Zeit, eine Zahl einzugeben oder ein Ergebnis abzulesen.

– Ein *Programmiermodus* erlaubt das Erstellen von Z3-Programmen nach einem einfachen Makro-Verfahren. Alle Befehle, die an der Steuerkonsole eingegeben werden, werden in einem Programm auf einem Lochstreifen aufgezeichnet, bis ein Ende-Befehl eingegeben wird.

3.2 Funktionselemente

3.2.1 Programmkontrolle. Die Steuerung des Programms erfolgt auf zwei Ebenen. Eine Ebene steuert die Simulation an sich, die andere simuliert die Bedienung der Z3. Diese Unterscheidung ist wichtig, um die Authentizität des Steuerungskonzepts der Z3 zu erhalten.

Das Simulationsfenster (Abb. 1) besitzt eine Menüleiste mit den Einträgen *Optionen* und *Programm*. Unter dem Menüpunkt *Optionen* wird eingestellt, ob die Übertragungen auf den Busleitungen im Rechenwerk animiert werden sollen (*Verfolgung an* selektiert) und ob nach jeder Vorbereitungsphase die Simulation stoppen soll (*Stop nach IV-V*). Das Menü *Programme* enthält die Einträge *Neu* zum Starten des Programmiermodus und *Start* zum Starten eines Z3-Programms. In diesem Fenster gibt es noch weitere Tasten:

– *Rücksetzen* – versetzt die Simulation in den Ausgangszustand, d.h., alle Registerinhalte werden gelöscht und ein eventuell ablaufendes Programm wird gestoppt.

– *Fortsetzen* läßt die Simultion nach einem Stop-Zustand fortfahren.

3.2.2 Das Rechenwerk. In diesem Anzeigebereich wird das Rechenwerk (ALU) der Z3 dargestellt. Links befindet sich der Teil für die Bearbeitung der Exponenten, rechts der für die Mantissen. Die rechteckigen Bereiche stellen Register und Shifter dar. Deren Farbgebung soll eine logische Zusammengehörigkeit verdeutlichen, z.B. bilden Register, die in beiden Teilen die gleiche Farbe besitzen, zusammen ein Operandenregister. Die Beschriftungen *Eingabe* und *Speicher* am Ende von offenen Verbindungsleitungen symbolisieren Quelle bzw. Ziel einer Übertragung auf diesen Segmenten.

3.2.3 Die Steuerkonsole. Die Steuerkonsole (Abb. 3) besteht aus einem Feld von Tasten, über die im Normalbetrieb die Rechen- und I/O-Befehle ausgelöst werden. Solange eine Operation ausgeführt wird (angezeigt durch ein blinkendes Symbol auf der entsprechenden Taste), können keine weiteren Aktionen gestartet werden. Im Programmiermodus werden die Instruktionen aufgezeichnet, bis die *Ende*-Taste gedrückt wird. Dieser Befehl muß immer als letzte Instruktion eingegeben werden.

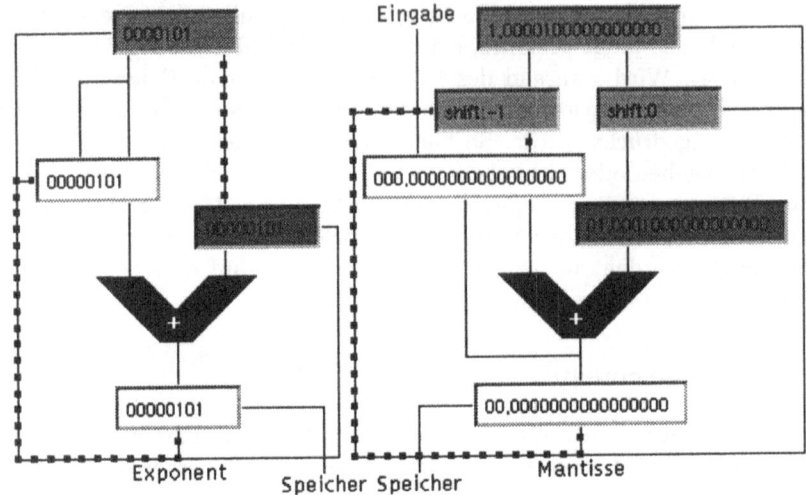

Abbildung 2. Das Rechenwerk

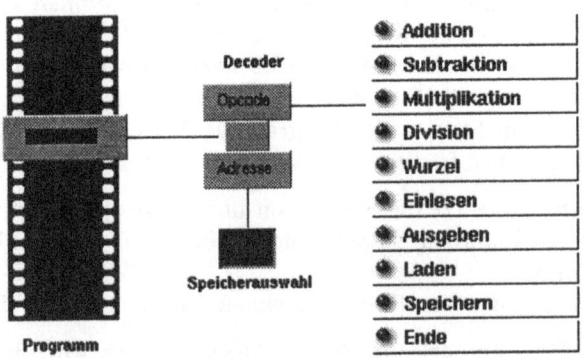

Abbildung 3. Planwerk und Steuerkonsole

3.2.4 Das Planwerk. Hier wird das Planwerk der Z3 dargestellt. Ein animierter Lochstreifen repräsentiert ein Z3-Programm. Zuse verwendete als Lochstreifen alte 35-mm-Kinofilme, in die die Programmcodes mit einem Locher eingestanzt wurden. Im Feld *Speicherauswahl* kann im Programmiermodus die Adresse einer Speicheroperation angegeben werden.

3.2.5 Der Speicher. Der Speicher zeigt den aktuellen Inhalt der 64 zeilenweise angeordneten Speicherzellen an. Dargestellt werden alle Bits einer Speicherzelle sowie deren dezimaler Wert. Die Bits können zu jedem Zeitpunkt durch Mausklick „gekippt" werden, wodurch sich leicht jeder beliebige Speicherinhalt von Hand generieren läßt. Das Zahlenformat entspricht der in Kapitel 2 angegebenen Spezifikation. Im Unterschied zu Zuses Konvention, wonach die Speicheradresse 0 das Register R_1 repräsentiert, ist diese Adresse in der Simulation eine gewöhnliche Speicherstelle.

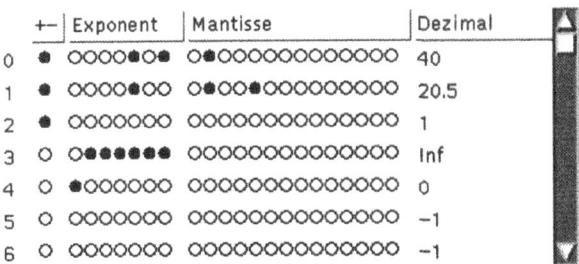

Abbildung 4. Der Speicher

3.2.6 Eingabekonsole. Auf der Eingabekonsole (Abb. 5) befinden sich verschiedene Bereiche für die Einstellung einer dezimal codierten Gleitpunktzahl.

Zu unterscheiden sind die drei Felder *Komma*, *Ziffern* und *Vorzeichen*. Die runden Tasten in den Feldern *Vorzeichen* und *Ziffern* sind sogenannte Feststell-Tasten. Werden sie betätigt, so behalten sie ihren Zustand so lange, bis eine andere Taste in ihrer Spalte gedrückt wird. Die gedrückten Tasten jeder Spalte sind farblich hervorgehoben. Im Feld *Ziffern* wird die vierstellige Ziffernfolge der Mantisse eingestellt. Es besteht aus vier Spalten für jede Stelle. Das Komma liegt hinter der vierten Spalte. Die Ziffernfolge 03000 entspricht demzufolge einer Mantisse mit dem Wert 300. Ein Drehknopf im Feld *Komma* dient zur Einstellung des Zehner-Exponenten. Der aktuelle Wert kann in dem darunterliegenden Feld abgelesen werden. Der Exponent verschiebt das in der Mantisse hinter der letzten Stelle liegende Komma um dessen Betrag. Ist der Exponent negativ, wird nach links verschoben, andernfalls nach rechts.

3.2.7 Ausgabekonsole. Auf der Ausgabekonsole (Abb. 6) wird das Ergebnis einer Rechenoperation angezeigt.

Die Anzeigebereiche auf dieser Konsole entsprechen im wesentlichen denen der Eingabekonsole. Das Ziffernfeld zeigt die Mantisse des Ergebnisses an. Hier liegt das Komma jedoch hinter der zweiten Spalte. Leuchtet beispielsweise die Ziffernfolge 01256 auf, so ist dies als $12,565$ zu interpretieren. Der Exponent wird im Feld *Komma* als Dezimalzahl angegeben (im Unterschied zur Rekonstruktion, wo für jeden möglichen Exponenten ein eigenes Lämpchen vorhanden ist). Die Belegung der Operandenregister wird im Feld *Status* angegeben. Das unterste Lämpchen (O) leuchtet immer dann auf, wenn gerade eine Rechenoperation ausgeführt wird. Die Einträge R_1 und R_2 zeigen die Belegung der entsprechenden Operandenregister an.

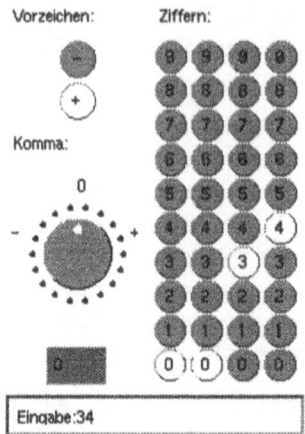

Abbildung 5. Das Eingabefeld für Gleitkommazahlen (Eingabekonsole)

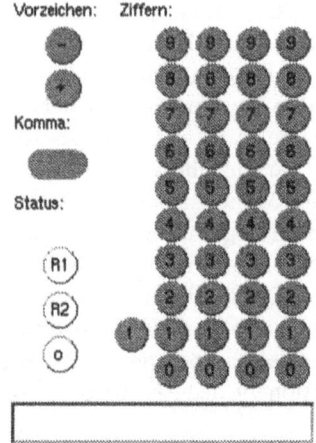

Abbildung 6. Das Ausgabefeld für Gleitkommazahlen (Ausgabekonsole)

3.3 Normalbetrieb

Der Gebrauch des Programms setzt ein grundlegendes Verständnis des Steuerkonzepts der Z3 voraus. Insbesondere sollte das Schema der Argumenteingabe für die Rechenoperationen bekannt sein, um Mißverständnissen vorzubeugen.

Das Programmierschema der Z3 (s. Abschnitt 2.5) erfordert, daß die Argumente einer Rechenoperation im Rechenwerk vorhanden sein müssen, bevor eine Operation ausgelöst wird. Dieses Konzept bleibt auch im Handbetrieb erhalten. Daher ist die Belegung der Operandenregister auf der Ausgabekonsole zu beachten. Dyadische Operationen (Addition, Subtraktion, Division und Multiplikation) verlangen zwei Argumente (das erste entspricht dem Register 1, das zweite dem Register 2), monadische Operationen (Ausgeben und Quadratwurzelziehen) beziehen sich auf Register 1. Der Einlesebefehl liest eine Dezimalzahl von der Eingabekonsole und stellt den Wert als Dualzahl auf dem ersten freien Operandenregister ein. Die Operationen verändern die Belegung der Operandenregister. Nach jeder arithmetischen Operation steht das Ergebnis auf Register 1, Register 2 ist gelöscht. Das Ergebnis liegt also gleich für die nächste Operation bereit. Der Ausgabebefehl löscht beide Register. Ein Beispiel soll die Arbeitsweise demonstrieren:

Angenommen, man möchte den Ausdruck $\sqrt{(7,2 \times 7) + 13,6}$ $(= 8)$ berechnen. Beide Operandenregister seien frei. Dann sind nacheinander folgende Schritte durchzuführen:

- Ziffernfolge 0072 und Exponent -1 einstellen,
- Taste *Einlesen* drücken,
- Ziffernfolge 0007, Exponent 0 einstellen,
- Taste *Multiplikation* drücken,
- Ziffern 0136 und Exponent -1 einstellen,
- Taste *Addition* drücken,
- Taste *Wurzel* drücken,
- Taste *Ausgeben* drücken.

4. Ausblick

Die Java-Simulation der Z3 ist ein Ergebnis von Forschungsarbeiten zur Z3, die von Prof. Raúl Rojas vom Institut für Informatik der Martin-Luther-Universität Halle-Wittenberg geleitet wurden. Mit wenig Ressourcen (ein Programmierer, 6 Monate Entwicklungszeit) wurde ein komplexes und doch arbeitsfähiges Programm erstellt. Geplante Verbesserungen und Erweiterungen zu diesem Zeitpunkt (Frühjahr 1997) betreffen weiterreichendere Verfolgungsmöglichkeiten und ausführlichere Statusmeldungen der Simulation. Eine flexiblere Gestaltung der Benutzeroberfläche mit kontextsensitiver Hilfestellung wird ebenfalls in Betracht gezogen. Diesbezügliche Hinweise und Kritiken werden vom Autor unter der E-mail-Adresse *thurm@infturing.informatik.uni-halle.de* gern entgegengenommen.

Numerische Eingabeeinheit der Z1 (Deutsches Technikmuseum Berlin)

Mechanisches Schaltglied

Patentiert im Gebiet der Bundesrepublik Deutschland vom 9. Mai 1936 an

Konrad Zuse*

Zuse K.G., Neukirchen (Kr. Hünfeld)
Der Zeitraum vom 8. Mai 1945 bis einschließlich 7. Mai 1950 wird auf die Patentdauer nicht angerechnet (Ges. v. 15.7.51)
Patentanmeldung bekanntgemacht am 18. September 1952
Patenterteilung bekanntgemacht am 18. Februar 1954

Es ist bekannt, daß sich Rechenmaschinen mit elektrischen Relais als einzigem Arbeitsglied aufbauen lassen (z.B. Patentschrift 458 481). Diese Tatsache findet ihre logische Begründung darin, daß sich sämtliche Rechenoperationen aus den logischen Grundoperationen Konjunktion ($A + B$), Disjunktion ($A \vee B$) und Negation ($\bar{A}$) aufbauen lassen. Die Konjunktion wird durch Hintereinanderschalten, die Disjunktion durch Parallelschalten von Kontakten und die Negation durch Ruhekontakt gelöst, wobei die Kontakte mit Hilfe von Elektromagneten durch die Ausgangsangaben (A, B) gesteuert werden. Die so ermittelten Werte (im Sinne der Aussagenlogik) stellen neue Angaben dar, die wiederum mit Hilfe der Grundoperationen kombiniert werden können, bis sich schließlich die Resultate ergeben. Die bei der Einzeloperation auftretenden Elementarangaben sind zweifach variabel (Ja-Nein-Werte). Aus diesem Grunde eignet sich die Methode besonders für das Rechnen im Sekundalsystem, da hierbei die Ziffern bereits zweifach variable Angaben darstellen (0; 1).

Gegenstand dieser Erfindung sind nun Arbeitsglieder, die die an sich bekannte Aufgabe elektrischer Relais auf mechanische Weise lösen. Es sollen elementare Arbeitsglieder für Rechenmaschinen entwickelt werden, welche die logischen Grundoperationen lösen, so daß sich aus ihnen rechnende Schaltungen aufbauen lassen. Die Erfindung erstreckt sich jedoch nicht auf alle Schaltungen als solche.

Das elektrische Relais stellt einen steuerbaren Schalter dar, bei dem der steuernde Pol über einen Elektromagneten die Verbindung zweier Leiter bewirkt. Bei mechanischen Blechen treten an Stelle der Leiter in ihrer Ebene verschiebbare Bleche, die übereinanderliegen und mit Ausschnitten versehen sind, in denen sich Stifte bewegen. Steuerbleche bestimmen die Stellung der Stifte, wodurch Blechverbindungen geöffnet und geschlossen werden.

---

* Die Abbildungen und die Anmerkungen zu den Diagrammen stammen von Götz Widiger.

Erteilt auf Grund des Ersten Überleitungsgesetzes vom 8. Juli 1949
(WiGBL S. 175)

BUNDESREPUBLIK DEUTSCHLAND

AUSGEGEBEN AM
1. APRIL 1954

DEUTSCHES PATENTAMT

PATENTSCHRIFT
№ 907 948
KLASSE 42m   GRUPPE 15
Z 396 IX b / 42 m

Zuse K. G., Neukirchen (Kr. Hünfeld)

Mechanisches Schaltglied

Patentiert im Gebiet der Bundesrepublik Deutschland vom 9. Mai 1936 an
Der Zeitraum vom 8. Mai 1945 bis einschließlich 7. Mai 1950 wird auf die Patentdauer nicht angerechn~•
(Ges. v. 15. 7. 51)
Patentanmeldung bekanntgemacht am 18. September 1952
Patenterteilung bekanntgemacht am 18. Februar 1954

· Es ist bekannt, daß sich Rechenmaschinen mit elektrischen Relais als einzigem Arbeitsglied aufbauen lassen (z. B. Patentschrift 458 481). Diese Tatsache findet ihre logische Begründung darin, daß sich sämtliche Rechenoperationen aus den logischen Grundoperationen Konjunktion (A + B), Disjunktion (A ∨ B) und Negation (A) aufbauen lassen. Die Konjunktion wird durch Hintereinanderschalten, die Disjunktion durch Parallelschalten von Kontakten und die Negation durch Ruhekontakt gelöst, wobei die Kontakte mit Hilfe von Elektromagneten durch die Ausgangsangaben (A, B) gesteuert werden. Die so ermittelten Werte (im Sinne der Aussagenlogik) stellen neue Angaben dar, die wiederum mit Hilfe der Grundoperationen kombiniert werden können, bis sich schließlich die Resultate ergeben. Die bei der Einzeloperation auftretenden Elementarangaben sind zweifach variabel (Ja-Nein-Werte). Aus diesem Grunde eignet sich die Methode besonders für das Rechnen im Sekundalsystem, da hierbei die Ziffern bereits zweifach variable Angaben darstellen (o; 1).

Gegenstand dieser Erfindung sind nun Arbeitsglieder, die die an sich bekannte Aufgabe elektrischer Relais auf mechanische Weise lösen. Es sollen elementare Arbeitsglieder für Rechenmaschinen entwickelt werden, welche die logischen Grundoperationen lösen, so daß sich aus ihnen rechnende Schaltungen aufbauen lassen. Die Erfindung erstreckt sich jedoch nicht auf alle Schaltungen als solche.

Das elektrische Relais stellt einen ·steuerbaren Schalter dar, bei dem der steuernde Pol über einen Elektromagneten die Verbindung zweier Leiter

Faksimile der Patentschrift 907 948

Die Abbildungen 1 bis 7 zeigen beispielsweise Ausführungsformen von mechanischen Schaltgliedern. Es zeigt

– Abb. 1 einen Schnitt durch ein Schaltglied senkrecht zur Arbeitsebene,
– Abb. 2 ein Schaltglied zum Verbinden der in X-Richtung verschiebbaren Bleche a und b, gesteuert durch das in Y-Richtung verschiebbare Blech c,
– Abb. 3 eine Abwandlung des Schaltgliedes von Abb. 2 zum Verbinden des Bleches a mit b oder c (in X-Richtung verschiebbar), gesteuert durch ein in Y-Richtung verschiebbares Blech d,
– Abb. 4 ein Schaltungsbeispiel,
– Abb. 5 ein Speicherschaltglied mit dem Zweck, eine zweifach variable Angabe zu speichern,
– Abb. 6 die Arbeitsgänge des Speicherschaltgliedes während des Ablesens,
– Abb. 7 die Arbeitsgänge während des Speicherns.

Wir haben folgende Arten von Blechen: 1. Bewegende und bewegte Bleche, zwischen denen die Verbindung hergestellt werden soll, 2. Steuerbleche, die die Stellung der Stifte bestimmen, 3. feste Bleche, die die Bewegung der Stifte und somit der Bleche begrenzen und die beweglichen Bleche trennen.

Es ist vorteilhaft, die Bleche doppelt auszuführen und sie so übereinander anzuordnen, daß sie symmetrisch zur Mittelebene liegen.

Abb. 2 zeigt eine Elementarform eines mechanischen Schaltgliedes, a ist das bewegende, b das bewegte, c das steuernde und d ein Führungsblech, a und b sind in X-Richtung verschiebbar und haben Ausschnitte, in die ein Stift paßt, der die beiden Bleche verbindet. Dieser Stift läßt sich jedoch durch das in Y-Richtung verschiebbare Blech c in Arbeits- und Grundstellung bringen. Die Ausschnitte der Bleche a und b sind so geformt, daß die Bleche nur in der Arbeitsstellung des Stiftes verbunden sind. Das Steuerblech hat einen länglichen Ausschnitt, so daß der Stift nur in Y-Richtung gebunden ist, in X-Richtung aber die Arbeitsbewegung ausführen kann. Das Grundblech d hat einen winkelförmigen Ausschnitt, der in der Arbeitsstellung den Stift in der X-Richtung freigibt und in der Grundstellung den Stift in X-Richtung sperrt.

Die Arbeitsweise ist folgende: Die Bleche a und b haben zunächst die Anfangsstellung. Das Steuerblech wird in die gewünschte Stellung gebracht. Dann wird a nach rechts bewegt; entsprechend der Stellung c wird b mitgenommen oder nicht.

Abb. 3 zeigt ein ähnliches Schaltglied, mit dem Zweck, a in der einen Steuerstellung mit b und in der anderen mit c zu verbinden.

Diese Schaltglieder dienen dem Problem des eigentlichen Rechnens. In Rechenmaschinen tritt nun noch das Problem auf, Angaben, meist Zahlen, festzuhalten, die erst später gebraucht werden. Da hier nur Elementarbausteine entwickelt werden sollen, genügt es, ein Speicherschaltglied zu entwickeln, welches eine Elementarangabe, nämlich eine zweifach variable Angabe (z.B. Sekundalziffer), speichert. Ein solches Speicherschaltglied zeigen die Abb. 5,

6, 7. Die Bleche sind nur soweit gezeichnet, wie es zum Verständnis ihres Ineinanderarbeitens erforderlich ist.

a ist ein steuerndes und bewegendes Blech; es ist einmal in Y-Richtung verschiebbar und wirkt dann steuernd, zum anderen in der Y-Stellung (in der Zeichenebene oben) in X-Richtung verschiebbar und wirkt dann bewegend. b ist ein bewegtes und steuerndes Blech, und in X-Richtung verschiebbar, c ist ein festes Blech mit einem U-förmigen Ausschnitt.

Die Bleche sind in Abb. 5 in der Grundstellung gezeichnet. Der Stift ist der eigentliche Träger der Speicherung. Er befindet sich entweder in dem linken oder dem rechten Schenkel des U-förmigen Ausschnittes von c, was den beiden Möglichkeiten der zu speichernden Angabe entspricht.

Abb. 6 zeigt die einzelnen Bewegungsschritte des Speicherschaltgliedes während des Ablegens untereinander in zeitlicher Folge, links für die linke, rechts für die rechte Stellung des Stiftes. Das Blech wird zuerst nach oben (Y-Richtung), dann zur Seite (X-Richtung) bewegt. Hierbei wird das Blech c mit nach rechts verschoben, falls der Stift links liegt, oder c bleibt liegen, falls der Stift rechts liegt. Die gespeicherte Angabe ist also auf das Blech c übertragen.

Abb. 7 zeigt die Bewegungsschritte während des Speicherns für die linke, rechts für die rechte Stellung des Stiftes. Das Blech wird zunächst nach rechts verschoben, so daß der obere Teil des Ausschnittes von c frei ist. Dann wird a nach oben (Y-Richtung) verschoben. Jetzt wird der Stift durch Verschieben von b in X-Richtung entweder nach links oder nach rechts verschoben, darauf zuerst a und dann b in die Grundstellung gebracht. Die Stellung des Stiftes entspricht dann der Stellung von c.

Die Kombination der beschriebenen Schaltglieder zu Schaltungen erfolgt derart, daß die Schaltglieder der Schaltung entsprechend nebeneinander angeordnet werden. Die festen Führungs- oder Grundbleche können dann aus einem Stück hergestellt werden. Die Bleche führen von Schaltglied zu Schaltglied; so kann das bewegte Blech des einen Schaltgliedes bei dem nächsten die Funktion des bewegenden oder steuernden Bleches haben.

Abb. 4 zeigt ein Schaltungsbeispiel, links mit mechanischen Schaltgliedern, rechts mit elektrischen Relais. Es wird die Aufgabe der logischen Äquivalenz gelöst:

$$(e + f) \vee (\bar{e} + \bar{f}) \text{ äq } b.$$

Sie kann zur Bestimmung des Vorzeichens bei Multiplikation und Division dienen. Den Vorzeichen der beiden Faktoren entsprechen die Leiter bzw. Bleche e und f. Bei gleichen Vorzeichen sind die Leiter bzw. Bleche a und b über c oder d verbunden, so daß b an Spannung liegt bzw. das Blech bei Verschieben des Bleches a mit verschoben wird. Bei ungleichen Vorzeichen sind entsprechend der Zeichnung a und b nicht miteinander verbunden.

Die mechanischen Schaltglieder lassen sich leicht nebeneinander und in Schichten übereinander anordnen, so daß gegenüber elektrischen Relais große Raumersparnis erzielt wird. Da sich die Schaltungen aus gleichen Elementen mit immer wiederkehrenden Blechformen aufbauen, eignet sich die Konstruktion hervorragend zur Massenfertigung mit Hilfe der Stanztechnik.

PATENTANSPRÜCHE:

1. Mechanische Schaltglieder für Rechenmaschinen, dadurch gekennzeichnet, daß gestanzte Bleche mittels Stiften in Verbindung stehen dergestalt, daß ein in Y-Richtung verschiebbares Steuerblech (c) seinen Stift so verschiebt, daß er in der oberen Stellung (Y) in den Einschnitten zweier in X-Richtung verschiebbarer Bleche (a und b) liegt und diese miteinander verbindet, während er in der unteren Stellung (Y) die Bleche (a, b) freigibt (Abb. 2).

2. Mechanische Schaltglieder nach Anspruch 1, dadurch gekennzeichnet, daß die Bleche doppelt ausgeführt sind und symmetrisch zur Symmetrieebene des Schaltgliedes gelagert sind.

3. Mechanisches Schaltglied nach Anspruch 1 und 2, dadurch gekennzeichnet, daß ein durch ein in Y-Richtung bewegliches Steuerblech (d) verschiebbarer Stift in der einen Stellung des Steuerbleches (d) ein Blech (a) mit einem anderen Blech (b) und in der anderen Stellung das eine Blech (a) mit einem dritten Blech (c) verbindet, wobei die drei Bleche (a, b und c) in X-Richtung verschiebbar sind (Abb. 3).

4. Mechanisches Speicherschaltglied nach Anspruch 1 und 2 zum Speichern einer zweifach variablen Angabe, dadurch gekennzeichnet, daß die Speicherung durch einen zwei Stellungen einnehmenden Stift erfolgt (Abb. 5).

5. Speicherrelais nach Anspruch 4, dadurch gekennzeichnet, daß der Stift sich in Grundstellung entweder in der linken oder rechten unteren Ecke eines U-förmigen Ausschnittes eines festen Bleches (c) befindet und einerseits zwecks Ablesens der gespeicherten Stellung ein Blech (a) erst nach oben und dann nach rechts bewegt wird, wobei bei linker Stellung des Stiftes ein anderes Blech (b) mitgenommen wird, dagegen bei rechter Stellung liegenbleibt, und andererseits zwecks Speicherns 1. das andere Blech (b) nach rechts verschoben wird und den oberen Teil des U-förmigen Ausschnittes freigibt, 2. durch das erste Blech (a) der Stift nach oben verschoben wird, 3. der Stift durch waagerechtes Verschieben des anderen Bleches (b) nach links oder rechts in die gewünschte Stellung gebracht wird und 4. der Stift durch Verschieben des ersten Bleches (a) nach unten die entsprechende Grundeinstellung einnimmt (Abb. 5, 6, 7).

Angezogene Druckschriften:
Deutsche Patentschriften Nr. 377694, 173397, 426451, 443477;
französische Patentschrift Nr. 737538 (deutsche Patentschrift Nr. 664012).

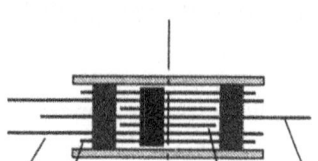

Abbildung 1. Einfaches Schaltglied (Schnitt)

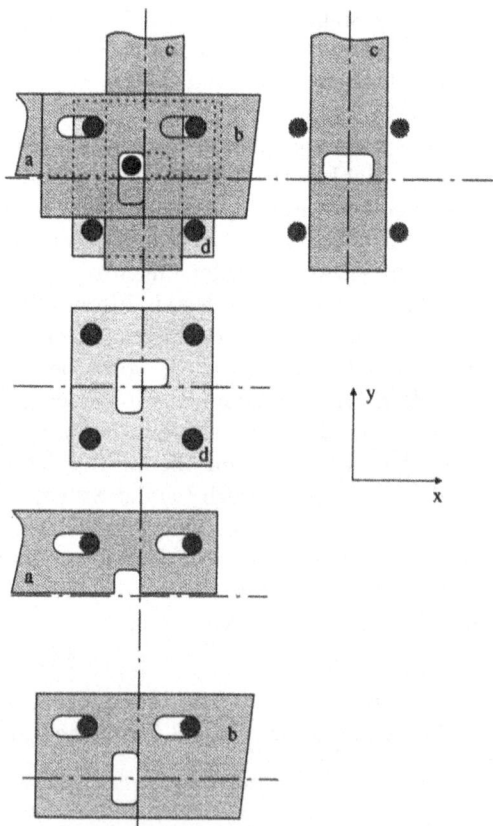

Abbildung 2. Einfaches Schaltglied

Anmerkungen.[1] Die Abbildungen 1 und 2 der Patentschrift zeigen ein einfaches Schaltglied. Im Schnittdiagramm ist zu erkennen, daß aus mechanischen Gründen in der Regel die Bleche doppelt vorhanden sind (beim einfachen Schaltglied die Bleche a, c und d). Aufsicht und dreidimensionale Darstellung zeigen jeweils nur ein Blech. Die perspektivischen Darstellungen auf
den folgenden Seiten sind in der Patenschrift nicht enthalten und werden hier
zum besseren Verständnis gezeigt. Der Übersichtlichkeit wegen sind sie stark
überhöht und zeigen keine Führungsstifte. Die Pfeile geben die möglichen
Bewegungsrichtungen an.

Das einfache Schaltglied entspricht in seiner Funktion einem Schalter: je
nach Stellung des Steuerbleches c wird eine Bewegung von Blech a an Blech b
weitergegeben. Nur wenn das Steuerblech c in positiver y-Richtung verschoben ist, sind die Bleche a und b über den Schaltstift gekoppelt. Das Grundblech d und die vier Führungsstifte schränken die Bewegungsmöglichkeiten
des Schaltstiftes ein.

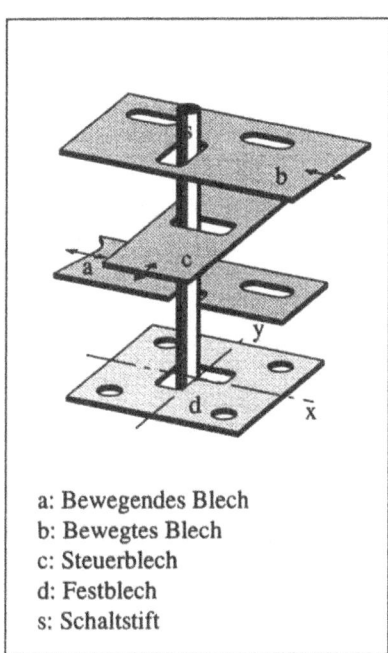

a: Bewegendes Blech
b: Bewegtes Blech
c: Steuerblech
d: Festblech
s: Schaltstift

---

[1] Alle Bildunterschriften und Anmerkungen stammen von Götz Widiger.

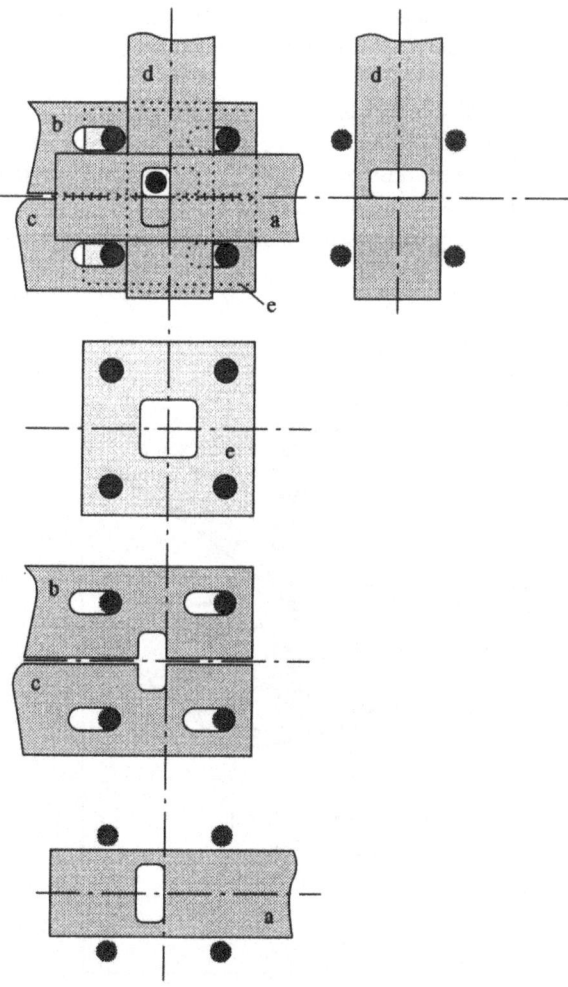

Abbildung 3. Variante des ersten Schaltgliedes

Anmerkungen. Abbildung 3 zeigt eine Variation des einfachen Schaltgliedes. Je nach Stellung von Steuerblech d wird eines der beiden bewegten Bleche (b bzw. c) über den Schaltstift mit dem bewegenden Blech a gekoppelt. Das Festblech e schränkt dabei die Bewegungsmöglichkeiten des Schaltstiftes ein.

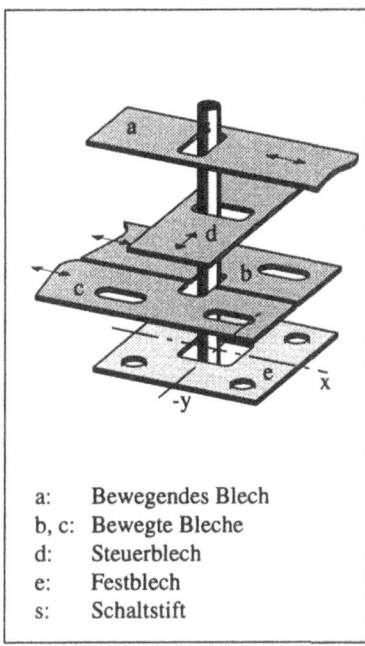

a:	Bewegendes Blech
b, c:	Bewegte Bleche
d:	Steuerblech
e:	Festblech
s:	Schaltstift

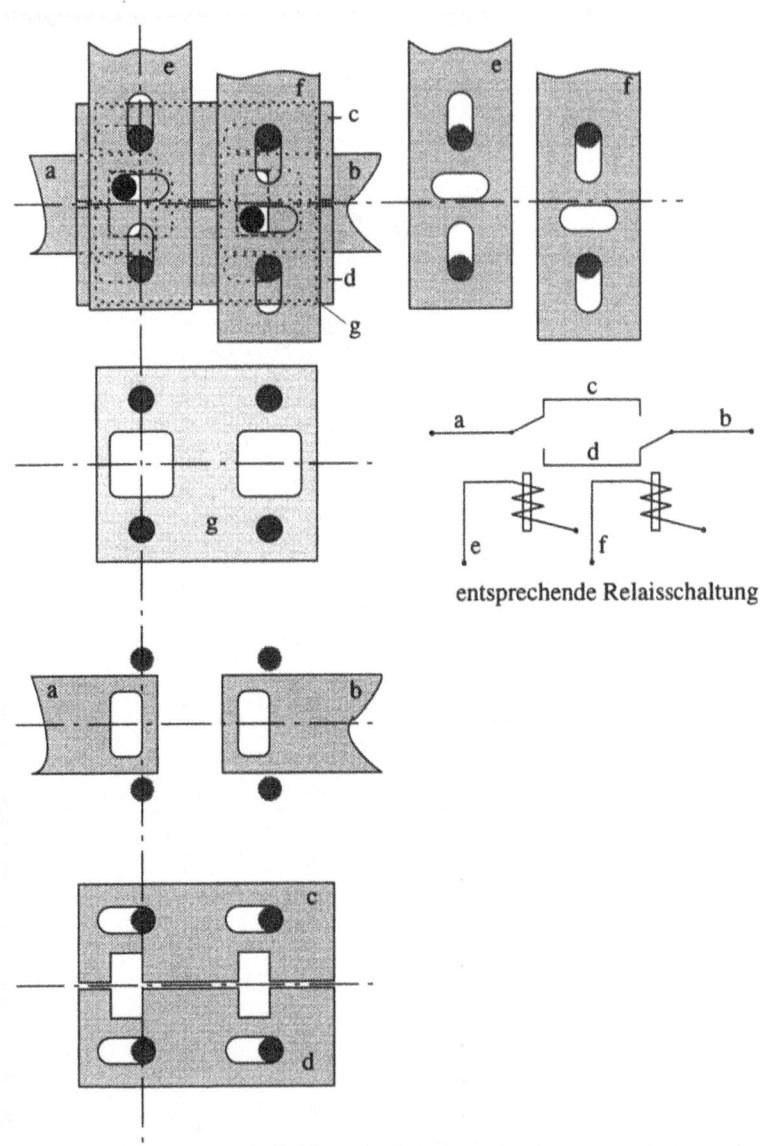

entsprechende Relaisschaltung

Abbildung 4. Schaltung für logische Äquivalenz

Anmerkungen. Abbildung 4 stellt ein Schaltungsbeispiel, die mechanische Realisierung der logischen Äquivalenz, dar. Blech a und b sind dann und nur dann über die zwei Schaltstifte und eines der beiden schwimmenden Bleche c und d gekoppelt, wenn die beiden Steuerbleche e und f sich in der gleichen vertikalen Position befinden.

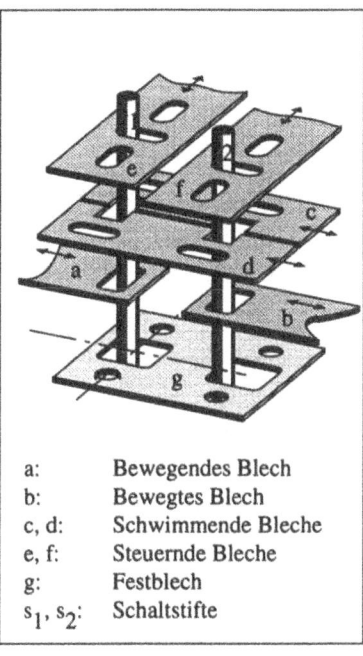

a:	Bewegendes Blech
b:	Bewegtes Blech
c, d:	Schwimmende Bleche
e, f:	Steuernde Bleche
g:	Festblech
s_1, s_2:	Schaltstifte

Die Abbildung rechts in der Mitte (gegenüberliegende Seite) zeigt die entsprechende Relaisschaltung.

Bei diesem Schaltungsbeispiel läßt sich erkennen, daß einzelne Bleche gleichzeitig bewegende und bewegte Bleche sein können: Die schwimmenden Bleche c und d werden (Kopplung vorausgesetzt) durch Blech a bewegt und können ihrerseits Blech b bewegen. Für die Bleche e und f entspricht eine Verschiebung in positiver y-Richtung der „1" bzw. „L". Damit ergibt sich folgende Schaltungs-Tabelle:

e	f	b
0	0	a
0	L	0
L	0	0
L	L	a

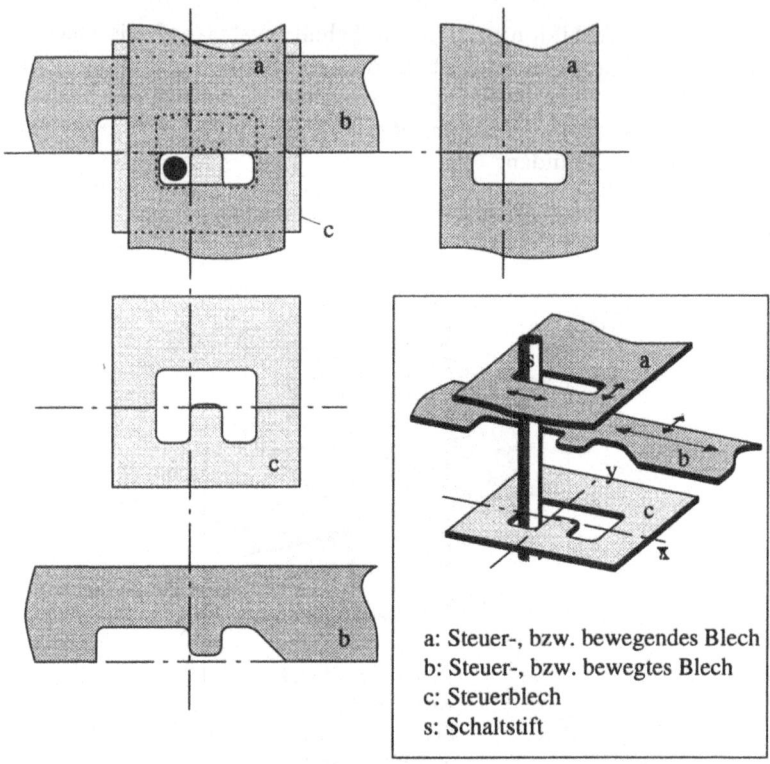

Abbildung 5. Diagramm eines Speicherschaltgliedes

Anmerkungen. Abbildung 5 zeigt ein Speicherglied. Es dient dem Speichern eines Bits. Befindet sich der Schaltstift, wie in der Abbildung gezeigt, links von der Schaltnase des Festbleches c, ist eine 1 („L") gespeichert. Die Bleche a und b fungieren je nach Situation als Steuer-, bewegendes oder bewegtes Blech. Die Bewegungsabläufe beim Auslesen bzw. Einspeichern demonstrieren Abb. 6 und 7.

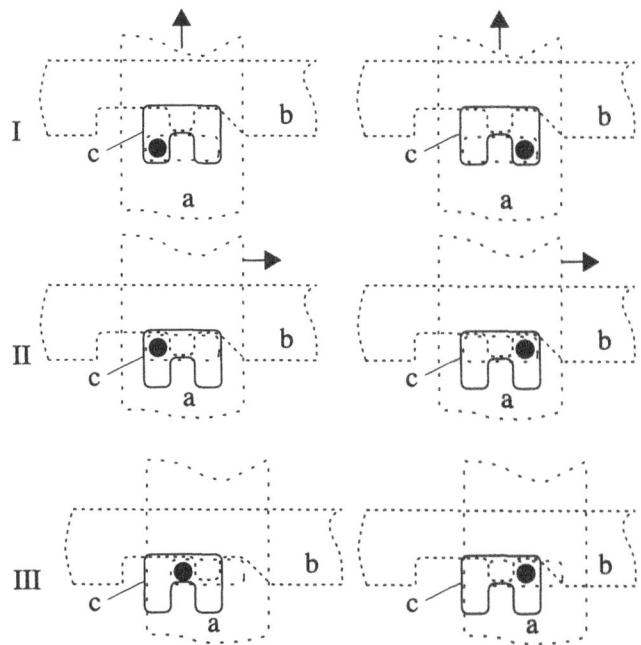

Abbildung 6. Arbeitsgänge beim Ablesen

Anmerkungen. Abbildung 6 zeigt die einzelnen Zustände (I bis III) beim Lesevorgang für zwei Speicherglieder. Das linke Element speichert eine „1", das rechte eine „0". Vom Festblech c ist nur der Ausschnitt - als durchgezogene Linie - gezeichnet. Die Pfeile zeigen die jeweilige Bewegungsrichtung für den Übergang von einem zum nächsten Zustand.

I: Grundstellung. Links ist eine binäre 1 gespeichert („L"), rechts eine „0".

I→II: Blech a wirkt als Steuerblech und schiebt den Schaltstift in positive x-Richtung.

II→III: Blech a wirkt als bewegendes Blech (nach rechts), Blech b wird bewegt. Befindet sich der Schaltstift in linker Position („L" gespeichert), wird er durch die Bewegung von Blech a nach rechts verschoben. Durch Kopplung über den Schaltstift wird auch Blech b verschoben. Befindet sich der Schaltstift hingegen in rechter Position („0" gespeichert), wirkt sich die Bewegung von Blech a weder auf den Schaltstift noch auf Blech b aus, und letzteres bleibt in der Ruhestellung.

Drei weitere Schritte, in denen die Bleche in ihre Ausgangsposition gebracht werden, sind hier nicht gezeigt.

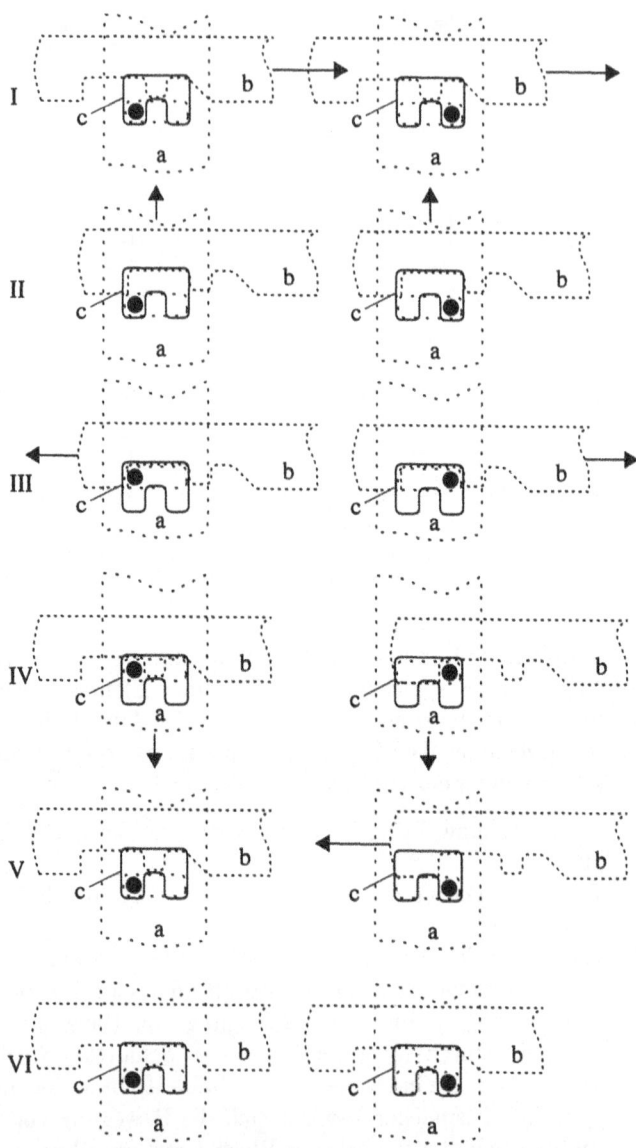

Abbildung 7. Arbeitsgänge während des Speicherns

Anmerkungen. Abbildung 7 zeigt die einzelnen Zustände (I bis VI) beim Schreibvorgang für zwei Speicherglieder. Das linke Element speichert eine „1", das rechte eine „0"; in beide Glieder werden die jeweils gleichen Werte eingespeichert.

I→II: Blech b wird in positive x-Richtung verschoben. Dadurch wird der obere Ausschnitt von c frei.

II→III: Blech a wird nach oben verschoben und wirkt als Steuerblech, d.h. der Schaltstift wird ebenfalls in positive y-Richtung bewegt.

III→IV: Je nach einzuspeicherndem Wert (links „1", rechts „0") wird Blech b nach links oder rechts verschoben. Gegebenenfalls wird der Schaltstift bei dieser Bewegung durch die Schaltnase des Bleches mitgenommen.

IV→VI: Die Bleche a und b werden in ihre Grundstellung gebracht.

SPRINGER NATURE

GPSR Compliance

The European Union's (EU) General Product Safety Regulation (GPSR) is a set of rules that requires consumer products to be safe and our obligations to ensure this.

If you have any concerns about our products, you can contact us on ProductSafety@springernature.com

In case Publisher is established outside the EU, the EU authorized representative is:

Springer Nature Customer Service Center GmbH
Europaplatz 3
69115 Heidelberg, Germany

The manufacturer's authorised representative in the EU is Springer
Nature Customer Service Centre GmbH, Europaplatz 3, 69115 Heidelberg,
Germany. If you have any concerns regarding our products, please
contact ProductSafety@springernature.com

Printed and bound by CPI Group (UK) Ltd, Croydon, CR0 4YY
27/04/2026
02097639-0008